조선 궁중의 잔치, 연향

일러두기

· 이 책은 2012년 국립고궁박물관 왕실문화심층탐구 강좌 내용을 엮어 만들었다.
· 책명은 『 』, 논문명 및 미술·음악작품 등의 명칭은 「 」로 표기했다.
· 본문 그림 중 부분만 넣은 것에 대해 별도로 '부분' 표시를 하지 않았다.
· 한자 병기는 우리말과 독음이 일치하지 않아도 괄호를 삽입하지 않고 모두 첨자로 처리했다.
· 복식 일러스트레이션은 『왕실문화도감-조선왕실복식』(국립고궁박물관, 2012)에 수록된 것이다.
· 이 책에 실린 도판 가운데 소장처가 분명치 않아 허가받지 못한 자료는 추후 확인되는 대로 게재 절차를 밟고 소장처를 밝힐 예정이다.

# 조선 궁중의 잔치, 연향

— 국립고궁박물관 엮음
김종수 외 7인 지음

글항아리

【왕실문화 기획총서를 펴내며】
## "조선 궁중의 향연을
  다함께 즐기길 바라며"

　국립고궁박물관에서는 올해로 네 번째 왕실문화 기획총서인 『조선 궁중의 잔치, 연향』을 펴내게 되었습니다. 이 책은 조선시대 궁중에서 베풀어진 중요한 문화예술의 장이었던 잔치를 주제로 2012년에 대중과 만났던 '왕실문화 심층탐구' 교양 강좌를 다듬어 엮고, 풍부한 도판 자료들을 실어 새롭게 선보이는 것입니다.

　　열두 차례로 진행된 이 강좌는 궁중 연향이 담고 있는 속 깊은 뜻, 그 모든 장면을 세밀한 기록으로 남긴 의궤, 연향의 꽃이 되었던 악기와 음악, 노래樂章와 춤, 참여자들이 입었던 옷 한 벌 한 벌과 그에 새겨진 문양의 위엄과 뜻, 연향에 차려진 각종 음식, 연향 장면을 사실적으로 재현한 그림 등 잔치와 관련된 거의 모든 분야의 전문가들이 참여한 프로그램으로 진행되었습니다.

　　조선 궁중의 잔치인 연향은 왕실뿐 아니라 온 백성이 각자의 본분을 지키며 함께 기쁨을 나누고자 한 뜻으로 행해진 국가의 중요한 의식이었습니다. 여기에 당대 최고의 장엄하고 우아한 궁중 음악이 곁들여진 것은 물론이고, 춤과 노래로 흥을 돋우며, 시각적으로도 심미성의 극치를 보여준 종합 예술 무대이기도 했습니다.

 이 책을 통해 조선시대 궁중에서 펼쳐진 우리 궁중 연향의 다양한 면모를 종합적으로 살펴보고, 생동감 넘치는 연향 분위기를 접해보시기 바랍니다. 앞으로도 국립고궁박물관은 일반인들이 조선 왕실의 역사와 문화에 대해 좀 더 폭넓게 이해하고 쉽게 접근할 수 있도록 최선을 다할 것입니다.

 마지막으로 바쁘신 가운데에도 강의와 더불어 훌륭한 원고를 써주신 여러 선생님과 사진자료를 제공해주신 소장 기관 여러분께 깊은 감사의 말씀을 드립니다. 그리고 이 책이 발간되기까지 수고한 국립고궁박물관 전시홍보과 직원들에게도 고마움을 전합니다.

2013년 12월
국립고궁박물관장 이귀영

책머리에 조선 사람의
생의 기쁨이 되었던
궁중 연향

10여 년 전에 고등학교 친구들과 창덕궁을 관람한 적이 있다. 당시에는 아무 때나 이곳을 드나들 수 없었고, 정해진 시간에 문화해설사와 동행해야만 궁 이곳저곳을 둘러볼 수 있었다. 해설사는 궁궐의 아름다운 단청 문양을 설명하면서 "궁궐의 겨울철 난방은 숯으로 했다"고 덧붙였다.

그때 여러 사람과 함께 설명을 듣던 중 반응은 둘로 나뉘었다. 필자는 '아, 그랬구나! 만약 나무로 불을 땠다면 그을음이 생겨 이 아름다운 궁궐의 단청 문양들이 빛을 잃었을 텐데…… 참 현명한 대책이었네' 하고 감탄했던 반면, 누군가는 "쯧쯧쯧. 그 숯을 대느라고 강원도 사람들은 고생깨나 했겠네!"라며 탄식하니, 몇몇 사람이 그 의견에 공감을 표했다.

탄식하게 된 배경을 살펴보면 일제강점을 합리화하기 위해 만들어진 식민사관의 영향으로, 1970년대 이전에 역사 교육을 받은 이들 가운데는 우리 역사에 대해 부정적인 인식을 지닌 사람이 적지 않고, 그 결과 조선시대 위정자爲政者나 전통문화에 대해 곱지 않은 시선으로 바라보게 되었던 것이다.

    똑같은 사실을 두고 누구는 탄복하고 다른 누군가는 한탄을 하는 것은 바라보는 관점이 다르기 때문이다. 이번에 왕실문화기획 총서 넷째 권으로 펴내는 『조선 궁중의 잔치, 연향』은 국립고궁박물관에서 각 분야 전문가들과 자리를 마련해 2012년 9월부터 11월까지 매주 금요일 '조선시대 궁중 연향'이란 주제로 시민들에게 기획·강연한 것의 결과물이다. 이 책은 조선시대에 대한 우리의 치우친 견해나 부정적인 시각을 바로잡는 데 도움이 될 것이다.

    조선 후기에는 궁중 연향을 왕실 안에서의 행사로만 끝낸 적이 없었다. 궁궐에서 연향을 베푼 뒤에는 사대부에서 천인에 이르기까지 서울과 지방의 70세 이상의 노인들에게 쌀과 음식·술을 내려주기도 했고, 가난한 자들에게 쌀을 나누어주기도 했으며, 며칠 동안 진휼청과 군자감에서 거지들을 잘 먹이도록하기도 했고, 전세田稅를 줄여주고 환곡還穀을 탕감해주기도 했다. 또한 경사를 축하해 특별 과거科擧를 시행하기도 하고, 가벼운 죄수를 풀어주기도 했다.

    50년 전으로 거슬러 올라가는 필자의 어린 시절 희미한 기억 속에는 시골에서 베푼 할아버지 환갑잔치에 거지들이 왔던 일이 남아 있다. 당시에는 거지들도 체면이 있었다. 전기도 안 들어오는 시골이니 전화가 있었을 리 만무한데 어떻게 서로 연락을 했는지 거지들이 옷차림을 깨끗이 하고 한꺼번에 같이 왔다. 물론 그들에게도 다른 손님과 마찬가지로 한 상을 차려주었다. 『논어』「안연顔淵」편에 "군자의 덕은 바람이요, 소인의 덕은 풀이다. 바람이 불면 풀은 반드시 바람 부는 방향으로 쓰러진다"라는 말이 있는데, 아마도 조선시대에 왕실에서 연향을 통해 백성과 기쁨을 나누었던 유풍遺風이 보통의 서민들에게도 영향을 끼쳤고, 그것이 풍습이 되어 내려온 게 아닐까 한다.

연향을 마친 뒤에는, 연향을 논의하는 처음 단계부터 중간의 준비 과정, 총경비와 상세 내역에 이르기까지의 전 과정을 기록해 의궤로 만들었고, 연향 장면을 그림으로 그려 병풍을 제작했다.

의궤에 얼마나 세밀하게 내용이 담겼는지, 1848년(헌종 14) 대왕대비인 순원왕후 육순 진찬進饌의 음식을 살펴보자.

볶은콩찹쌀시루떡: 찹쌀 2말, 껍질 벗긴 콩 1말 2되, 대추·껍질 벗긴 밤 각 2되, 꿀 8되

백설기: 멥쌀 2말 5되, 찹쌀 5되, 석이버섯 3되, 감태 3장, 껍질 벗긴 잣 5홉

열구자탕悅口資湯: 요골腰骨·콩팥 각 1부, 소밥통 1/10, 처녑 1/8, 소고기 안심·저태 각 1/4부, 곤자소니 1/2부, 꿩 반 마리, 숭어 1/2미, 전복·해삼 각 5개, 홍합 7개, 추복 3조, 무·애호박 각 2개, 파·도라지·미나리 각 1/2단, 계란 15개, 간장 3홉, 녹말 5홉, 참기름 1되, 껍질 벗긴 은행·껍질 벗긴 잣·후춧가루 각 2작勺

심지어 의궤에는 왕실 어른과 초대 손님들의 음식에 관한 내용뿐 아니라 내시內侍·원역員役·별감·악공·여령女伶에게 내려준 상차림도 나오고, 그날 입직한 군병과 숙수熟手(요리사) 등에게 흰떡 3개, 산적 1꼬치, 청주 1잔씩을 주었다는 것까지도 실려 있다.

『조선 궁중의 잔치, 연향』을 통해 궁중 연향에서 연주된 악기와 음악 및 노랫말, 여령이나 무동舞童이 춘 춤의 종류와 내용, 각종 상차림, 각 신분에 따른 의상 등을 살펴볼 수 있고, 어떤 절차로 연향이 진행되었는지도 알 수 있을 것이다.

연향은 단순히 먹고 마시는 데서 그치지 않고 같이 기쁨을 나눔으로써 가족과 친인척 및 이웃과 유대를 단단하게 다지고, 춤과 음악을 통해 생의 즐거움을 흠뻑 누리는 것이다. 오늘날에는 연향이 축제라는 형태로 나타난다. 이웃과 더불어 마음을 주고받고 같이 춤추고 노래하며, 진정으로 하나임을 느낄 수 있는 그런 대동축제를 꿈꿔본다.

2013년 겨울의 문턱에서
여러 필자를 대신하여 김종수 씀

차례 Korean C

**왕실문화 기획총서를 펴내며 _ 04**
**책머리에** | 조선 사람의 생의 기쁨이 되었던 궁중 연향 _ 06

**제1장 조선 궁궐의 잔치, 예와 즐거움이 어우러지다 _ 13**
연향의 모습과 그 뜻 **김종수** 한서대 학술연구교수

**제2장 치밀한 의궤 기록으로 그린 왕실 연향 _ 49**
잔치의 모든 과정을 기록한 의궤들 **김문식** 단국대 사학과 교수

**제3장 선율을 주도하여 잔치의 흥을 돋우다 _ 93**
궁중 연향의 악기 **송혜진** 숙명여대 전통문화예술대학원 교수

**제4장 혜경궁 홍씨의 회갑잔치, 여민동락을 실천하다 _ 127**
궁중 연향과 음악 **임미선** 전북대 한국음악학과 교수

rt　　　　B　a　n　q　u　e　t

제5장　궁중 연향에 울려퍼진 노래들_171
　연향과 문학　**신경숙** 한성대 한국어문학부 교수

제6장　의복으로 살펴본 조선시대 잔치 풍경_219
　봉수당진찬도 속 인물들의 복식　**이민주** 한국학중앙연구원 장서각 연구원

제7장　절용의 미덕과 예를 갖춘 상차림_273
　궁중 연향과 음식　**김상보** 대전보건대 전통조리과 교수

제8장　정재, 철학과 예술의 극치를 담다_313
　궁중 연향과 춤　**박은영** 한국예술종합학교 전통예술원 무용과 교수


주註_351
참고문헌_365

제1장 | 조선 궁궐의 잔치,
예와 즐거움이
어우러지다

연향의 모습과 그 뜻

**김종수** 한서대 학술연구교수

도道가 행해지면 사회가 공정해지므로 사람들은 자기 어버이만을 어버이로 여기지 않고, 자기 자식만을 자식으로 여기지 않아서 노인들이 생을 편안히 마치고, 젊은이들이 맘껏 능력을 발휘하고, 어린이는 착하고 건강하게 잘 자라며, 고아와 자식 없는 늙은이와 병든 자들이 모두 사회의 보호를 받을 수 있다. 재물을 사사로이 독점하거나 능력을 사사로운 이익을 위해서 쓰지 않으므로, 모략이 일어나지 않고 도둑들이 세상을 어지럽히는 일이 일어나지 않는다. 그러므로 바깥문을 열어둔 채 닫지 않으니, 이를 대동세상이라 한다.

『예기禮記』「예운禮運」편에서 공자는 대동세상大同世上을 이처럼 읊었다.

## 백성 한 명 한 명에게까지 미치도록 하라

저마다 다른 환경과 운명을, 다른 역사의 흐름을 타고났지만, 개개인 한 명 한 명이 더불어 행복을 느끼는 대동세상은 아득한 옛적이나 지금이나 변함없이 좇는 이상향일 것이다. 그런 세상을 손끝에 잡힐 듯 현실에서 이루고자 유학儒學을 국시로 삼은 조선왕조는 정치와 형벌을 앞세우지 않고 사회정의를 구현하는 예禮와 선한 심성을 일깨우는 악樂을 중시했다. 그리하여 예악의 제도를 적고 있는

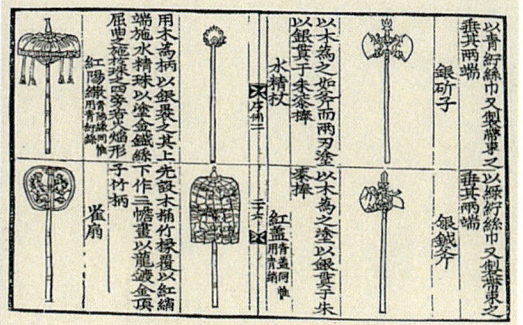
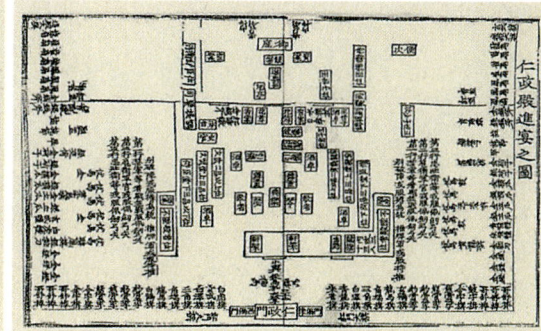

『국조오례의서례』에 실린 「노부도설鹵簿圖說」(왼쪽)과 「인정전진연지도」, 규장각한국학연구원. 『국조오례의서례』는 『국조오례의』의 의식을 진행할 때 필요한 것들을 그림과 더불어 설명한 책이다.

『국조오례의國朝五禮儀』는 법전 『경국대전經國大典』과 함께 나라를 이끌어가는 중심축이 되었다.

성종대에 편찬된 『국조오례의』와 『경국대전』에 연향, 곧 잔치에 관한 내용도 실려 있는데, 이는 연향이 기쁨을 같이 나눔으로써 사회 구성원 간의 유대를 두텁게 해주었기 때문이다.

혼자 즐기는 것보다는 여럿이 같이 즐기는 것이 훨씬 더 즐겁다. 이렇듯 즐거움은 함께할 때 커지는 것이기에 연향에서 술과 음식을 같이 먹고 춤과 음악을 같이 즐기며 기쁨을 나누었던 것이다. 서민이라면 아주 가까운 친인척이나 친구들과 기쁨을 나눌 뿐이겠지만, 왕이라면 모름지기 그 기쁨이 온 나라 백성에까지 퍼져나가야 바람직하다.

## 혜경궁의 회갑일에 내린 정조의 윤음

어버이의 연세가 회갑에 이를 때 기쁨을 크게 드러내는 것은 자식의 직분상 당연한 것이다. 정성껏 음식을 마련해 술을 올리는 것은 서민들의 일이고 크게 잔치를 베풀고 친척들을 초대하는 것은 경대부의 일이며, 정사政事에 베풀어 백성과 더불어 즐거워함은 임금의 일이다.[1]

기쁨을 나누려면 어려움도 함께 나누어야 한다. 흉년이 들어 백성의 삶이 피폐한데 왕실에서 이를 도외시할 수는 없었다. 그런 까닭에 백성이 어려운 형편에 놓이면 왕실은 경축할 만한 일이 있더라도 연향을 오랜 기간 뒤로 미뤘고, 아예 베풀지 않기도 했다. 현종대에는 흉년으로 국가 규모의 연향을 한 번도 열지 않았는데, 좌참찬 송준길의 말은 지도층의 책임의식을 여실히 보여준다.

1665년(현종 6) 9월 5일, 준길이 아뢰었다.
"천재天災와 민원民怨이 이렇게 매우 극심한데 나라에서 진연進宴을 베푼다면 먼 외방의 백성이 장차 반드시 국가에서 구휼해주지 않으면서 도리어 성대한 행사를 거행한다고 여길 것이니, 어떻게 백성에게 해명할 수 있겠습니까? 대저 임금의 거조擧朝가 조금이라도 하늘의 뜻과 백성의 마음에 합치되지 않는 점이 있게 된다면 이는 아마도 제왕의 효도가 아닐 듯싶습니다."[2]

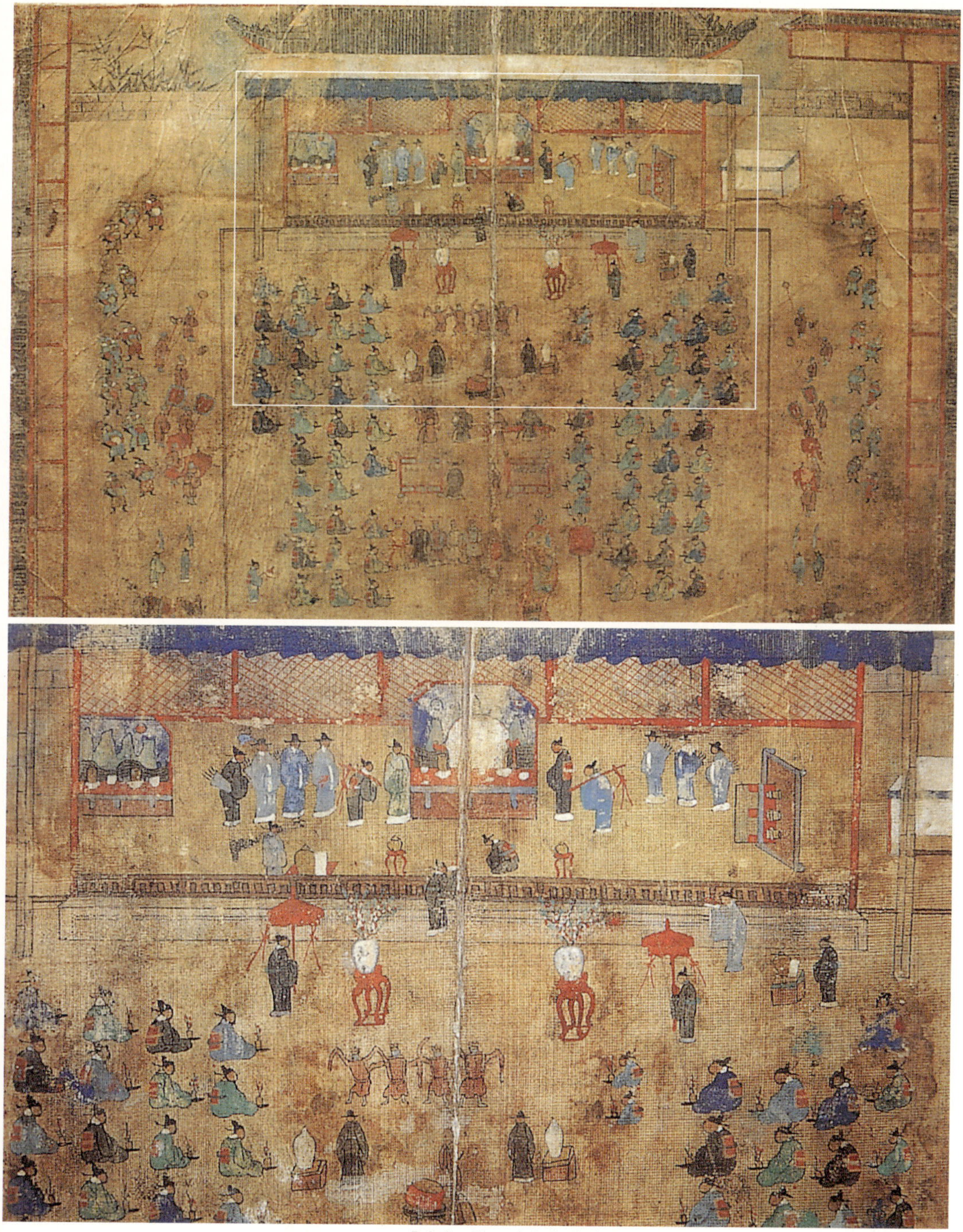

『진연도첩』, 비단에 채색, 29.0×41.0cm, 1706년경, 국립중앙도서관.

1703년(숙종 29)은 숙종이 즉위한 지 30년 되는 해였기에 축하 행사를 열자는 논의가 있었다. 하지만 한편에서 '흉년으로 백성이 곤궁하니 올해뿐 아니라 다음 해에도 불가하다'는 목소리가 나와 곧 수그러들었다. 시간이 흘러 2년 뒤인 1705년 2월 세자와 신하들이 칭경稱慶을 거듭 간곡히 청해 4월에 진연을 베풀기로 했는데, 3월에 경기·황해·충청도에 때 아닌 눈이 내리는 재이災異가 일어나 가을로 미뤘고, 막상 가을이 오자 바람이 몹시 심하게 불어 논밭을 망쳐놓는 바람에 또다시 다음 해로 미뤄 1706년(숙종 32) 8월에야 잔치가 열렸다. 즉위 30년 경축 진연을 흉년과 기상이변으로 3년이나 지나서 올렸던 것이다.

1756년(영조 32)은 대비전(숙종비 인원왕후仁元王后)이 칠순을 맞는 해였고, 1813년(순조 13)은 대비전(정조비 효의왕후孝懿王后)이 회갑을 맞는 해였으며, 1814년(순조 14)은 혜경궁이 80세를 맞는 해였지만, 흉년이란 질곡에 백성이 처한 어려움을 외면할 수 없어 연향은 베풀지 않고 축하문과 옷감을 올렸을 뿐이다.

실천적 가치 규범으로서 성리학이 뿌리내린 조선 후기에는 전기에 비해 연향을 드물게 베풀었다. 회갑이나 기로소耆老所 입소, 즉위 30·40주년, 또는 오랜 병환에서 쾌차하는 등 특별한 경사가 있을 때에만 연향을 열었다. 잔치를 치른 뒤에는 어김없이 서울과 지방의 사대부를 비롯해 천인賤人에 이르기까지 노인들에게 쌀과 고기를 내려주거나 가난한 이들에게 쌀을 내려주었다. 이때 거지들 또한 구휼되었으며, 전세田稅를 줄이고 환곡還穀을 탕감하는 은전恩典이 베풀어졌다.

1630년(인조 8) 대비전에 진풍정進豐呈을 올리고 나서 노인들에게 노인직(노인에게 특별히 내려주던 직무가 없는 벼슬)을 주고 연로한 과부에게 물품을 내려준 것이 그러한 예다. 또한 1657년(효종 8)에는 대비전에 진연을 올리고 나서 위의 사대부로부터 아래의 일반 백성에 이르기까지 서울과 지방의 80세 넘은 노인들에게 쌀과 술과 음식을 내려주었고, 1677년(숙종 3)에는 대왕대비와 왕대비에게 진연을 올리고 나서 대부에서 천인에 이르기까지 서울과 지방의 70세 넘은 노인들에게 쌀을 내리고 80세 넘은 노인들은 품계를 한 등급 올려주었다.

1706년(숙종 32) 8월 진연을 연 뒤에는 70세 이상의 노인들에

「어제왕세자책례후각도신군포절반탕감윤음」, 22.5×205.0cm, 1784, 수원화성박물관. 1784년 8월 정조가 문효세자를 책봉한 기쁨을 백성과 함께 누리기 위해 각 도에서 납부해야 할 신포身布와 군포軍布의 절반을 탕감한다는 문서다.

게 쌀과 고기를 내렸을 뿐 아니라 1698년 이전에 백성이 나라에 서 꾼 쌀의 환곡을 삭쳐주고, 전세와 대동미大同米를 줄여주었다. 1714년(숙종 40) 9월 진연을 연 뒤에도 전국 팔도의 1년 환곡을 고루 덜어주며 재해가 심하게 밀어닥친 고을에는 대동미를 줄여주었다.

　　1728년(영조 4) 9월에 대왕대비와 왕대비에게 진연을 올린 뒤 서울과 지방의 80세 넘는 사대부 및 90세를 넘긴 서민들에게 술, 쌀, 고기를 하사했다.

　　1766년(영조 42) 8월 왕이 여러 달 몸이 편찮다가 쾌유한 일을 축하해 진연을 베풀고 나서 도성 안팎의 거지들을 불러 모아 20일을 한정해 잘 먹이도록 명했고, 9월 3일에는 서민의 노인들에게 잔치를 베풀었다. 이때 홀아비, 과부, 고아, 자식 없는 늙은이들 역시 쌀을 받았으며, 가벼운 죄를 지은 죄수들은 감옥에서 풀려났다. 실록에서는 이날의 정경을 두고 '여러 노인이 배부르게 먹고 대궐 문밖에 이르러 일제히 절하고 축수祝壽하면서 뛰고 춤추었다'고 기록했다.

　　1795년(정조 19) 윤2월에 혜경궁惠慶宮(정조의 생모)의 환갑을 경축하여 사도세자의 묘가 있는 화성에서 진찬進饌을 올리고 다음 날 양로연을 베풀었으며, 화성 행궁의 정문인 신풍루新豐樓에서 가난한 사람들에게 쌀을 나누어주고, 마을에 승지를 파견해 백성에게 먹이도록 했다. 혜경궁 생신 전날인 6월 17일 총융청에서 5530가구에 쌀을 3말씩 나누어주었고, 생신 당일인 6월 18일에 혜경궁에게 진찬을 올리고 나서는 임금이 창경궁 홍화문弘化門에 나아가 친림한 가운데 가난한 집 512가구에 쌀을 3말씩 나누어주었다. 쌀을

『원행정리의궤도』 중 '신풍루사미도', 종이에 채색, 19세기, 국립중앙박물관.

받은 이들이 노래를 부르고 춤추며 돌아갔는데 환호성이 우레 소리처럼 울려 퍼졌다.[3] 이때 궁중 연향이 열린다는 소문을 듣고 거지들조차 궁궐 근처에 모여들었는데, 임금은 이들에게 음식과 떡·과일 등을 먹여 보내도록 했다.

> 1795년(정조 19) 6월 18일. 쌀을 내려주는 일이 끝나자 백성이 자루에 넣어 짊어지거나 상자에 담아 이고서 노래를 부르며 춤추면서 돌아갔는데 그들의 환호성이 우레 소리와 같았다.
> 상이 이르기를 "잔치 소문을 듣고 찾아온 걸인들이 거리를 거의 다 메웠다고 하니, 비록 두루 베풀기는 어려우나 어찌 빈 입으로 돌아가게 할 수 있겠느냐. 음식과 떡·과일 등을 먹여 보내도록 하라" 하셨다.[4]

연향을 연 뒤 은전을 베푸는 일은 조선 말기까지 이어졌다. 1857년(철종 8) 3월 대왕대비전에 진찬을 올린 뒤 대왕대비의 나이와 같은 69세의 사대부와 서민들에게 쌀과 무명을 내려주었고,[5] 1868년(고종 5) 12월 대왕대비에게 진찬을 올린 뒤에는 재해를 입은 지역에 그해의 세금 납부를 면제해주었다. 또 유랑걸식하는 이들은 이때 나라로부터 도움을 입었다.[6]

1893년(고종 30) 2월 8일은 세자의 20세 생신이었다. 당연히 세자와 같이 갑술년에 태어난 이들에게는 특별한 은택을 내려주었으니, 조관朝官으로서 80세인 자는 품계를 올려주고, 20세를 맞은 이들에게는 옷 한 벌 감을 주었으며, 서민으로서 80세인 자에게는

『기사계첩』 중 '기사사연도', 김진여·장태흥·박동보·장득만·허숙, 비단에 채색, 43.9×67.6cm, 1719~1720, 삼성미술관 리움. 아랫부분에 잔치에 모여든 걸인 노인들의 모습이 그려져 있다.

耆社私宴圖

베를 주고, 20세인 자에게는 명주 1필을 주었다. 또 이해 20세가 된 이들에게는 과거시험을 치를 기회가 주어져 합격한 자는 전시殿試에 곧바로 응시할 자격을 부여받았다. 또한 내탕고內帑庫에서 돈 30만 냥을 내어 공인貢人에게 10만 냥을, 시전민市廛民에게 20만 냥을 적절히 나누어주고 30일 치 푸줏간의 요역徭役을 탕감해주었으며, 3월에는 양로연養老宴을 베풀었다.[7]

연향을 베푼 뒤 기로신耆老臣들에게 잔치 물품과 음악을 내려주어 즐기도록 하는 것은 늘 있는 일이지만,[8] 때로는 조신朝臣과 서민들이 그들 어버이에게 잔치를 올릴 수 있도록 물품을 마련해주기도 했다. 영조가 76세 되고 정순왕후와 혼인한 지 10주년이 된 것을 경축해 1769년(영조 45) 2월에 진연을 베푼 일이 있었다. 이때 조신 가운데 70세를 넘긴 사람들과 사서士庶 가운데 80세를 넘긴 이들에게는 자손들로 하여금 헌수獻壽하게 했고, 이를 거행할 수 있도록 서울과 각 도에서 주찬酒饌을 마련해주었다. 또한 1200인이나 되는 노인을 불러 모았고, 이들에게 음식과 용호영龍虎營 세악細樂을 내려주어 흥에 띄게 했다.[9]

이렇듯 후하게 베푼 것은 사회 구성원 상호 간의 견고한 유대가 곧 나라를 단단히 지탱하는 기반이 되었기 때문이다. 즉 기쁨을 나눔으로써 사회가 하나 되는 것이 연향의 진정한 본질이었다.

1795년(정조 19) 6월 15일. 하교하였다.
"경사스러운 탄신이 얼마 남지 않은 이때에 경축하는 정성을 드러내 보이고 싶은데, 이 경사를 함께 나누는 것보다 더 나은

것이 어디에 있겠는가."¹⁰

　거창하지 않은 잔치에서도 이런 뜻은 어김없이 드러났다. 1791년(정조 15) 6월 원자元子의 돌잔치를 행한 뒤 종실·대신·제신諸臣과 대궐에서 수직하는 낭관, 장수·호위군사 및 서리·하인, 군졸과 큰 길거리에 사는 백성에게까지 떡을 내려주었고,¹¹ 1795년(정조 19) 3월 세심대洗心臺에 올라 꽃놀이를 할 때 그 동네에 사는 주민 및 의장儀仗과 음악을 구경하려고 모여든 도성의 사녀士女들에게 선전관宣傳官을 보내 떡과 밥을 나눠 먹인 일은¹² 대동세상의 편린을 보여주는 듯하다. 바로 이렇게 기쁨을 나누고자 하는 마음이 확대된 것이 궁중 연향이다.

　또한 1744년(영조 20) 10월에 베푼 영조의 기로소 입소 경축 진연에 노병老病으로 봉조하奉朝賀 이의현李宜顯(1669~1745)이 참석하지 못하자, 그에게 한 소반의 음식을 보내도록 한 것에서¹³ 연향은 따스한 정을 나누는 것이었음을 알 수 있다.

## 회례연에서 사객연까지
## 각양각색의 나라 잔치

　잔치를 왜 베푸는가에 따라 궁중 연향은 회례연會禮宴, 양로연, 진연進宴, 사객연使客宴으로 나뉘었다. 회례연은 대개 설날에 치렀으며, 왕은 문무백관과 함께, 왕비는 내명부內命婦·외명부外命婦와 함께하여 화합을 꾀했다. 이는 오늘날 직장에서 신년하례를 하고 회식을 하면서 화목을 다지는 것과 같다.

양로연은 대개 가을에 베풀었는데, 왕은 남자 노인들의 양로연에 친림하고, 왕비는 여자 노인들 잔치에 몸소 나가 노인에 대한 공경을 드러냄으로써 백성에게 효심이 감발感發되기를 기대했다. 이 잔치에서는 귀하거나 천함을 따지지 않고 노인을 공경했기에 1432년(세종 14) 양로연 의주儀註(나라 전례典禮의 절차를 주해하여 기록한 책)를 만들 때 서인은 물론 천인들도 연향에 참여하도록 배려했다.

> 1432년(세종 14) 8월 17일. 승정원에서 아뢰기를 "천한 노인은 잔치에 참여하지 말게 하소서" 하니, 임금께서 말씀하시길 "양로養老란 노인을 귀하게 여기는 것이니 존비를 따져서는 안 된다. 지극히 천한 사람일지라도 모두 참여하는 것을 허락하도록 하라. 다만 장오죄贓汚罪를 범하여 자자刺字 형벌을 받은 자는 참여하지 말게 하라" 하셨다.[14]

진연은 명절과 탄신을 맞거나 병환을 털고 일어나는 등 나라에 기쁜 일이 있을 때 베풀었다. 그 규모에 따라 진풍정進豐呈, 진찬進饌, 진작進爵 등 이름을 달리했다.

사객연은 이웃 나라와의 우호를 다지고자 중국·일본·유구국 등 각 나라의 사객에게 베푸는 잔치였다.

각 연향에는 그에 걸맞은 의식이 뒤따랐다. 회례연과 진연에서는 왕세자 이하 종친·문무백관이 왕에게 사배四拜를 했다. 반면 양로연에서는 노구임을 배려해 재배再拜를 하도록 하되, 그것도 한 번 일어났다가 앉은 채 그대로 머리만 두 번 땅에 닿도록 숙여 약식으로 했으며, 노인들이 전殿에 오르려 할 때 왕이 자리에서 일어남으로써 노인들에게 공경을 표했다.

회례연·진연·양로연은 왕과 신하 사이의 예이므로 임금에게 술과 음식을 올릴 때 북향하여 꿇어앉아서 올렸다. 반면 사객연은 나라와 나라 사이의 예이므로, 중국 사신을 상국上國의 손님으로 예우해 상석인 동쪽에 있게 하고 임금은 서쪽에 자리를 두어 서로 읍하며 술과 음식을 권했다.

경복궁 근정전과 창덕궁 인정전이 북쪽에서 남향으로 지어진 것에서 알 수 있듯이, 왕은 항상 북쪽에서 남쪽을 바라보고 신하는 남쪽에서 북쪽을 바라봐 북향하는 것은 곧 신하의 신분임을 자처하는 것임을 알 수 있다. 또한 동쪽과 서쪽에서 서로 마주 보는 것은 손님과 주인 관계를 뜻했다.

사객연에서 제거提擧와 제조提調가 음식을 올릴 때 임금에게는 무릎을 꿇고 올리지만 사신에게는 서서 올려, 임금에 대한 예와 사신에 대한 예를 분명히 구분했다.

조선 후기에는 전기와 달리 정기적으로 베푸는 회례연과 양로연이 사라지고, 나라에 경사가 있을 때 베푸는 진연만 주로 행해졌다.

『내사보묵첩內賜寶墨帖』, 종이에 채색, 37.4×24.4cm, 1760, 국립중앙박물관.
1760년 1월 20일 영조가 기로소 및 충훈부 대신들에게 선찬을 내리는 장면으로, 영조는 "노인을 기르는 뜻과 공적을 기르는 도는 임금이 먼저 힘쓸 것이다"라고 하였다.

# 남녀, 조정백관과 왕실 친인척을 나누어 연향을 베풀다

사객연을 제외한 앞서 말한 각 연향은 참석자에 따라 외연外宴과 내연內宴으로 나뉘었다. 즉 외회례연·내회례연, 외양로연·내양로연, 외진연·내진연, 외진찬·내진찬 등으로 구분되었다.

왕이 주관하는 외회례연에는 왕세자·종친·의빈儀賓[15]·문무백관이 함께했고, 왕비가 주관하는 내회례연에는 왕세자빈·내명부·외명부가 자리했다. 또한 왕이 베푸는 외양로연에는 사대부에서 천인에 이르는 남자 노인들이 참여했고, 왕비가 베푸는 내양로연에는 사대부 부인에서 천인의 부인에 이르는 여자 노인들이 함께했다. 회례연과 양로연의 주빈은 외연에서는 항상 왕이고, 내연에서는 왕비였다.

이렇듯 양로연과 회례연에서 내연은 여성이 주축이 되고, 외연은 남성이 주축이 되었다. 예컨대 집안에 여성의 상喪을 당하면 '내상內喪'이라 하고, 부녀婦女가 외간 남자와 얼굴을 바로 대하지 않고 피하는 것을 '내외內外한다'고 하듯이 내內는 여성, 외外는 남성을 가리켰다.

외진연(또는 외진찬)에 왕·왕세자·종친·의빈·문무백관 등 남성만 참석하는 점은 회례연·양로연과 마찬가지였다. 그런데 내진연(또는 내진찬)에는 대비·왕비·왕세자빈·공주·명부命婦 외에 왕·왕세자·종친·의빈·척신戚臣[16] 등 남성들도 함께 즐겼다. 즉 진연에서 외연과 내연의 참석자를 남성과 여성으로 구분할 수는 없다. 외진연은 실질적으로 정치를 주도하는 군신君臣이 주축이 되는 연향이고, 내진연은 왕실 가족과 친인척 그리고 명부가 주축이 되었다. 외진연에서는 항상 왕이 주빈이었지만, 내연에서는 왕대비나 왕비뿐만 아니라 왕도 주빈이 되었다.

관원으로서 정치에 참여하든 그렇지 않든 모든 사람은 왕의 신하였다. 그런데 실록에 실질적으로 정치에 참여하는 신하를 외신外臣, 왕실의 친인척은 내신內臣임을 암시한 기록이 있어 주목된다.

> 1454년(단종 2) 5월 28일. 세조가 황효원을 시켜서 아뢰기를 "신이 나라 경비로 연향을 올리면 이는 신들이 도리어 빈객賓客이 되는 것이니, 자비自費로 성의를 표시할 수 있기를 바랍니다. 의정부 관원들이 연향을 올리는 경우는 외신外臣이므로 나라 경비로 해도 무방합니다" 하니, 그대로 따랐다.[17]

단종의 숙부가 되는 세조는 자신은 외신이 아니니, 다시 말해 내신이니 개인 비용을 부담해 연향을 올리고 싶다고 아뢴 것이다. 따라서 진연에서 '외外'는 조정 신하, '내內'는 왕실 가족과 친인척을 뜻한다고 할 수 있다.[18]

군신 사이의 연향인 외진연의 의식 절차는 엄숙히 진행되었다. 반면 왕실 가족과 친인척, 명부의 연향인 내진연은 그에 비해 격식을 느슨히 하고 친애親愛의 정을 표현하는 자리였다.[19]

「정해진찬도」 중 '만경전내진찬도', 비단에 채색, 각 폭 147.0×48.5cm, 국립중앙박물관.

# 궁중 연향, 그 치밀한 준비 과정

### 공간을 마련하다

연향에서는 음식상이 차려지고 음악과 춤이 공연되었다. 실내 공간만으로는 이 모든 것을 감당하기에 모자라 섬돌에 이어 궁전 뜰에까지 넓은 덧마루를 임시로 설치해 공간을 확보했는데, 이를 보계補階라 일컬었다. 이렇게 일상 공간에 보계를 설치해 연향 공간으로 만드는 것은 사가私家에서도 마찬가지였다.

실내와 바깥에서 동시에 행사가 진행되었으므로, 비 올 때를 대비해 기름 먹인 차일과 유둔油芚을 마련해 준비에 만전을 기했다.

### 음식, 재료 준비에서 포장까지

많은 양의 음식을 준비하려면 평소의 수라간만으로 부족했기에 가건물을 지었다. 1829년(순조 29) 2월 9일과 12일의 순조 등극 30년, 보령 40세 경축 외진찬外進饌과 내진찬內進饌에서는 1월 12일부터 가건물을 짓고 25일부터 찬품饌品 일을 시작했다. 또 1848년(헌종 14) 3월 17일의 대왕대비(순원왕후) 육순 경축 내진찬에서는 2월 11일부터 가건물을 짓고 21일부터 찬품 일을 시작했으니, 잔치가 있기 15일에서 25일 전부터 음식을 준비했던 것이다. 약과藥果·다식과茶食果·강정強精·빙사과冰絲果·감사과甘絲果·한과漢果·요화蓼花·정과正果처럼 오래 두어도 변질되지 않는 찬품을 먼저 만들었을 것이다.

1630년(인조 8) 3월에 대왕대비, 즉 인목왕후仁穆王后에게 올린

「무신진찬도」 중 '통명전 진찬', 비단에 채색, 139.0×384.0cm, 1848, 국립중앙박물관. 보계와 차일이 설치되어 있다.

「회혼례도병」, 종이에 엷은색, 각 폭 114.5×51.0cm, 1857, 홍익대박물관. 노부부가 헌수받는 장면을 보면, 실내 공간만으로는 부족하므로 앞쪽 뜰에 큰 장막을 치고 넓은 덧마루를 만든 모습이 보인다.

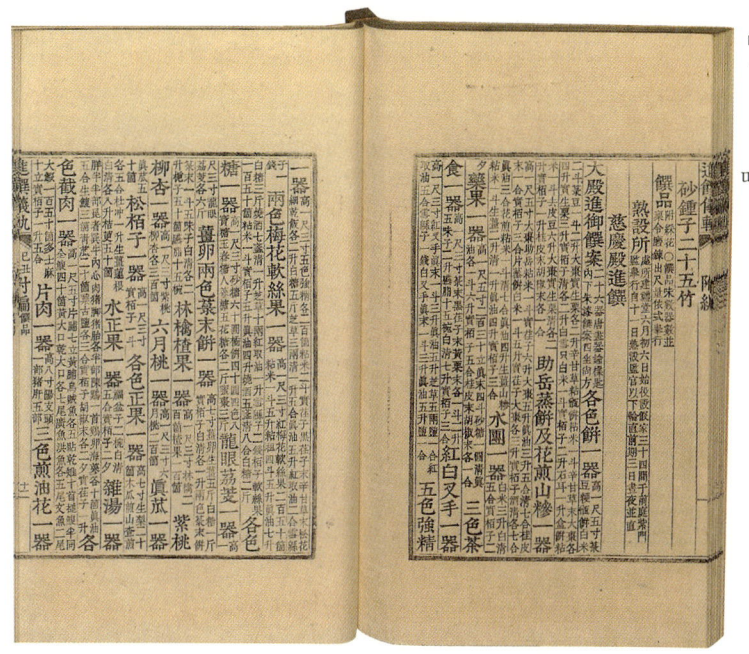

『순조기축진찬의궤』, 1829, 한국학중앙연구원 장서각. 순조 임금의 등극 30년, 보령 40세를 축하하는 이 연회 기록에 따르면, 이때 차려진 음식은 127종에 이른다.

연향을 기록한 『풍정도감의궤豊呈都監儀軌』에 "서빙고西氷庫에서 소·양·돼지·닭 등의 육류를 제공하는 사축서司畜署에 하루에 얼음 2장씩을 공급하도록 했다"라고 한 기록으로 보건대, 겨울철이 아니라면 음식이 상하지 않도록 빙고에서 얼음을 제공받아 음식의 선도를 유지했음을 알 수 있다.

연향을 준비하느라 수고한 장인匠人들에게는 일한 날수와 저마다의 전문성을 가늠해 품삯을 지급했다. 1744년(영조 20) 영조의 기로소 입소 경축 진연을 기록한 『갑자진연의궤甲子進宴儀軌』를 보자. 이때 음식을 담당한 숙수熟手의 하루 품삯은 보리를 섞은 쌀 3되와 베 2척尺 3촌寸 3분分인데, 이는 화장花匠·연죽장鍊竹匠·조각장雕刻匠·다회장多繪匠 등 수준 높은 전문 기술자의 품삯에 견줄 만큼 높은 편이었다. 한편 일반 기술자는 보리를 섞은 쌀 3되와 베 1척 1촌 6분을 받았고, 화원畵員과 침선비針線婢는 보리를 섞은 쌀 2되와 베 1척 1촌 6분을 받았으며, 악공은 쌀 2되와 찬물饌物을 받았다.

1744년 진연을 준비하면서 내자시內資寺의 숙수 25명은 21일, 내섬시內贍寺의 숙수 30명은 21일, 예빈시禮賓寺의 숙수 2명은 10일, 5명은 7일, 18명은 6일 일했으며, 사축서의 숙수 5명은 6일 동안 일했다. 숙수는 정의淨衣를 입고 두건을 썼으며, 음식상을 나르는 사람들도 푸른 옷 차림에 푸른 두건을 써서 청결에 각별히 주의를 기울였다.

반열에 참여하는 신하들에게는 일일이 독상獨床이 제공되었지만, 그 외에는 여럿이 같이 먹는 음식상이 차려지고 술과 안주가 나왔다. 많은 인원의 음식상을 들여가고 내올 때 훔쳐가거나 번잡한 폐단이 일어날까 우려해 시위장사侍衛壯士와 차비관差備官을 위해서는 각 관사의 하인에게 미리 표를 주고 잔칫날 내섬시 산원算員에게 제출해 확인을 거친 뒤 상床을 받아가도록 했다. 군병들도 각 두목에게 미리 표를 주고 잔칫날 호궤소犒饋所에서 제출해 확인받은 뒤 술과 안주를 한꺼번에 받아가도록 했다. 이는 요즈음 결혼식 후 피로연에서 번잡한 것을 피하고자 미리 식권을 나눠주는 것과 비슷하다.

과상果床처럼 큰 상은 처음부터 크게 만드는 것이 아니라 상 2개를 끈으로 연결해서 썼다. 십수 년 전만 해도 집집마다 제사를

『기사계첩』 중 '기사사연도'. 기로신들에게 일일이 독상이 제공된 장면을 엿볼 수 있다.

지내기 위해 큰 교자상을 갖췄지만, 요즘에는 대개 큰 교자상의 반 정도 되는 상을 두 개 연결해서 쓰는데, 이미 270여 년 전 궁중 연향에서 상을 연결하여 썼으니, 선조들의 지혜가 돋보인다.

또한 연향 참석자들이 음식을 먹고 남은 것은 싸갈 수 있도록 제용감濟用監에서는 푸른 보자기를, 장흥고長興庫에서는 기름종이를, 선공감繕工監에서는 노끈을 준비했다. 그 속뜻을 헤아려보면 이는 왕이 내려준 음식을 소중히 여기고, 나아가 하늘과 땅의 은택을 고맙게 여기는 것이다. 하늘에서 따뜻한 햇볕과 비를 내려주고 땅에서 품어주어 동식물이 자라며, 여기에 사람의 노력이 보태져 음식으로 만들어진 것이기 때문이다.

### 음악과 춤, 연향의 절정

연향의 백미 중 하나는 단연코 음악과 춤이었다. 조선시대에는 남녀유별을 엄격히 했다. 그러니 후기에는 군신 간의 연향인 외연에서 남자 악공이 음악 연주를 하고 남자아이인 무동舞童이 정재呈才를 공연했다. 반면 내연에서는 여령女伶이 음악 연주와 정재를 공연했는데, 1795년(정조 19) 혜경궁의 회갑연을 기점으로 내연에서 남자 악공이 휘장 밖에서 연주를 하게 되었다.

인조반정 이후로는 서울에 거주하며 활동하는 장악원 여기女妓를 폐지했기에 연향을 베풀면 한 달에서 두 달쯤 전에 각 지방에서 여기들을 서울로 불러들여 악가무 연습을 시켜 공연을 했고, 연향을 마치면 다시 지방으로 내려 보냈다. 1829년 2월 12일에 열리는 내진찬을 위해서 1828년 11월 27일 지방으로 보낸 공문을 보자.

「기축진찬도」 중 '의진찬'
비단에 채색, 150.2×420.7cm, 1829, 국립중앙박물관.

「기축진찬도」 중 '계진찬'
비단에 채색, 150.2×420.7cm, 1829, 국립중앙박물관.

『순조기축진찬의궤』 권1 이문移文. 무자년(1828) 11월 27일 상고할 일. 이번 진찬에 필요한 각 차비여령差備女伶을 적은 수의 경기京妓만으로 충당할 할 수 없으므로 전례에 의거하여 공문을 보내니, 각 해당 읍에 확실하게 알려서 반드시 오는 12월 초10일 안으로 명단을 만들고 담당 관리를 정해서 인솔하여 올려 보낼 것. 만약 늙고 병들고 가무歌舞를 잘 못 하는 자를 숫자만 채워 올려 보내는 폐단이 있으면 해당 수령을 철저히 문책할 것이니, 심상하게 하지 말고 유념하여 거행하는 것이 마땅하다.[경상도 21명. 이중 6명은 처용무 잘 추는 자로 경주와 안동에 배정할 것. 평안도 20명. 강원도 5명. 공충도 7명. 황해도 17명. 전라도 15명]

『갑자진연의궤』에 따르면 기생은 이전에도 그러했듯 분과 연지를 각자 준비하도록 했으나, 무동은 본래 화장물품이 없기에 무동 10명이 습의習儀와 연향 날 쓸 분과 연지를 지급하기 위해 분 2냥 4돈, 연지 3사발을 납품하도록 제용감 및 평시서에 지시했다. 또 날짜가 촉박해 기생들은 밤낮 없이 가사歌詞를 익혀야 했기에 등유를 납품하도록 의영고義盈庫에 지시했으며, 혹 병에 걸릴 것을 우려해 전례대로 구료관救療官이 매일 대령하도록 했다.

1765년(영조 41) 10월 11일 영조의 보령寶齡이 72세가 되고, 즉위한 지 만 40년이 넘은 것을 경축해 왕에게 올린 연향을 기록한 『을유수작의궤乙酉受爵儀軌』에 따르면, 무동을 단장시켜줄 솜씨 좋은 수모手母도 차출했으니, 그 배려가 세심한 부분에까지 속속들이 미쳤음을 알 수 있다.

### 꽃 장식, 화려함을 더하다

연회 장소를 장식하는 준화樽花, 머리에 꽂는 홍도이지화紅桃二枝花·홍도삼지화紅桃三枝花, 상을 장식하는 대수파련大水波蓮·중수파련中水波蓮·소수파련小水波蓮·오색절화五色節花·별건화別建花·간화間花·목단화牧丹花 등 많은 조화를 만들었다. 고종의 30주년을 경축하여 베푼 1892년 진찬에서 쓴 꽃의 종류와 수량은 다음과 같다.

• 표 1 • 1892년 9월 진찬에서 쓴 꽃[20]

|  | 외진찬 | 내진찬 | 단위 가격 |
|---|---|---|---|
| 사권화絲圈花 | 2개 | 4개 |  |
| 준화樽花 | 2개 | 2개 | 500냥 |
| 이지당가화二枝唐假花 | 내하內下 | 내하 |  |
| 홍도이지화紅桃二枝花 | 5700개 | 6335개 | 1냥 |
| 대수파련大水波蓮 | 4개 | 17개 | 80냥 |
| 중수파련中水波蓮 | 10개 | 35개 | 60냥 |
| 소수파련小水波蓮 |  | 43개 | 40냥 |
| 각색절화各色節花 | 36개 |  |  |
| 목단화牧丹花 | 812개 |  |  |
| 월계화月桂花 | 8개 | 79개 | 5냥 |
| 국화菊花 |  | 170개 | 5냥 |
| 유자꽃 |  | 170개 | 5냥 |

| | | | |
|---|---|---|---|
| 감꽃 | | 170개 | 5냥 |
| 가지꽃 | | 170개 | 5냥 |
| 산딸기꽃 | | 170개 | 5냥 |
| 포도꽃 | | 170개 | 5냥 |
| 오이꽃 | | 170개 | 5냥 |
| 홍도삼지화紅桃三枝花 | 2158개 | 2615개 | 1냥 5전 |
| 산화홍도삼지화散花紅桃三枝花 | | 550개 | 1냥 5전 |
| 홍도별건화紅桃別建花 | 91개 | 80개 | 1냥 2전 |
| 홍도건화紅桃建花 | 3325개 | 3930개 | 1냥 |
| 홍도별간화紅桃別間花 | | 75개 | 7전 |
| 홍도간화紅桃間花 | 1125개 | 2310개 | 7전 |
| 정재여령 수공首拱 수파련水波蓮 | | 500개 | 10냥 |

 홍도이지화를 만드는 비용이 1냥인 데 비해 대수파련 1개가 80냥, 중수파련 1개가 60냥, 소수파련 1개가 40냥, 준화 1개가 500냥이니 얼마나 화려했을지 짐작이 간다.
 준화는 붉은 벽도화碧桃花를 큰 화병에 꽂아놓은 것으로, 나뭇가지에 10여 종의 새를 모두 쌍으로 장식했으며, 높이가 9척 5촌(약 285센티미터)이나 된다. 대수파련은 밀랍으로 연꽃과 연잎을 만들며, 사이사이에 월계화·붉은 벽도화·당가화唐假花를 배치하고, 선동仙童 10명이 금은 잔을 받들고 있으며, 위에는 남극노인이 있고, 강구연월수부다남康衢煙月壽富多男이라는 금으로 만든 8개의 글자를 매단 것으로, 찬안饌案 중앙에 꽂아놓았다.

『원행정리의궤도』중 꽃 장식,
종이에 채색, 62.2×47.3cm, 19세기, 국립중앙박물관.

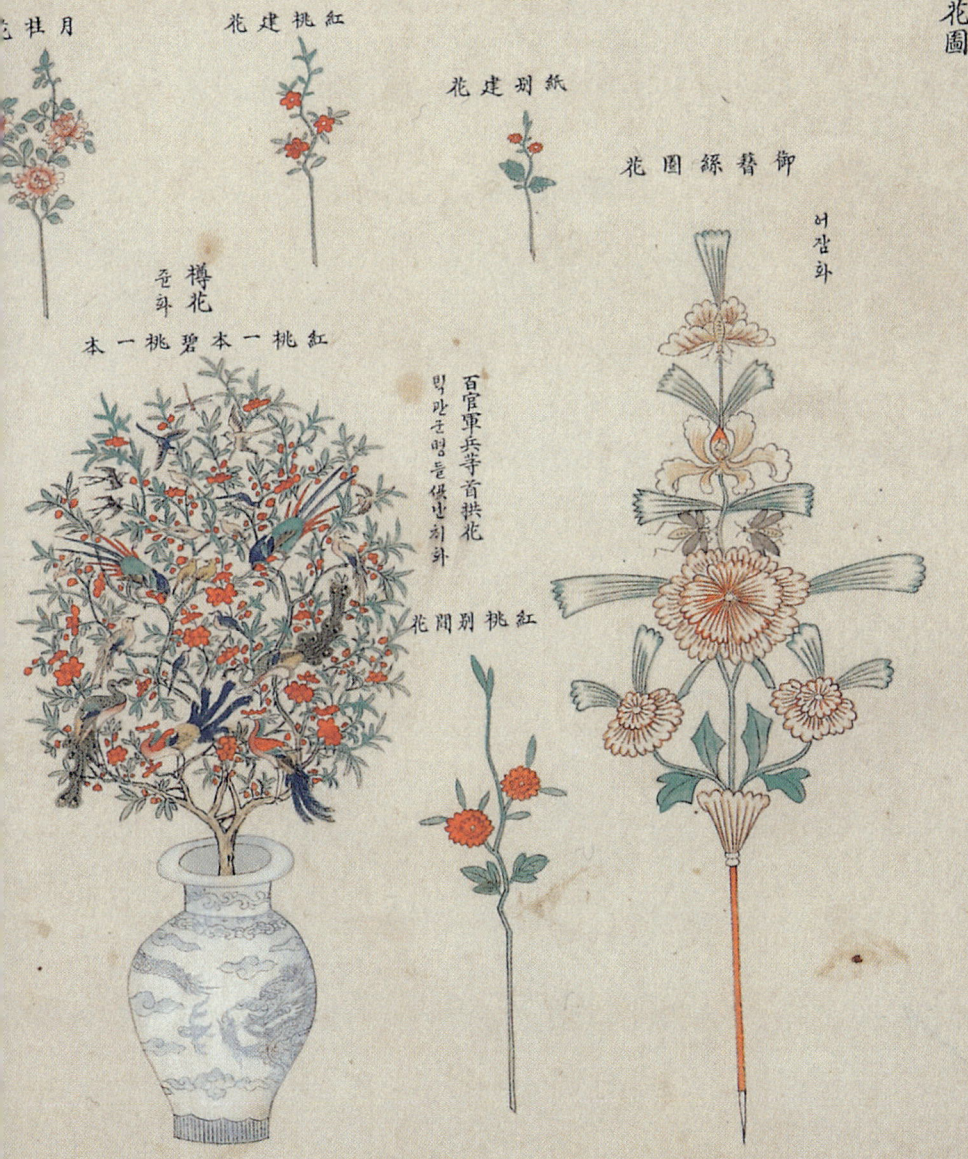

진작재신進爵宰臣 이하와 내외빈 이하는 이지당가화二枝唐假花를 머리에 꽂고, 금군禁軍과 무예별감·병정 이하는 홍도이지화를 머리에 꽂으며, 정재여령은 수파련에 당가화 2가지를 첨가한 꽃을 꽂았다.

제2장

## 치밀한
## 의궤 기록으로 그린
## 왕실 연향

잔치의 모든 과정을 기록한 의궤들

**김문식** 단국대 사학과 교수

# 풍정의 9작에서 석연의 5작까지

## 왕실 연향의 종류

풍정豐呈, 진연進宴, 진찬進饌, 진작進爵…… 모두 조선 왕실의 연향宴享[1]을 표현한 것이다. '풍정'이란 왕실 가족에게 축하할 일이 있어 선물을 바치는 것으로 음악과 정재呈才(궁중무용) 공연이 포함됨을 뜻한다. '진연'은 연회를 드리고, '진찬'은 음식, '진작'은 술잔을 드린다는 뜻이므로 모두 왕실에서 이뤄지는 연향을 일컫는다. 영조대에는 어연御筵, 수작受爵이란 용어를 쓰기도 했다. '어연'은 왕을 주인공으로 하는 연회, '수작'은 술잔을 받는다는 뜻이므로 역시 왕실의 연향을 의미한다. 이렇듯 가리키는 바는 하나이지만, 잔치 규모는 저마다 달랐다.

그중 규모에서 으뜸은 풍정이었다. 실록에서는 '풍정'이란 말이 초기부터 등장한다. 몇 가지 예를 보자.

좌대언左代言 이승상李升商이 청화정淸和亭에서 연향을 베풀었다. 우리나라 풍속에서는 시원試員과 공거貢擧를 '학사學士'라 하고 연향을 베푸는 것을 '풍정豐呈'이라 한다. 학사를 위해 풍정을 베푸는 것은 옛날부터 내려오는 풍속이다.[2]

어가御駕가 근교에 이르자 노상왕老上王과 대비, 공비恭妃가 각각 사람을 보내 풍정을 바쳤다. 우리 풍속에 국왕에게 연향을 베푸는 것을 '풍정'이라 한다. 의정부와 육조가 맞이해 뵙고

술을 올리니 상왕이 매우 기뻐하여 "연석에 참석한 사람은 모두 취하도록 마셔라"라고 하였다.³

국왕이 악차幄次에 나가니 성비전誠妃殿, 중궁, 세자가 차례로 풍정을 바쳤다. 의정부와 육조에서도 풍정을 바쳤다.⁴

기록들을 살펴보면 풍정은 처음에 잔치 일반을 뜻하다가 왕실 가족을 대상으로 하는 연향으로 의미가 바뀌었다. 조선 후기에 접어들면 풍정은 진연보다 규모가 큰 연향을 일컬었다. 다음 자료들은 풍정보다 연향의 규모를 줄이면 진연이 됨을 보여준다.

예조에서 아뢰기를 "이번에 내연內宴을 설치하는 일은 풍정 대례豊呈大禮와 차이가 있으니, 도감都監이란 이름은 타당하지 않습니다. 이미 주관하고 단속할 사람을 차출했으므로 이름이 없을 수 없습니다. 연신筵臣 민정중閔鼎重이 아뢴 대로 진연청進宴廳이라 하는 것이 타당할 것 같습니다"라고 하였다. 국왕이 이를 따랐다.⁵

국왕이 두 자전慈殿을 위해 풍정연豊呈宴을 거행할 것을 명령했다. 얼마 뒤 영의정 김수항金壽恒이 "올해 농사가 다시 풍년이 들 가망은 없습니다. 풍정의 성대한 의례는 지나치게 즐기는 데 관계될 것 같습니다. 이름을 '진연進宴'으로 바꾸고 쓸데없는 비용을 줄이도록 하소서"라고 했다. 국왕이 옳게 여겼다.⁶

'진작'은 진연이나 진찬보다 규모가 작은 연향이었다. 1827년(순조 27)의 논의를 보자.

**왕세자**: 양전兩殿(국왕과 왕비)에게 존호尊號를 올린 뒤 작은 술잔을 베풀어 정례情禮를 펴고자 한다. 이 뜻을 가서 대신大臣에게 전하는 것이 좋겠다.
**예조판서 조종영**趙鍾永: 진연과 진찬에는 모두 술잔을 올리는 의례가 있습니다. 이번 의절儀節은 무엇으로 합니까?
**왕세자**: 진연이나 진찬이라고 할 필요는 없다. 작은 술잔을 베풀어 경사를 알리려는 것이다. 병신년의 진찬 의절은 무척 간략하게 한 것 같다. 이번에는 넉넉하게 마련하고 의주儀註는 '진작의進爵儀'라 하는 것이 좋겠다.[7]

진작이 규모가 작기는 했지만, 그렇더라도 왕세자(효명세자)가 '병신년의 진찬 의절보다는 넉넉하게 마련하라'고 발언한 것으로 미루어 진연이나 진찬, 진작의 규모에 큰 차이는 없었다. 그러나 이때의 행사는 술잔의 숫자를 왕세자, 왕세자빈, 명온공주明溫公主 등 세 사람이 올리는 3작爵으로 하여 규모가 크게 줄었다.[8]

한편 1743년(영조 19)에는 영조에게 '어연御筵'을 올리는 행사가 있었다. 자전慈殿에게 진연을 올리고 자신에게는 잔치 규모를 줄인 어연을 올리라는 명령이었다.

이미 대신에게 명령하여 큰 탁자에 푸짐한 반찬을 올리는 것

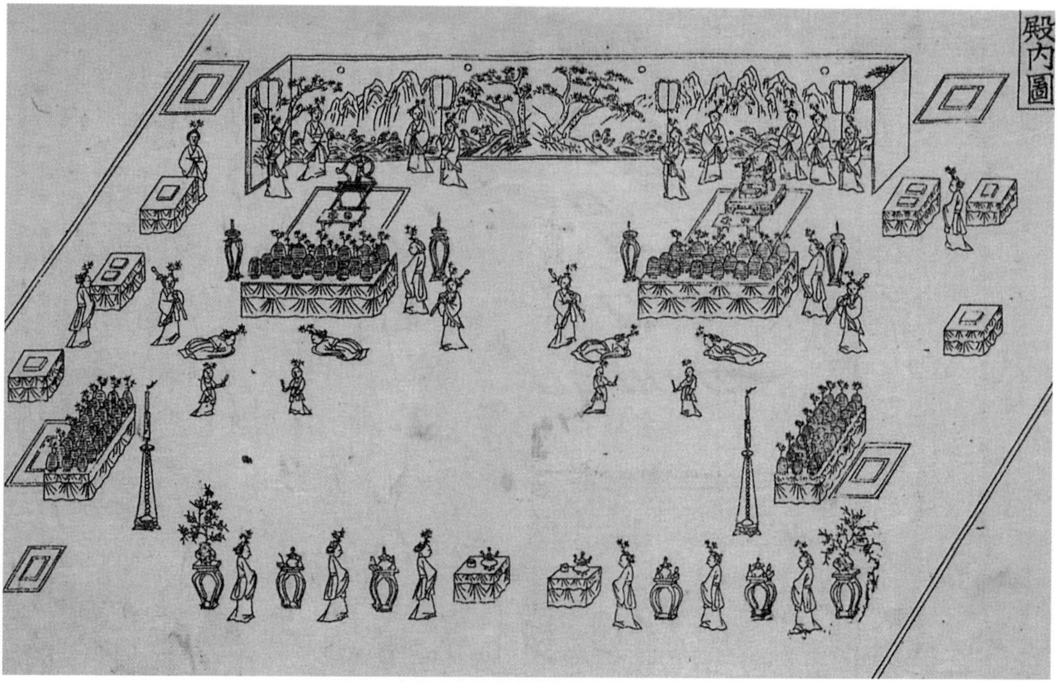

『자경전진작정례의궤』 중 '전내도殿內圖', 1827, 한국학중앙연구원 장서각.

『혜경궁진찬소의궤』, 1809, 한국학중앙연구원 장서각.

惠慶宮進饌所儀軌
嘉慶十四年己巳二月 日
座目
判書李勉兢
判書洪明浩
行判書韓晩裕
參判尹致性
參判李晉天
參判吳泰賢
參議趙萬元
參議曹允遂
參議吳淵常

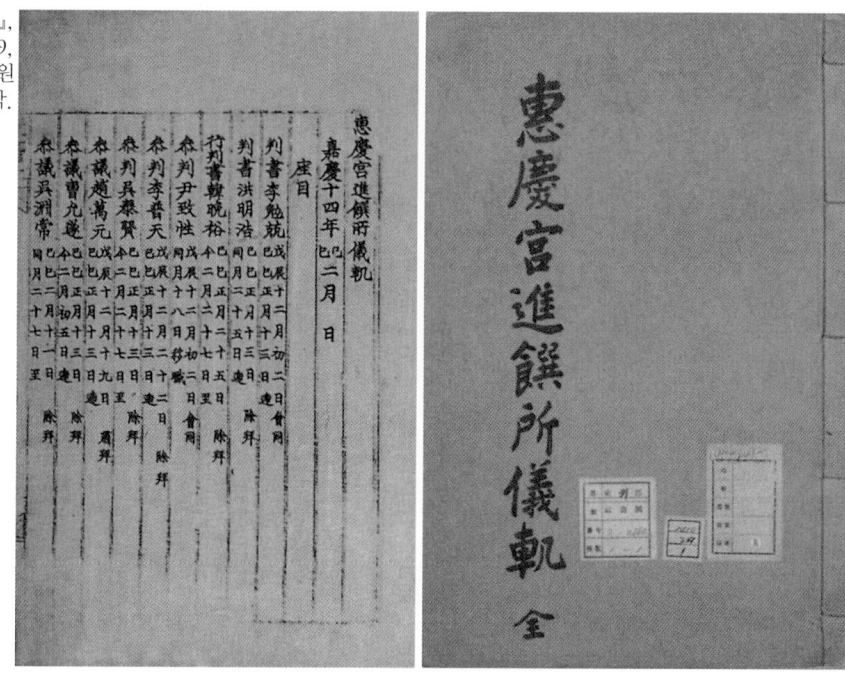

은 줄이도록 하였다. 이것은 『시경』 「녹명鹿鳴」의 뜻을 본받는 데 불과하니, 예전의 신하들을 모아 군신 사이의 정을 펼 뿐이다. '어연御筵'이라 하여 나의 뜻을 보이니 영화당映花堂에서 거행하고, 자전을 위한 연회는 통명전通明殿에서 거행하도록 하라.⁹

'어연'이라 부르는 것은 깊은 뜻이 있다. 여러 의절이 어찌 예전의 진연 의례를 모방하겠는가? 진연의 의례는 9작이고 앞의 2작에는 치사致詞의 절차가 있다. 지금 연향은 자전의 뜻을 본받아 군신에게 연향할 뿐이다. 치사를 올리는 2작을 삭제하고 7작만 거행하며, 세자와 의정부가 술잔을 올리는 것이 그중에 있으니 재신宰臣 5원員만 결정하도록 하라. 갑오년(1714) 이후 외연을 할 때에는 먼저 악장樂章을 부르는 전례가 있었지만 이번 행사에서는 번거로운 형식을 제거하므로 이것도 그만두어라.¹⁰

영조는 진연보다 규모를 줄인 어연을 거행하라고 했다. 그러나 진연도 규모를 축소하면 7작만 올린 예가 있으므로 진연과 어연이 그리 큰 차이를 보였다고 하긴 어렵다. 전체적으로 볼 때 왕실의 연향은 규모가 가장 큰 풍정에서부터 진연, 어연, 진찬, 진작 순으로 줄어들었다. 그렇더라도 그 세부 절차는 때마다 형편에 맞춰 조정했기에 용어상 큰 차이는 없었던 듯하다.

왕실의 연향과는 별도로 국왕이 신하에게 내리는 석연錫宴도

『기사계첩』 중 '경현당사연도'.

『기사계첩』 중 '기사사연도'
김진여·장태흥·박동보·장득만·허숙, 비단에 채색, 43.9×67.6cm, 1719~1720, 삼성미술관 리움.

있었다. 1719년 숙종이 기로신에게 내린 연향을 꼽을 수 있는데, 그 절차는 진연과 비슷했지만 국왕이 내린 술잔은 5작이었다. 석연을 마치자 숙종은 기로신에게 장악원掌樂院의 음악을 내려 별도의 연회를 갖도록 했다.[11] 원로대신들을 우대하고자 함이었다.

## 필사본과 활자본의 연향 의궤

## 비용에 따라 차이 난 병풍

조선 왕실의 연향을 기록한 의궤는 모두 19종이 전한다. 그 목록을 살펴보자.

- 『풍정도감의궤豊呈都監儀軌』, 1630년(인조 8), 1책(37장), 필사본 1건(파리→국립중앙박물관)

- 『숙종기해진연의궤肅宗己亥進宴儀軌』, 1719년(숙종 45), 2책, 필사본 3건(예조, 장악원, 강화부)

- 『영조갑자진연의궤英祖甲子進宴儀軌』, 1744년(영조 20), 2책, 필사본 3건(예조, 장악원, 강화부)

- 『영조을유수작의궤英祖乙酉受爵儀軌』, 1765년(영조 41), 2책, 필사본 3건(예조, 장악원, 사고)

- 『원행을묘정리의궤園幸乙卯整理儀軌』, 1795년(정조 19), 8책(635장), 정리자/한글본

- 『기사진표리진찬의궤己巳進表裏進饌儀軌』, 1809년(순조 9), 1책, 필사본 2건(영국 대영박물관, 장서각 소장본은 『혜경궁진찬소의궤惠慶宮進饌所儀軌』)

- 『자경전진작정례의궤慈慶殿進爵整禮儀軌』, 1827년(순조 27), 2책, 정리자 6건/한글본 1건

- 『순조무자진작의궤純祖戊子進爵儀軌』, 1828년(순조 28), 2책, 정리자

- 『순조기축진찬의궤純祖己丑進饌儀軌』, 1829년(순조 29), 4책, 정리자
- 『헌종무신진찬의궤憲宗戊申進饌儀軌』, 1848년(헌종 14), 4책, 정리자 40건 이상, 필사본 1건
- 『고종무진진찬의궤高宗戊辰進饌儀軌』, 1868년(고종 2), 3책(123장), 필사본 1건(규장각)
- 『고종계유진작의궤高宗癸酉進爵儀軌』, 1873년(고종 10), 1책(67장), 필사본 2건(규장각, 장서각)
- 『고종정축진찬의궤高宗丁丑進饌儀軌』, 1877년(고종 14), 4책, 필사본, 생생자(1890)
- 『고종정해진찬의궤高宗丁亥進饌儀軌』, 1887년(고종 24), 4책(227장), 생생자(1890)
- 『고종임진진찬의궤高宗壬辰進饌儀軌』, 1892년(고종 29), 4책(341장), 생생자
- 『고종신축진찬의궤高宗辛丑進饌儀軌』, 1901년(광무 5) 5월, 4책(189장), 생생자
- 『고종신축진연의궤高宗辛丑進宴儀軌』, 1901년(광무 5) 7월, 4책(317장), 생생자
- 『고종임인진연의궤高宗壬寅進宴儀軌』, 1902년(광무 6) 4월, 4책, 생생자
- 『고종임인진연의궤高宗壬寅進宴儀軌』, 1902년(광무 6) 11월, 4책, 생생자

이들 의궤가 만들어진 시기를 보면 인조, 숙종, 정조, 헌종대에 각 1건, 영조대에 2건, 순조대에 4건, 고종대에는 9건이다. 고종대에는 가장 많은 의궤가 작성되었을 뿐만 아니라 대한제국이 들어선 뒤인 1901년과 1902년에는 매년 2종의 의궤가 편찬되었다. 이것은 매우 이례적인 일이다.

의궤는 편찬 방식에 따라 필사본과 활자본으로 나뉜다. 활자본에서 원문은 활자로 인쇄하지만 그림은 목판에 그린 뒤 조각하여 인쇄하는 방법을 썼다. 의궤의 편찬 방식은 1795년에 작성된 『원행을묘정리의궤』가 중요한 분기점이 된다. 이전까지 의궤는 모두 필사본이고, 3건을 작성해 예조, 장악원, 강화사고에 보관했다. 그러다가 『원행을묘정리의궤』가 금속활자인 정리자整理字로 인쇄된 뒤 연향 의궤는 활자본으로 인쇄해 보급하는 것이 관례로 자리 잡았다. 정리자는 정조가 『원행을묘정리의궤』와 『원행정례園幸定例』를 인쇄하기 위해 만든 금속활자로 목활자인 생생자生生字를 자본字本으로 했다.

고종대의 의궤는 주로 생생자로 찍어냈다. 생생자는 중국의 자전字典을 대본으로 하여 황양목으로 제작한 목활자인데, 정리자와 글꼴이 같았다. 또한 고종 초년에 나온 2종의 의궤가 필사본인 것은 경복궁 중건 즈음하여 국가 재정이 넉넉지 않았기 때문으로 추정된다.

연향 의궤는 왕실 여성을 위해 한글본(언서의궤諺書儀軌)으로 편찬되기도 했다. 현재 프랑스 동양어학교 도서관에 소장된 한글본 『뎡니의궤』는 『원행을묘정리의궤』와 『화성성역의궤』의 내용을 간추

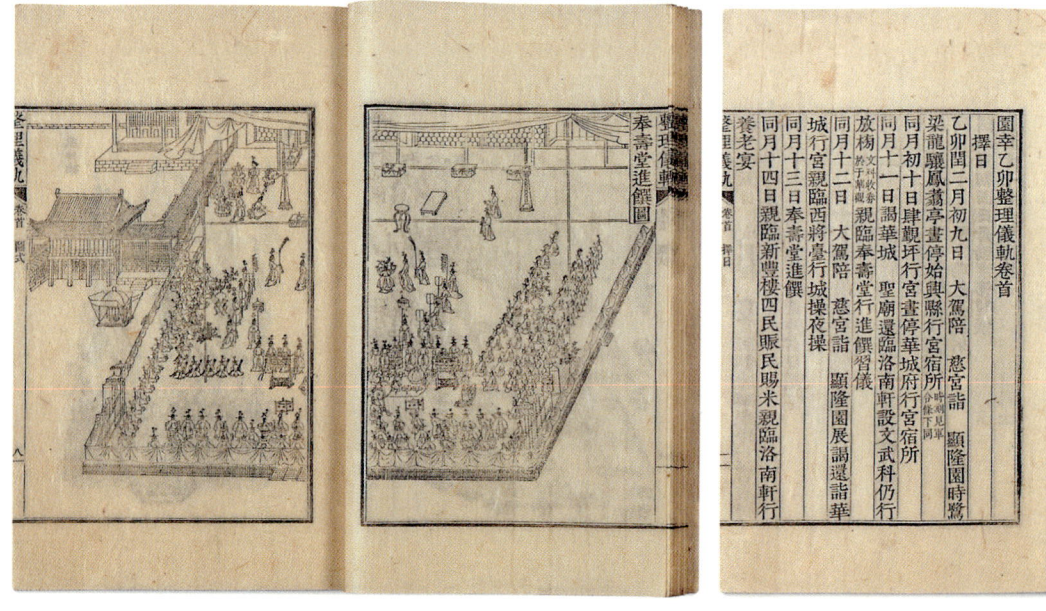

『원행을묘정리의궤』,
34.2×22.1cm, 1795, 국립고궁박물관.

린 것이다. 총 48책 가운데 12책이 남은 낙질落帙이며, 날짜별로 기록되었기에 의궤보다는 등록謄錄류의 기록에 가깝다. 『뎡니의궤』의 내용은 1796년과 그 이듬해에 있었던 정조의 화성 행차, 1797년 혜경궁의 생일 축하, 1794~1796년에 진행된 화성 성역城役에 관한 것이다. 또한 『자경전진작정례의궤』가 편찬될 때에는 왕비(순원왕후)와 세자빈을 위한 한글본 『즈경뎐진쟉졍례의궤』도 작성되었다. 체제는 한자본과 같지만 권수卷首의 도식에서 반차도가 빠지고, 목판 그림의 한자 부분에 한글을 덧보탰다. 또한 치사致詞와 악장樂章은 한자음을 토로 달고 그 밑에 우리말로 옮긴 것을 함께 기록했다. 한문을 알지 못하는 여성 독자들을 배려한 것이다.

　연향 의궤가 작성될 때 연향 장면을 그린 병풍 「진찬도병進饌圖屛」이 제작되기도 했다. 이 역시 『원행을묘정리의궤』가 작성될 때 관례로 자리잡았는데, 궁궐 안으로 들여보내는 병풍과 행사에 참여한 관리들이 나눠 가지는 병풍이 있었다. 병풍은 크기에 따라 대병大屛, 중병中屛, 소병小屛으로 구분되고 비용도 크게 달랐다. 『원행을묘정리의궤』를 보면 대병은 100냥과 80냥짜리가 있고 중병은 50냥과 30냥짜리가 있었으며, 대병 16좌座와 중병 5좌를 합해 적어도 21좌의 병풍이 제작되었다. 또한 『고종임인진연의궤』를 보면 대병은 100냥과 50냥, 40냥짜리가 있었고 중병을 제작하는 데는 20냥, 소병은 10냥이 들었다. 이 병풍은 대병 15좌, 중병 8좌, 소병 88좌를 합해 적어도 114좌가 만들어졌다. 오늘날 궁중 연향을 그린 병풍이 많이 발견되는 것은 이처럼 여러 점을 제작했기 때문이다.

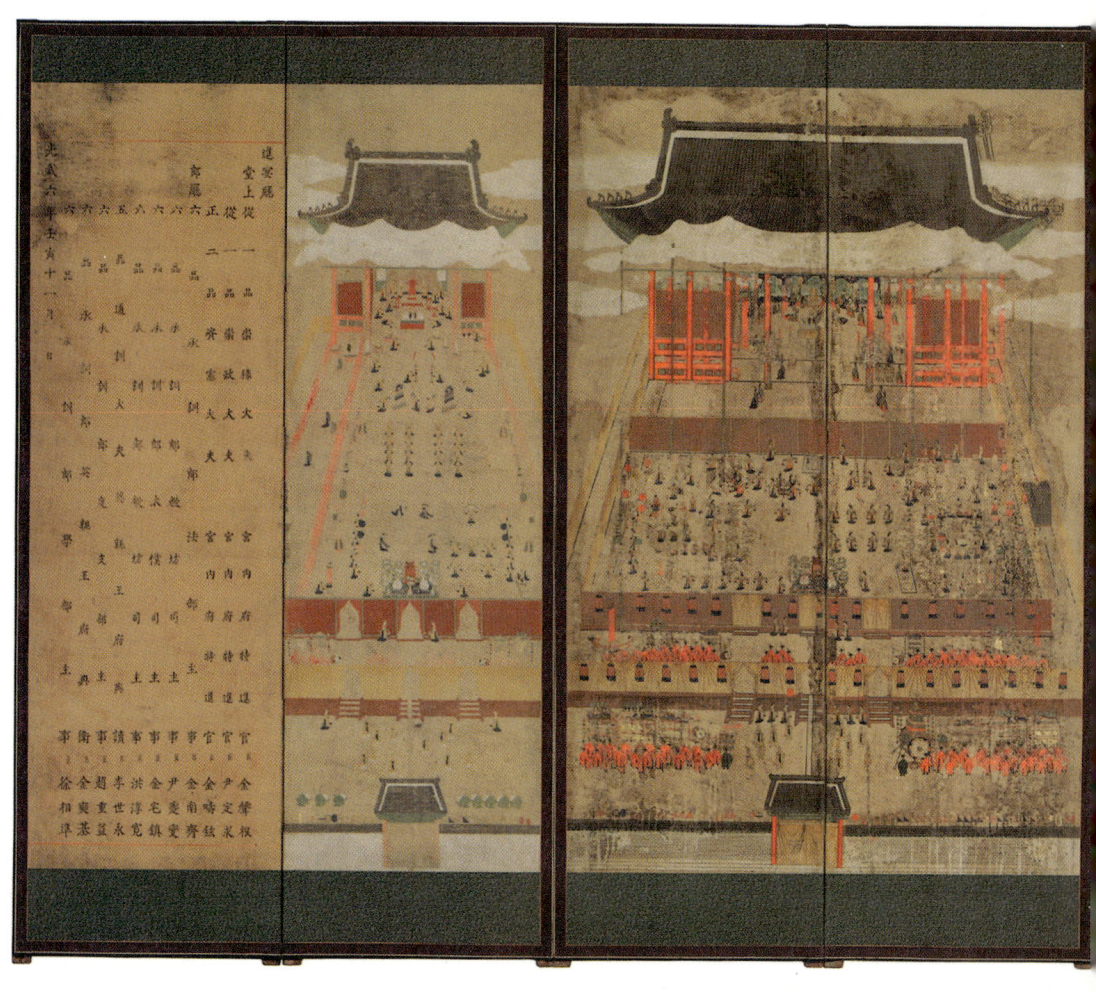

「임인진연도병」, 비단에 채색, 병풍 각 폭 177.3×50.8cm, 국립고궁박물관.
1902년 임인년 11월 고종의 즉위 40주년을 축하하기 위해 경운궁에서 거행한 진연 행사 광경을 그린 것이다. 1·2폭은 관명전 야진연을, 3폭은 황태자가 주관한 익일회작翌日會酌 광경을 그렸다. 4폭에는 진연청 당상과 낭청의 좌목이 적혀 있다.

## 연향 의궤의 체제, 『원행을묘정리의궤』 『자경전진작정례의궤』에서 완성되다

연향 의궤는 세월의 흐름과 함께 점점 체계를 잡아가면서 『원행을묘정리의궤』나 『자경전진작정례의궤』에 와서는 완전한 모습을 갖췄다고 할 수 있다. 현재 남아 전하는 의궤 가운데 가장 이른 시기에 작성된 『풍정도감의궤』는 계사啓辭, 전교傳敎, 감결甘結, 의장儀仗, 정재색呈才色, 찬선색饌膳色, 배설색排設色, 진풍정의進豊呈儀 순이며, 기록된 내용도 아주 간략하다. 이때의 연향은 풍정으로 규모가 가장 컸지만 기록 수준은 높지 못하다.

『숙종기해진연의궤』(1719)의 체제는 도청都廳, 일방一房, 이방二房이 각각 담당한 업무를 정리하는 방식으로 이뤄졌다. 『영조을유수작의궤』(1765)의 체제는 목록目錄, 계사, 논상論賞, 내관來關, 감결 순이고, 일방, 이방, 삼방三房, 별공작別工作, 내자시內資寺, 내섬시內贍寺, 예빈시禮賓寺, 사축서司畜署가 부록되어 있다. 이는 행사에 관한 공문서를 먼저 편집한 뒤 업무를 분장한 부서나 관청별 사항을 정리하는 식이다. 이 가운데 일방은 풍물風物, 이방은 찬선과 배설, 삼방은 의주儀註, 반차도班次圖, 의장儀仗을 담당했다. 다만 의장은 국왕의 명령으로 거행하지 않았다고 한다.

『원행을묘정리의궤』(1795)는 최초의 활자본 의궤이자 제대로 정비된 체제를 보여준다. 이는 크게 권수卷首, 본문本文, 부편附編으로 나뉘며, 부편에는 1795년에 거행된 다른 행사들을 정리해놓았다. 당시 정조는 수천 명의 군대를 이끌고 화성으로 행차했던 까닭에 의궤에는 군대의 이동과 관련된 내용도 상당 부분 기록되어 있다. 그중 연향과 관련된 내용만 간추리면 다음과 같다.

권수: 택일擇日 좌목座目 도식圖式

본문: 전교傳敎 연설筵說 악장樂章 치사致詞 어제御製 의주儀註 절목節目 계사啓辭 계목啓目 장계狀啓 이문移文 내관來關 수본手本 감결甘結 찬품饌品 기용器用 배설排設 의장儀仗 내외빈內外賓 참연노인參筵老人 상전賞典 재용財用

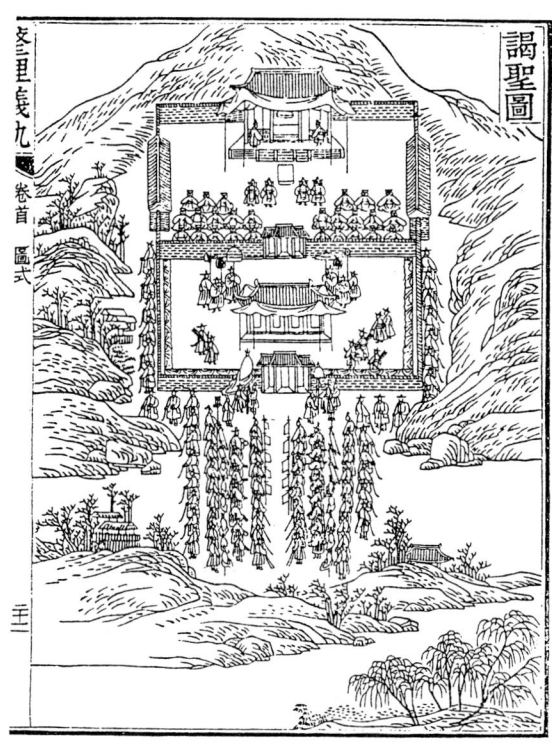

『원행을묘정리의궤』 권수卷首 「도식圖式」 '알성도謁聖圖'.

이 의궤에는 몇 가지 특징이 드러난다. 의궤가 권수와 본문으로 구분되어 있으며, 권수에는 택일, 좌목, 도식이 있다. 특히 도식은 행사 장면과 행사에 사용된 물품을 상세한 그림으로 그려놓았다. 이전의 연향 의궤에는 도식이라고 표현된 그림이 없었다. 또한 본문에서는 국왕의 명령을 제일 앞에 정리하고 그다음에 각종 공문서를 편집했으며, 행사에 참여한 이들의 명단을 상세히 기록했다. 마지막에는 행사에 참여한 사람에게 상을 준 내역과 행사 경비를 정리해두었다.

『자경전진작정례의궤』는 『원행을묘정리의궤』를 계승하면서 의궤의 체제를 완성시켰다. 한번 살펴보자.

권수: 택일 좌목 도식
본문: 하령下令 연설 치사 악장樂章 의주 달사達辭 이문 내관 품목稟目 감결 찬품饌品 채화綵花 기용器用 수리修理 배설 의장 의위儀衛 공령工伶 상전

뒤 시기의 의궤는 모두 『원행을묘정리의궤』와 『자경전진작정례의궤』의 체제를 따라 작성되었다. 의궤에 보이는 용어를 간략히 정리해보자.

택일擇日: 행사를 거행한 날짜와 시간
좌목座目: 행사를 주관한 관리의 명단
도식圖式: 행사장 인원과 위치를 표시한 반차도班次圖, 행사장

과 행사 광경, 악기, 무용, 소품 그림

조칙詔勅 전교傳敎: 황제의 명령, 국왕의 명령

하령下令 교령敎令 영교令敎: 세자의 명령, 황태자의 명령

예소睿疏: 연향을 허락해달라는 세자나 황태자의 상소

연설筵說: 행사 준비에 대한 국왕, 세자, 신하 사이의 대화

악장樂章: 행사에 이용된 노래 가사

치사致詞: 황제나 국왕의 덕을 찬양하는 글

전문箋文: 세자가 국왕에게 올리는 사륙체四六體의 글

의주儀註: 행사 절차

절목節目: 행사의 준비 지침을 정리한 것

계사啓辭 계본啓本: 국왕과 황태자에게 보고하고 명령을 받은 문서

달사達辭: 왕세자에게 행사를 보고하고 명령을 받은 문서

이문移文 내관來關: 동급 관청 사이에 주고받은 문서

품목稟目: 행사를 담당한 관리가 행사의 준비 사항을 보고하는 문서

감결甘結: 행사를 주관하는 기관에서 하급 관청에 지시하는 문서

찬품饌品: 행사 음식의 재료와 상차림, 채화綵花가 부록됨

기용器用: 행사에 필요한 도구

수리修理: 행사 물품을 새로 칠하거나 채색을 입히는 등의 보수

배설排設: 행사장을 꾸민 기록, 참석자의 자리, 병풍, 탁자, 화로, 각 상의 배치

의장儀仗: 깃발, 부채 등을 마련한 내용
의위儀衛: 행사 보조 인원과 경비, 군사가 맡은 일과 배치 상황
참연제신參宴諸臣: 연향에 참석한 인물 명단
내외빈內外賓: 연향에 참석한 명부命婦, 종친宗親, 의빈儀賓, 척신戚臣 명단
공령工伶: 악공과 무용수의 명단
악기樂器: 음악 연주에 필요한 물품
풍물風物: 무용에 필요한 물품
상전賞典: 행사에 참여한 인물에게 시상한 내용
재용財用: 행사에 든 비용을 수입과 지출로 구분하여 정리

## 연향의 꽃은 누구였을까

조선 왕실의 연향은 국왕이나 왕실의 어른을 주인공으로 하여 특정한 기념일을 축하하는 행사였다. 현재 연향 의궤가 남아 있는 주인공을 살펴보자.

### 인목왕후

인목왕후 김씨(1584~1632)는 선조의 계비繼妃이자 광해군과 인조의 모후母后다. 1602년에 인목왕후는 19세의 나이로 51세이던 선조와 가례를 올렸고, 1603년에 정명공주를, 1606년에 영창대군을 낳았

다. 이미 광해군이 세자로 결정된 터에 유영경 등은 영창대군을 세자로 추대하려다가 실패했다. 1608년 선조가 사망하고 광해군이 즉위하자 인목왕후는 고통스런 삶을 살았다. 1613년에 부친 김제남이 사사되었고, 영창대군은 강화도에 유배되었다가 죽임을 당했다. 인목왕후는 서인庶人이 되어 서궁西宮(덕수궁)에 유폐되었고 끊임없는 암살 위협에 시달렸다.

1623년 인조가 광해군과 대북 일파를 몰아내고 왕위에 오르자 인목왕후는 복호復號되어 대비가 되었다. 인목왕후는 왕실의 최고 어른으로 인조반정을 승인했다. 국왕이 된 인조는 자신을 지지해준 인목왕후를 위해 존호尊號를 올리고 연향을 개최했으며, 인목왕후는 때로 한글 하교를 내려 국정에 간여하기도 했다. 『풍정도감의궤』가 작성된 1630년의 연향은 인조가 47세 된 인목왕후의 장수를 기원하기 위해 풍정도감豊呈都監을 설치하고, 광해군이 건설한 인경궁仁慶宮에서 연 것이다. 인조는 이보다 앞서 1624년(인조 2)에는 인목왕후의 망오望五, 즉 41세를 기념하는 연회를 열었다.

### 기로소에 입소한 숙종, 영조, 고종

기로소耆老所는 현재 광화문 교보문고 자리에 설치되었던 관청으로 문과 출신이면서 70세를 넘긴 관리 가운데 2품 이상의 벼슬을 지낸 사람만 입소할 수 있었다. 국가의 원로대신을 예우하기 위함이었다. 조선의 국왕 가운데 최초로 태조가 이순耳順(60세)의 나이에 기로소에 들어갔다. 국왕으로 70세가 되는 경우는 드물었기 때문이다. 태조 이후에는 60세를 넘긴 국왕도 좀처럼 나오지 않았다.

광해군이 67세까지 살았지만 49세에 왕위에서 밀려났으므로 기로소에 입소할 기회는 없었다.

1719년에 숙종(1661~1720)은 태조 이후 처음으로 기로소에 들어갔다. 이해는 숙종이 즉위한 지 45주년이 됨과 동시에 59세가 되는 때였다. 59세는 '망륙望六'이라 하여 60세를 바라보는 나이로 여겼다. 숙종은 태조의 행적을 이어받는 차원에서 기로소 입소 행사를 거행했다. 세자(경종)는 안질을 앓던 숙종을 대신해 『기로소어첩耆老所御帖』에 태조의 시호와 숙종의 존호, 숙종이 기로소에 입소한 날짜를 기록했다. 숙종은 기로신을 위한 기로연耆老宴을 열어 5잔의 술을 마시게 했고, 자신을 위한 진연에서는 7잔의 술을 받았

『기사계첩』 중 '숭정전진하연도'.

『기해기사계첩』, 비단에 채색, 43.6×32.2cm, 보물 제929호, 1719, 국립중앙박물관
『기해기사계첩』에 실린 신임 초상.

『기해기사계첩』에 실린 초상.
임방(위 왼쪽), 이유(위 오른쪽), 김창집(아래 왼쪽), 강현(아래 오른쪽)

『기사경회첩』 중 '경현당선온도', 비단에 채색, 43.5×67.8cm, 1744~1745, 국립중앙박물관.
영조의 기로소 입소를 기념하여 그린 것이다.

다. 기로연과 진연은 모두 경덕궁慶德宮(경희궁)의 경현당景賢堂에서 열렸다. 행사가 끝난 뒤 기로연의 행사 그림과 기로신의 초상화를 실은 『기사계첩耆社契帖』과 진연 행사를 기록한 『숙종기해진연의궤』가 작성되었다.

1744년에 영조(1694~1776)는 51세의 나이로 기로소에 입소했다. 51세는 숙종이 59세에 기로소에 입소했던 것과 마찬가지로 역시 60세를 바라보는 나이로 여겼기 때문이다. 영조는 태조, 숙종을 계승하는 차원에서 이 행사를 지지했다. 행사가 시작되자 영조는 기로소에 행차해 『기로소어첩』에 자신의 존호를 기록하고 그 서문을 지었으며, 기로연을 베풀고, 대왕대비(숙종의 계비, 인원왕후)와 자신을 위한 진연을 베풀었다. 행사가 열린 곳은 경덕궁의 내전인 광명전光明殿과 정전인 숭정전崇政殿이었다. 행사가 끝난 뒤 기로소의 행사 그림과 기로신의 초상화가 있는 『기사경회첩耆社慶會帖』과 진연 행사를 기록한 『영조갑자진연의궤』가 작성되었다. 이와 별도로 1765년에 영조의 나이가 망팔望八(72세)이 되고 즉위한 지 40주년이 되는 것을 기념하는 수작受爵이 거행되고 『영조을유수작의궤』가 작성되었다. 행사 장소는 경희궁에서 동궁의 처소로 쓰였던 경현당이었다.

1902년에 고종(1852~1919)은 51세의 나이로 기로소에 입소했다. 이해는 고종이 즉위한 지 40주년이 되는 해이기도 했다. 고종은 기로소에 가서 『기로소어첩』에 이름을 쓰고 서문을 지었으며, 기로연을 베풀고, 자신을 위한 진연에서 9잔의 술을 받았다. 이는 모두 영조대의 전례를 따른 것이다. 기로연과 진연은 경운궁 함녕

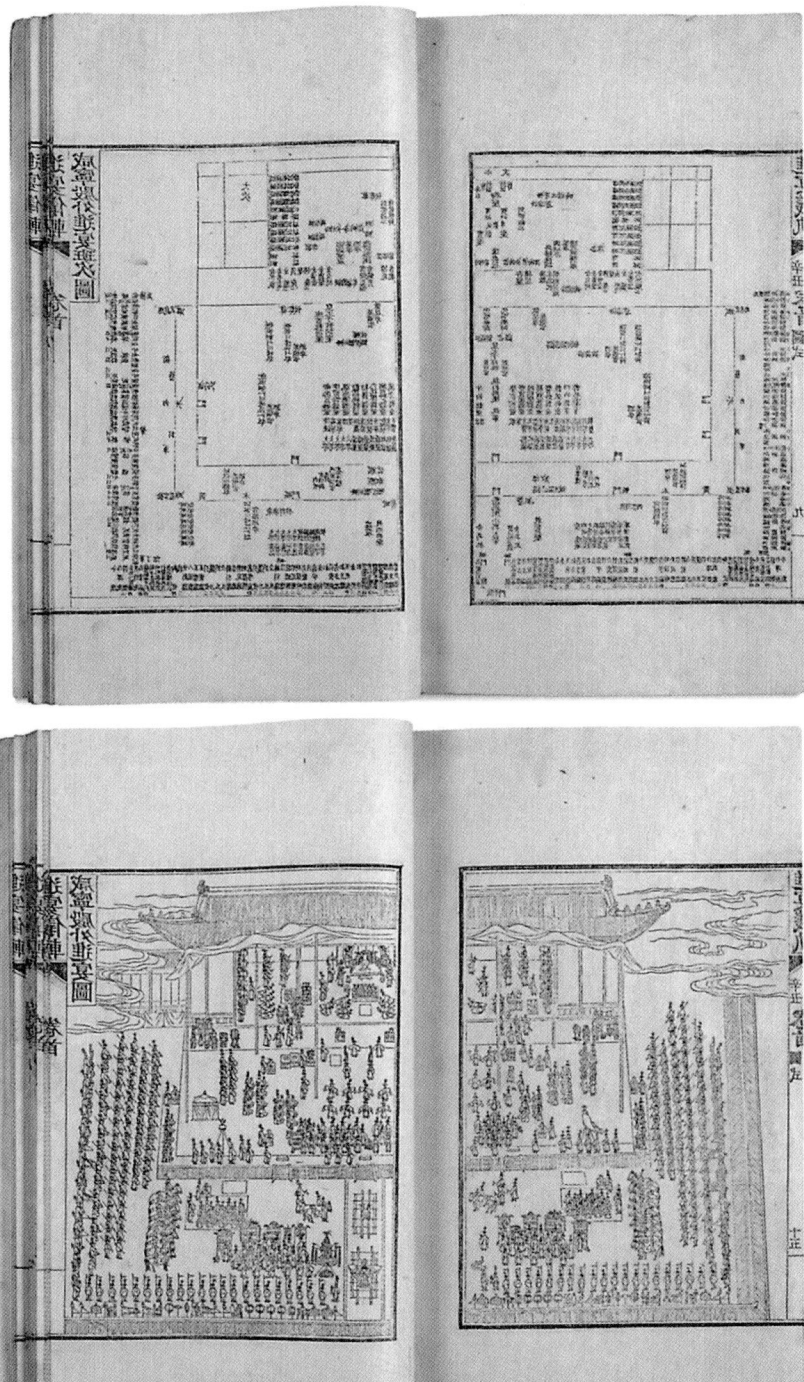

『고종신축진연의궤』, 37.5×24.2cm, 1901, 국립고궁박물관.

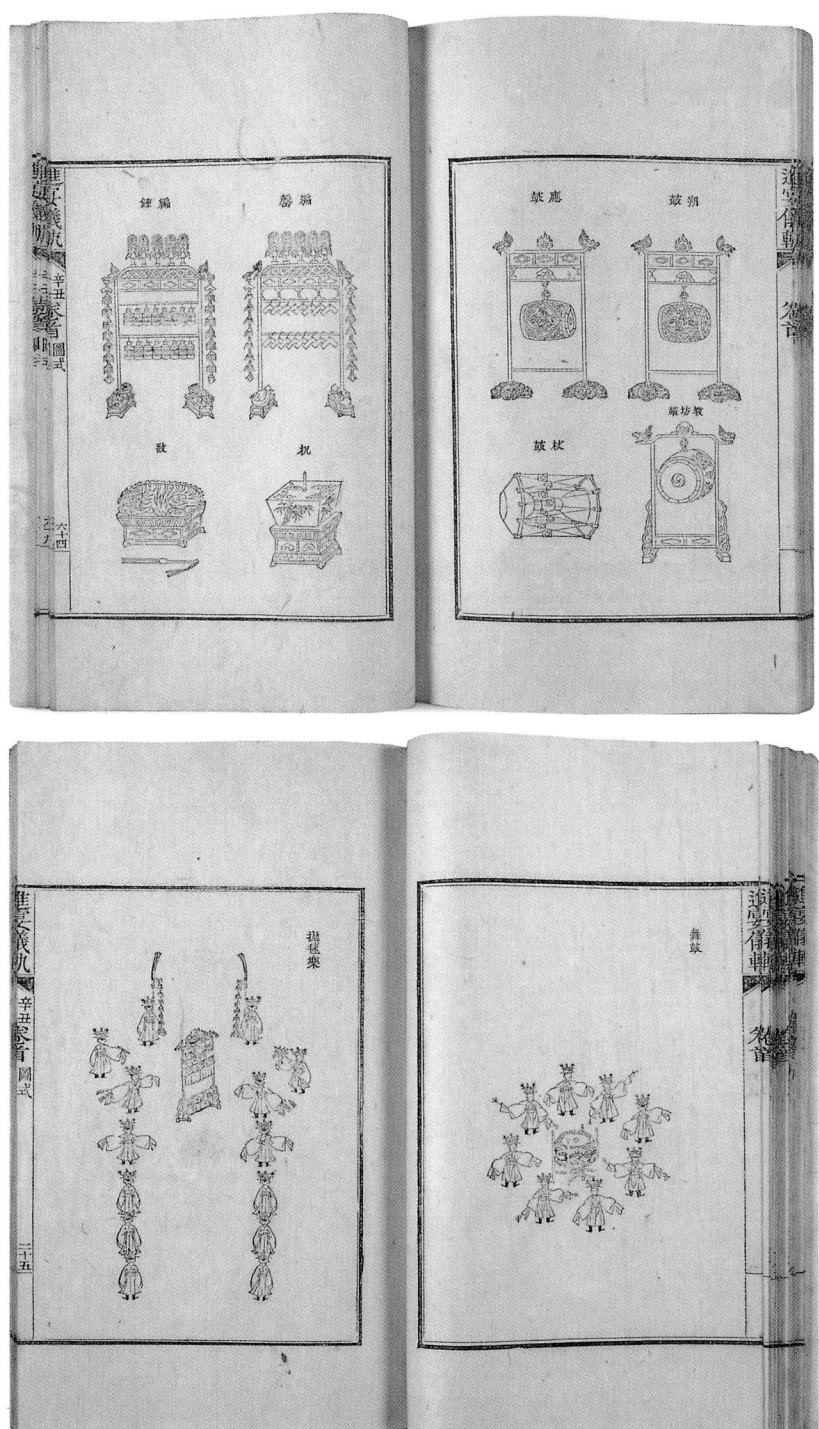

『고종신축진연의궤』, 37.5×24.2cm, 1901, 국립고궁박물관.

전咸寧殿에서 거행되었다. 행사가 끝난 뒤 고종 황제의 어진을 제작하고 이를 기록한 『어진도사도감의궤御眞圖寫都監儀軌』와 진연을 기록한 『고종임인진연의궤』가 작성되었다. 이외에도 고종대에는 고종을 주인공으로 한 연향이 여러 차례 열렸다. 『고종계유진작의궤』(1873)는 고종이 친정親政하는 것을 기념하여 존호를 올리는 연향이었고, 『고종임진진찬의궤』(1892)는 고종이 41세가 되고 즉위한 지 30주년이 되는 것을 기념하는 연향이었다. 『고종신축진연의궤』(1901)는 고종의 나이가 50세가 되는 것을 기념하는 연향을 기록한 의궤다.

### 혜경궁(헌경왕후)

혜경궁 홍씨(1735~1815)는 장조(사도세자)의 왕비이자 정조의 어머니입니다. 1743년 9세의 나이로 왕세자빈에 간택되어 1744년(1749년 관례?) 가례를 올렸다. 1750년 의소세손을 낳았지만 이내 사망했고 1752년에 정조를 낳았다. 1762년 사도세자가 사망하자 혜빈惠嬪이 되었고, 1776년 정조가 즉위하면서 혜경궁이란 칭호를 받았다. 혜경궁은 아들 정조와 손자 순조로부터 극진한 보살핌을 받다가 1815년에 사망했고, 1899년에는 왕후, 황후로 추존되었다.

1795년은 사도세자와 혜경궁 부부가 회갑을 맞는 해였다. 윤2월에 정조는 혜경궁을 모시고 화성에 행차해 사도세자의 원소인 현륭원顯隆園을 참배하고 화성행궁의 봉수당奉壽堂에서 혜경궁의 회갑 잔치를 열었다. 그러나 혜경궁의 실제 생일은 6월 18일이었고, 정조는 이날 창경궁 명정전明政殿에서 별도의 진연을 열었다. 행사를 마친 뒤 이것은 『원행을묘정리의궤』로 남겨졌다.

『기사진표리진찬의궤』 중 '진표리도', 1809, 영국 도서관.

1809년은 혜경궁의 나이가 75세가 되고 관례冠禮를 거행한 지 60주년이 되는 해였다. 순조는 혜경궁이 거처하는 창경궁 경춘전景春殿에서 혜경궁에게 표리表裏(겉감과 속감)를 올리고 진찬을 열었다. 이 행사를 기록한 의궤가 『기사진표리진찬의궤』다. 혜경궁을 위한 두 의궤는 기록이나 그림에서 최고 수준에 이른 것으로, 정조와 순조의 각별한 정성이 잘 드러난다.

### 순원왕후

순원왕후 김씨(1789~1857)는 순조의 왕비이며, 효명세자(익종)의 어머니이자 헌종의 할머니다. 1800년 12세의 나이로 왕세자빈에 간택되었지만 정조의 사망으로 가례가 미뤄지다가 1802년에 왕비로 책봉되었다. 1834년 순조가 사망한 뒤 왕실의 최고 어른이 되었고, 헌종을 왕위에 오르게 하고 첫 번째 수렴청정을 실시했다. 1849년 헌종이 사망한 뒤 철종이 즉위하는 데 결정적으로 기여하고 두 번째 수렴청정을 실시했다.

1827년에는 효명세자가 대리청정을 시작하고 원손元孫(헌종)이 태어난 경사가 있었다. 효명세자는 이를 기념하기 위해 순조와 순원왕후 부부에게 존호를 올리고, 창경궁 자경전慈慶殿에서 국왕 부부를 위한 진작을 거행했다. 행사가 끝나고는 존호를 올리는 행사에 대한 『순조 순원후 상호도감의궤純祖純元后上號都監儀軌』와 진작 행사를 기록한 『자경전진작정례의궤』가 동시에 작성되었다.

1828년은 순원왕후가 40세 되는 해였다. 효명세자는 이를 기념하고자 창경궁 자경전에서 국왕 부부에게 술잔을 올리는 진작을 거행했고, 이 행사를 기록한 『순조무자진작의궤』가 작성되었다. 순원왕후의 실제 생일은 5월 15일이었다. 이에 6월 1일 창덕궁 연경당演慶堂에서 효명세자만 참석해 국왕 부부에게 술잔을 올리는 조촐한 진작이 올려졌다. 앞서 혜경궁의 회갑 잔치와 동일한 방식이었다.

1848년은 순원왕후의 나이 60세가 되고, 왕대비로 있던 신정왕후(익종의 비)가 망오(41세)가 되는 해였다. 헌종은 순조와 익종에게 존호를 추상追上하고, 순원왕후와 신정왕후의 존호를 가상加上했으며, 창경궁 통명전에서 순원왕후를 주인공으로 하는 내진찬을

『헌종무신진찬의궤』, 35.5×23.3cm, 1848, 국립고궁박물관.

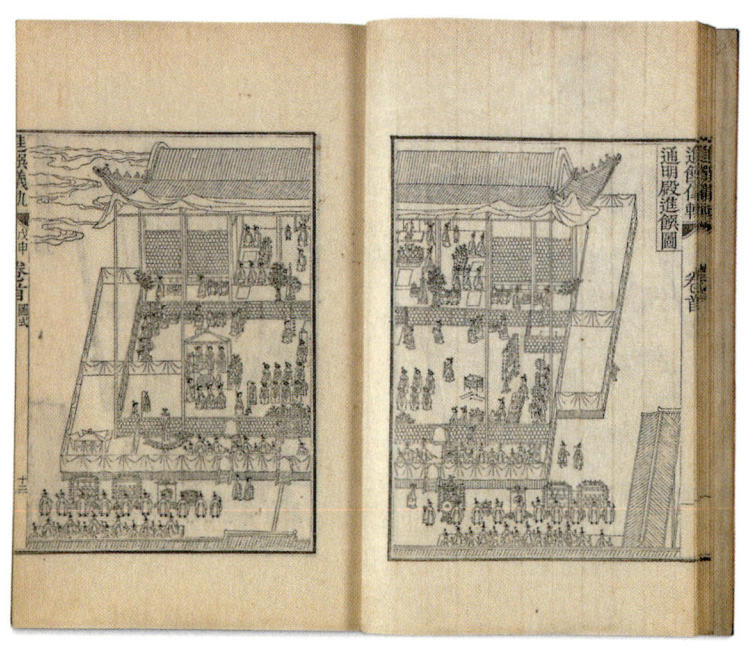

거행했다. 이 행사를 기록한 『순조 순원후 익종 신정후 상호도감의궤』와 『헌종무신진찬의궤』가 작성되었다.

　　1851년(철종 2) 철종은 수렴청정을 하던 순원왕후가 왕비가 된 지 50주년이 되는 것을 축하하여 존호를 올리는 행사를 치렀다. 이 행사를 기록한 『상호도감의궤』가 있다.

### 신정왕후

신정왕후 조씨(1808~1890)는 익종의 왕비이며 헌종의 어머니다. 1819년 12세의 나이로 왕세자빈에 간택되었고, 1827년 원손(헌종)을 낳았다. 1834년(헌종 즉위년) 왕대비로 봉해지고 1857년(철종 8)

『고종정축진찬의궤』,
37.0×24.0cm, 1877, 국립고궁박물관.

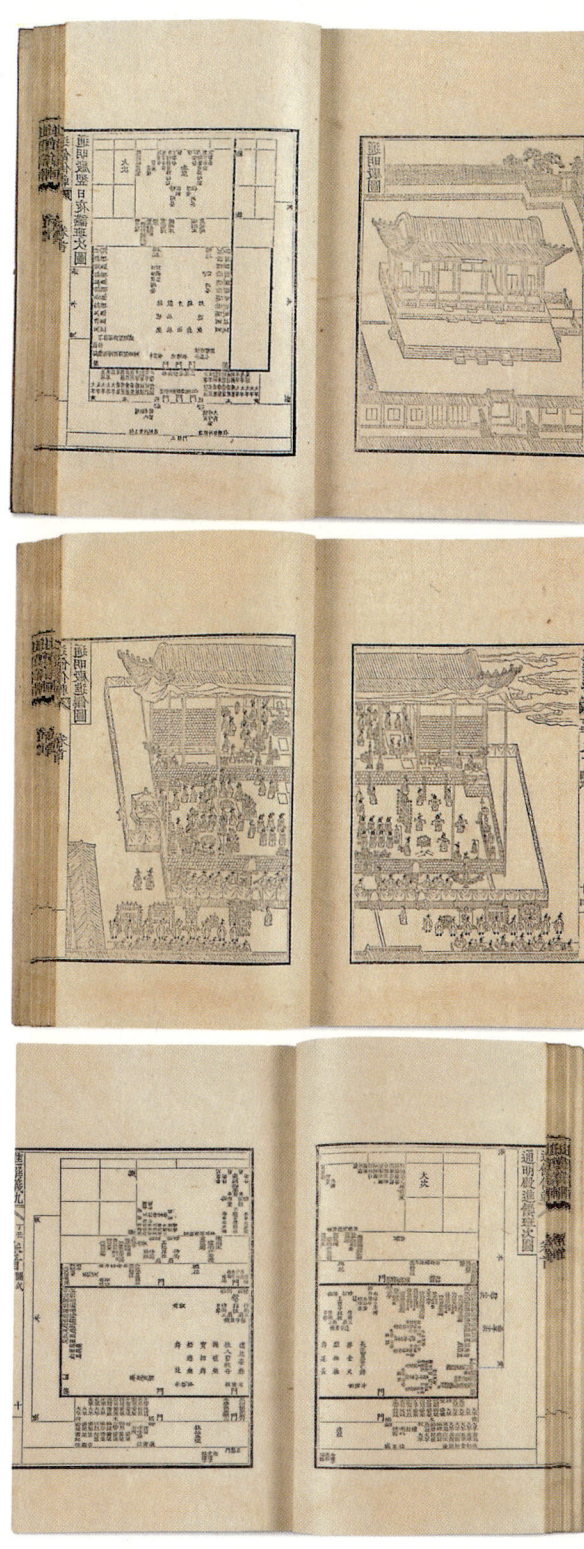

대왕대비로 봉해졌으며, 1863년 철종이 사망하자 고종이 즉위하는 데 결정적인 기여를 했다. 신정왕후는 1863년부터 1866년까지 수렴청정을 실시했다.

1868년은 신정왕후의 회갑이 되는 해였다. 고종은 1869년에 회갑을 맞이하는 익종과 신정왕후의 존호를 함께 올리기로 결정하고, 새로 중건된 경복궁 강녕전康寧殿에서 신정왕후를 위한 진찬을 열었다. 이 행사는 『고종무진진찬의궤』로 기록되었다.

1877년은 신정왕후가 70세, 철인왕후(철종의 비)가 망오(41세)가 되는 해였다. 고종은 익종과 신정왕후의 존호를 올리고, 신정왕후의 거처인 창경궁 통명전에서 진찬을 거행했다. 이 행사를 기록한 『고종정축진찬의궤』가 작성되었다.

1887년은 신정왕후가 80세, 익종이 대리청정을 한 지 60주년이 되는 해였다. 고종은 익종과 신정왕후의 존호를 동시에 올리고, 경복궁 만경전萬慶殿에서 진찬을 거행했다. 이 행사를 기록한 『고종정해진찬의궤』가 작성되었다. 고종은 신정왕후의 배려로 익종의 후사가 되어 국왕이 되었으므로 신정왕후를 위한 행사를 매우 중시했다.

## 가장 거대한 다섯 번의 잔치

### 명분이 약하면 규모도 줄여

왕실의 연향을 가장 성대하게 거행하면 모두 다섯 번의 잔치가 치러졌다. 1892년 진찬은 고종이 41세가 되고 즉위한 지 30주년이 되는 것을 기념하는 행사로 다섯 번의 잔치가 거행되었다.

· 외진찬外進饌: 근정전에서 국왕을 주인공으로 하며, 세자 종친 문무백관이 참여하여 축하하는 행사다. 정재는 여령女伶이 참석하지 않고 무동舞童이 공연했다.
· 내진찬內進饌: 강녕전에서 국왕과 왕비를 주인공으로 하며, 세자·세자빈·종친·의빈·척신·좌우명부가 참석해 축하하는 행사다. 문무백관은 제외되었다. 정재는 여령이 담당하고, 악사는 장막 뒤에서 연주했다.

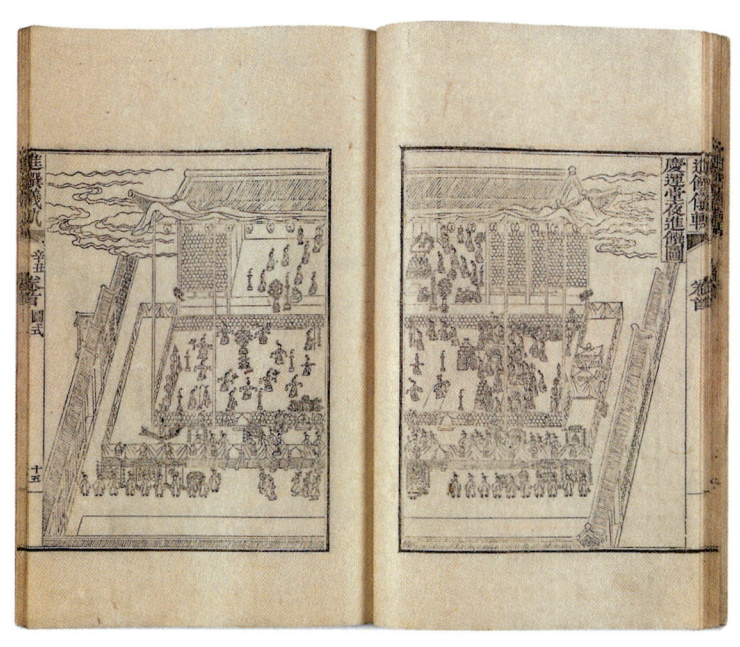

『고종임진진찬의궤』,
36.8×24.2cm, 1892,
국립고궁박물관.

· 야진찬夜進饌: 강녕전에서 국왕과 왕비를 주인공으로 하고 세자·세자빈·좌우명부·종친·척신·진찬소 관리가 참여한 야간 진찬이다. 정재가 공연되었다.

· 왕세자 회작會酌: 강녕전에서 왕세자를 주인공으로 하며, 왕세자빈·내외명부·진찬소 당상과 낭청이 참여하는 조촐한 잔치다. 정재가 공연되었다.

· 왕세자 야연夜讌: 강녕전에서 왕세자를 주인공으로 하며, 야간에 거행되는 조촐한 잔치다. 정재가 공연되었다.

만약 연향의 주인공이 대왕대비, 왕대비, 왕비와 같은 여성이라면 국왕을 주인공으로 하는 외진찬은 생략되었다. 연향의 규모를 줄이기 위해 야진찬, 회작, 야연을 열지 않기도 했다. 연향을 받을 명분이 약하면 잔치 횟수를 줄여 경비를 아꼈다. 1719년의 진연에서 왕비는 내연을 거부했다. 국왕 숙종의 병에 차도가 없으니 잔치를 치를 수 없다는 것이었다. 또한 국왕이나 왕비가 주인공이면 아들인 왕세자가 연향을 주도하지만, 대왕대비나 왕대비가 주인공이라면 '대전大殿'으로 표현되는 국왕이 연향을 이끌었다.

연향의 절차는 행사 주인공과 참석자들이 자리를 잡고, 주인공에게 장수를 기원하며 경사를 축하하는 술잔과 치사를 올리고, 참석자에게 음식을 제공하고, 음악이 연주되는 가운데 정재를 공연했다. 이때 술잔, 치사, 음악, 정재의 횟수와 내용은 연향 규모에 따라 달라졌다. 아래에서는 술잔을 중심으로 연향 절차를 살펴보자.

외연은 국왕을 주인공으로 하며, 세자·종친·문무백관의 남성들이 참석했다. 음악과 정재를 담당하는 이들도 모두 남성이었고, 국왕에게 9잔의 술을 올리는 것이 기본이었다. 그러나 행사 규모를 줄이고자 7잔의 술만 올리기도 했다. 1743년의 어연이 그러했다.

내연에서는 왕실 여성들이 주인공이며, 세자빈이나 좌우명부의 여성들이 주로 참석했다. 여기서 좌명부(내명부)는 궁궐 안에 근무하는 여관女官을 총칭하는 것이며, 우명부(외명부)는 국왕의 유모, 왕비의 모친, 국왕과 세자의 딸, 종친과 문무관리의 아내를 말한다. 내연에 함께 자리하는 남성은 국왕, 세자, 종친(왕실의 친척), 의빈儀賓(국왕의 사위), 척신戚臣(국왕의 인척)으로 모두 왕실과 긴밀한 관계를 맺고 있는 이들이었다. 행사장에서 여성들은 주렴을 드리운 안쪽에 자리를 잡고 남성들은 주렴 바깥쪽에 위치해 남녀 사이의 유별을 엄격히 했다. 내연의 음악과 정재는 모두 여성女伶이 담당했고, 남성 악사는 장막으로 가려진 곳 뒤에서 음악을 연주했다.

외연이나 내연에서 첫째 술잔을 올리는 사람은 왕세자였다. 그러나 혜경궁 홍씨를 위한 진찬에서는 아들과 며느리인 정조와 정조 비(효의왕후)가 첫째 술잔을 올린 점이 특이하다. 외연에서 술잔을 올리는 순서는 왕세자, 최고위 관리, 재신宰臣, 재상, 종친, 의빈을 대표하는 사람 순으로 이어졌다. 여기서 최고위 관리란 영의정을 말하며 대한제국이 세워진 뒤에는 의정議政이 담당했다.

내연에서 술잔을 올리는 순서는 세자, 세자빈, 좌명부, 우명부, 종친, 의빈, 척신 순이었다. 술잔을 올리는 사람을 뽑을 때에는 행사 주인공의 의사를 중시했다. 1829년 진찬에서 순조의 장인인 김조순金祖淳은 외연에서 영돈녕부사 자격으로 넷째 술잔을 올렸고, 내연에서는 척신의 반수班首로 일곱째 술잔을 올렸다. 당대의 세도를 장악했던 그의 위상이 잘 드러난다.

[표 1]은 왕실 연향에서 술잔을 올린 사람의 명단이다.

• 표 1 • 왕실 연향에서 술잔을 올린 이들의 명단

| 시기 | 1743 | 1744 | 1795 | 1809 | 1827 | 1829 | | 1892 | | 1902 |
|---|---|---|---|---|---|---|---|---|---|---|
| 연향 | 어연 | 외진연 | 내진찬 | 진표리 | 내진작 | 외진찬 | 내진찬 | 외진찬 | 내진찬 | 외진연 |
| 1작 | 세자 | 세자 | 정조 | 정조 비 | 세자 | 세자 | 세자 | 세자 | 세자 | 황태자 |
| 2작 | 영의정 | 영의정 | 내명부 | 순조 | 세자빈 | 영의정 | 세자빈 | 영의정 | 세자빈 | 의정 |
| 3작 | 판중추 | 판중추 | 외명부 | 순조 비 | 공주 | 판중추 | 좌명부 | 의화군 | 좌명부 | 영돈녕 |
| 4작 | 밀창군 | 서평군 | 종친 | 좌명부 | 명부 | 영돈녕 | 우명부 | 행중추 | 우명부 | 중추원 |
| 5작 | 금평위 | 금평위 | 외빈 | 우명부 | 종친 | 영명위 | 종친 | 영돈녕 | 왕자 | 완평군 |
| 6작 | 월성위 | 월성위 | 척신 | 의빈 | 의빈 | 동녕위 | 의빈 | 행판중 | 종친 | 특진관 |
| 7작 | 금성위 | 금성위 | 배종관 | 종척 | 척신 | 봉조하 | 척신 | 우의정 | 척신 | 특진관 |
| 8작 | | 호판 | | | | 상호군 | | 완평군 | | 특진관 |
| 9작 | | 영성위 | | | | 상호군 | | 행지중 | | 특진관 |

## 수백 명에 달한 연향 참석자

외연에 참석하는 사람의 숫자는 수백 명에까지 이르렀다. 가령 1719년 외연에 참석한 사람은 총 172명이었다. 여기에는 종친과 의빈이 34명, 재신 이하가 79명, 치사관致詞官이나 예모관禮貌官과 같이 전殿 위로 오르지 못한 사람이 59명이었다. 앞서 1706년 연향에서는 213명, 1714년 연향에서는 221명이 행사에 함께했다. 1743년 어연에 자리한 사람은 모두 220명이었다. 여기에는 종친과 의빈이 54명, 재신 이하가 108명, 전 위로 오르지 못한 사람이 58명이었다. 외연 참석자는 100~200명 정도였던 듯하다.

내연에 참석하는 사람의 숫자는 외연보다 훨씬 적었다. 내외명부에 소속되거나 왕실과 긴밀한 인연이 있는 사람으로 제한되었기 때문이다. 1829년 순조와 순원왕후를 주인공으로 하는 내연에 참석한 사람은 내외명부 14명, 종친 5명, 의빈 2명, 척신 41명을 합해 모두 61명이었다.

이들을 분석해보면 남연군南延君, 홍현주洪顯周, 김조순金祖淳, 박준원朴準源, 조만영趙萬永, 김기성金箕性, 정재화鄭在和, 홍봉한洪鳳漢, 조문명趙文命, 박명원朴明源, 김한신金漢藎, 황인점黃仁點, 심능건沈能建, 구민화具敏和 집안의 사람으로 구분할 수 있다. 여기서 남연군은 순조의 4촌, 홍현주는 순조의 사위, 김조순은 순조의 장인, 박준원은 순조의 외조부, 조만영은 효명세자의 장인으로 모두 순조와 직결되는 인물이었다.

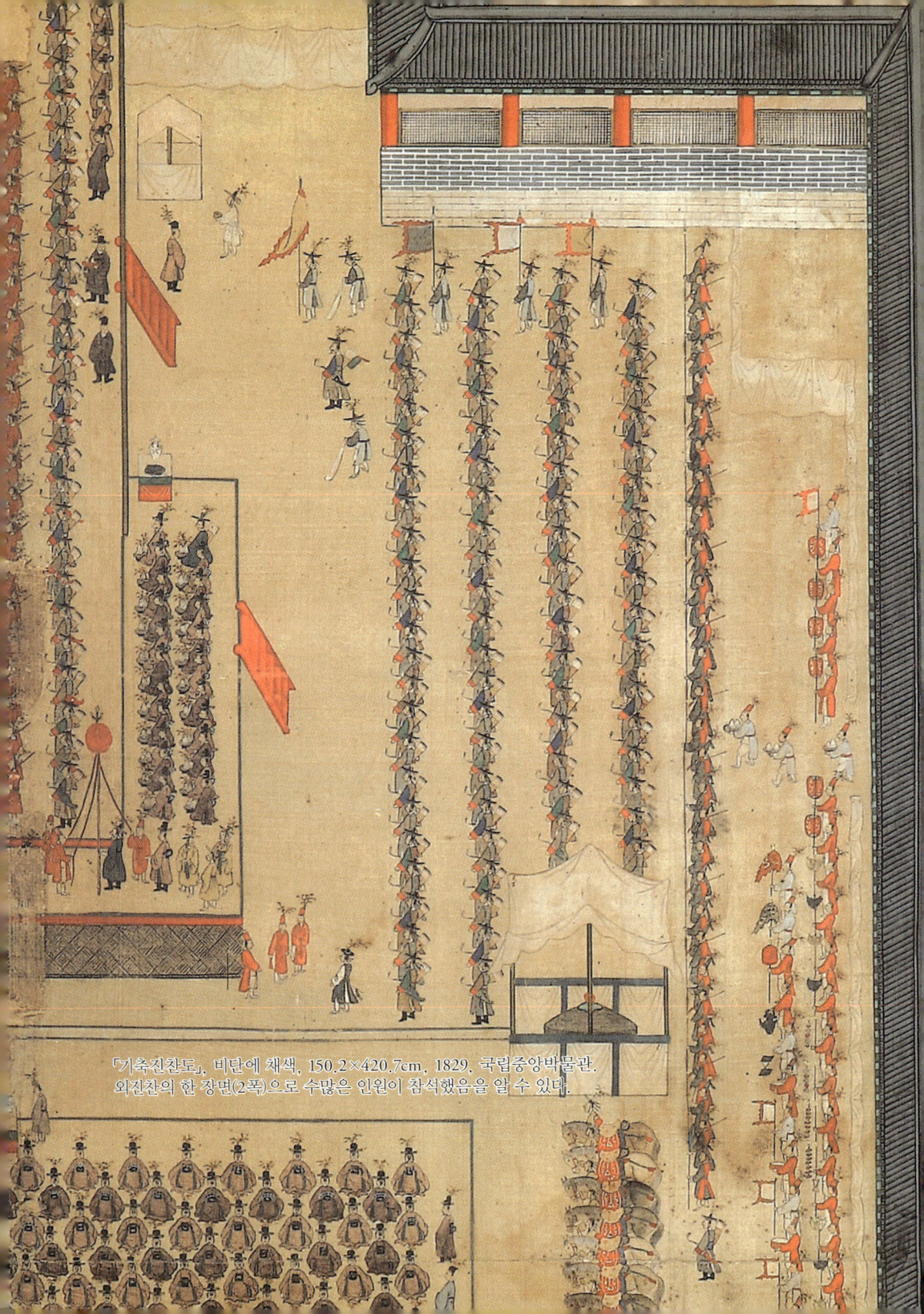

「기축진찬도」, 비단에 채색, 150.2×420.7cm, 1829, 국립중앙박물관.
외진찬의 한 장면(2폭)으로 수많은 인원이 참석했음을 알 수 있다.

「기축진찬도」 8폭에 실린 진찬에 참석한 당상과 낭청의 좌목.

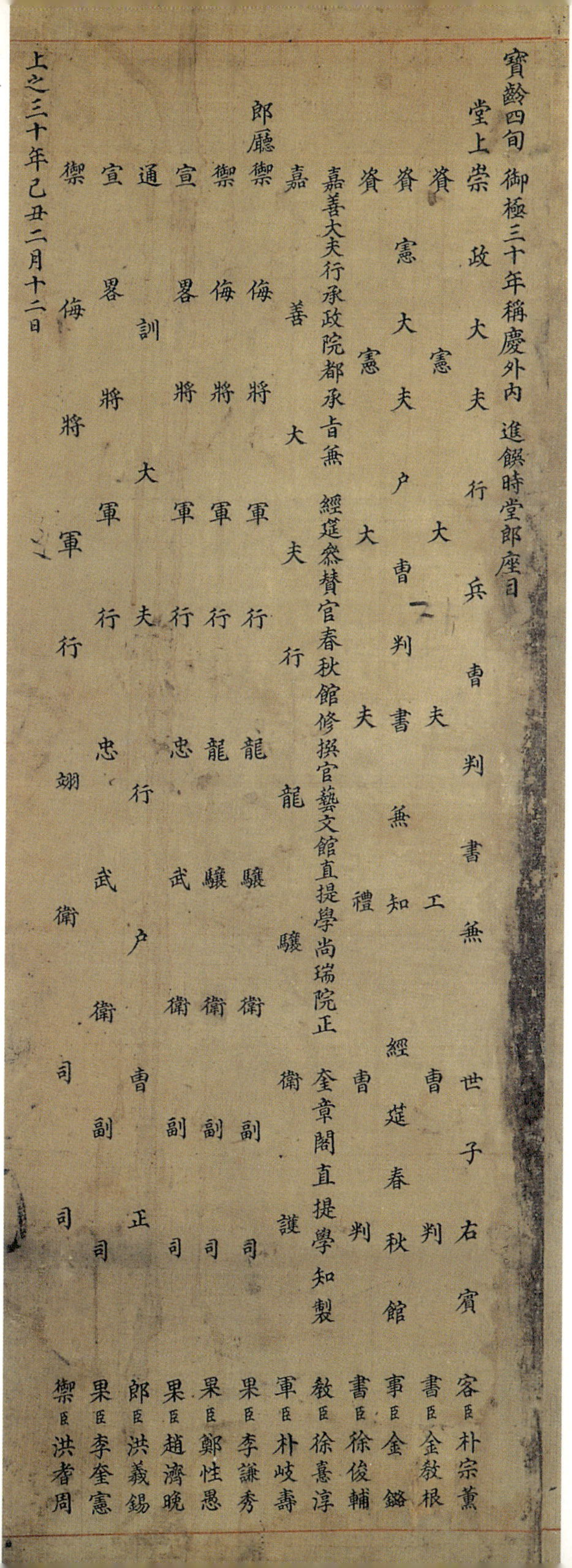

寶齡四旬御極三十年稱慶外內進饌時堂郎座目

堂上崇政大夫行兵曹判書無世子右賓客臣朴宗薰
資政大夫戶曹判書無知經筵春秋館事臣金敎根
資憲大夫曹判書無知經筵春秋館事臣徐俊輔
資憲大夫戶曹判書無知禮曹判書事臣徐憲淳
嘉善大夫行承政院都承旨無經筵參贊官春秋館修撰官藝文館直提學尚瑞院正奎章閣直提學知製教臣朴岐壽

郎廳
禦侮將軍行龍驤衛副護軍臣李謙秀
禦侮將軍行龍驤衛副司果臣鄭性愚
宣略將軍行忠武衛副司果臣趙濟晩
通訓大夫行戶曹正郎臣洪羲錫
宣略將軍行忠武衛副司果臣李奎憲
禦侮將軍行龍驤衛副司果臣洪耆周

上之三十年己丑二月十二日

김기성과 정재화는 사도세자의 사위, 홍봉한은 사도세자의 장인, 조문명은 효장세자의 장인, 김한신, 박명원, 황인점, 심능건, 구민화는 영조의 사위로 영조 이후 왕실과 혼인관계를 맺은 집안이었다. 완성군完城君과 이요헌李堯憲 집안이 내연에 참석한 것은 이례적이었다. 완성군은 선조의 아버지인 덕흥대원군의 11세손이고, 이요헌은 선조의 열셋째 아들인 영성군寧城君의 5세손이었다. 이들은 왕실의 먼 친척뻘일 뿐이었다.

## 왕의 즉위에 공로를 세운 인물부터 국왕의 역할을 부각시키는 의도까지

조선 왕실의 연향은 매우 복합적인 목적을 지니고 있었다. 인목왕후나 순원왕후, 신정왕후와 같은 왕실의 어른들을 주인공으로 하는 연향은 국왕이 즉위하는 데 결정적인 도움을 준 사람을 국왕이 극진하게 예우하는 의미가 있었고, 혜경궁을 주인공으로 하는 연향에는 주인공의 지위를 격상시키려는 의도가 담겨 있었다. 또한 국왕의 특정한 나이나 즉위를 기념하는 연향은 당대의 정국을 주도하려는 국왕의 지위와 역할을 부각시키려는 뜻을 담고 있었다.

국왕이나 세자가 왕실 어른이나 국왕에게 연향을 올릴 것을 청하면 행사 주인공들은 대부분 이를 거부했고, 행사를 허락하더라도 그 규모를 줄이라고 지시했다. 그러나 국왕이나 세자는 선왕대의 사례를 근거로 하여 연향을 열 때가 많았고, 행사가 끝난 뒤에는 이를 상세히 기록한 의궤를 간행했다. 또한 왕실 연향이 거행된 뒤에는 원로대신을 위로하는 기로연을 열거나 왕실 경사를 축하하는 과거를 실시했고, 세금을 감면해주거나 죄수를 석방하는 사면령을 내려 모든 백성이 왕실의 기쁨을 함께 나누도록 했다. 이를 보면 조선 왕실의 연향은 그 주인공만을 위한 행사가 아니라 왕실 가족과 백성이 기쁨을 함께하는 행사로 자리잡았던 것이다.

제3장 **선율을 주도하여
잔치의
흥을 돋우다**

궁  중  연  향  의  악  기

**송혜진** 숙명여대 전통문화예술대학원 교수

## 고유 악기와 외래 악기가 우리 음악에 뿌리내리다

요즘 우리가 국악기라 부르는 것들은 어디서 연원했는가에 따라 크게 향악기鄕樂器, 당악기唐樂器, 아악기雅樂器로 나뉜다. 향악기란 가야금, 거문고, 대금처럼 우리나라에서 생겨나 전승된 악기와, 비록 외래 악기라 해도 정착된 지 오래되어 악기 이름 앞에 '향鄕' 자가 붙은 향비파, 향피리 등을 말한다. 또한 당악기는 당비파, 당피리, 당적처럼 이름 앞에 '당唐' 자를 붙인 악기들과 박, 아쟁, 해금, 퉁소, 장구, 방향 등을 일컫는다. 이렇듯 악기에 '향'과 '당' 자를 붙이는 관행은 역사적으로 신라까지 거슬러 올라간다. 우리 고유의 음악 전통과 중국에서 들여온 음악문화를 구분짓기 위해 이런 개념이 생겨났고, 이미 『삼국사기』 「악지樂志」에 당비파와 향비파가 나온다. 향·당의 구분이 악기에만 쓰이는 것은 아니었다. 바느질할 때 쓰는 실도 향사鄕絲와 당사唐絲로 나뉘었고, 옷이나 신발에도 당의唐衣와 당혜唐鞋가 있었으며, 어떤 스타일을 가리키는 말로 향풍鄕風과 당풍唐風이라는 표현도 있었으니, 악기 또한 이렇게 구분한 것은 자연스런 흐름이었다.

한편 아악기는 고대 중국에서 유래한 유교 의례 음악에 편성된 것으로 보통의 궁중 음악과는 차이가 있다. 아악기는 원래 편종·편경·축·어·생·훈·지·적·소·절고·진고 등 팔음을 갖추고 등가, 헌가악대로 구성되어 특별한 의례에서만 연주되었다. 12세기 북송北宋에서 들여와 전승되다가 15세기 세종대에 크게 정비해 우

『기사진표리진찬의궤』 중 궁중 연향의 향악기들, 영국 도서관.

리 음악의 한 갈래로 뿌리내렸다.

    이처럼 자기만의 고유 영역에서 서로 다른 갈래의 음악을 연주하던 궁중의 향·당·아악기들은 긴 세월이 흐르는 동안 우리 음악문화에 스며들어 당악을 연주할 때 향악기가 쓰이기도 하고 향악을 연주할 때 당악기가 편성되는 사례가 늘어났다. 또 음악적 기능이 유사한 악기들은 쓰임새가 줄면서 역사의 뒤안길로 사라지기도 하고, 어느 한 악기에 다른 쓰임새가 더해지거나 심지어 슬그머니 악기 이름이 바뀌는 일도 있었다. 그럼에도 불구하고 여전히 악기의 연원에 따라 분류하는 전통은 명맥을 유지하기에 향악기·당악기·아악기의 구분은 유효하다.

향비파, 당비파, 향피리, 당피리, 국립국악원.

조선시대로부터 20세기 초반 이왕직아악부로 전승된 향악기·당악기·아악기는 60여 종으로 추산된다. 1940년에 영어로 출판된 한국 악기 관련 소책자[1]에는 당시 이왕직부에 소장된 악기의 실물 사진과 연주 모습 등 모두 59종의 악기가 팔음 분류에 따라 [표 1]과 같이 실려 있다. 이외에 조선조 말 의궤류에 실린 악기와 정재에 사용된 무고, 아박, 향발, 아악기의 일부로 편성되어온 의물(응·아·상·독·탁 등) 등을 포함하면 그 수는 80여 종까지 늘어난다.

• 표 1 • 20세기 초의 한국 악기 분류와 목록

| 팔음 분류 | 종류 | 악기 |
|---|---|---|
| 금부金部 | 10종 | 편종·특종·방향·양금·자바라·징·바라·대금·소금·나발 |
| 석부石部 | 2종 | 편경·특경 |
| 사부絲部 | 10종 | 금·당비파·향비파·슬·현금·가야금·아쟁·대쟁·월금·해금 |
| 죽부竹部 | 12종 | 대금·당적·중금·지·소·당피리·향피리·세피리·퉁소·단소·약·적 |
| 포부匏部 | 1종 | 생황 |
| 토부土部 | 3종 | 부·훈·나각 |
| 목부木部 | 4종 | 박·축·어·태평소 |
| 혁부革部 | 17종 | 건고·진고·응고·삭고·중고·절고·교방고·좌고·용고·장구·갈고·뇌고·영고·노고·뇌도·영도·노도 |
|  | 59종 |  |

## 실록과 의궤에 실린 궁중 연향 악기들

이렇듯 많은 악기 가운데 연향에서 쓰인 것은 얼마나 될까? 『세종실록』「오례」를 비롯한 조선시대의 의례서儀禮書에는 악기를 그 쓰임새에 따라 길례악기吉禮樂器와 가례악기嘉禮樂器로 나누고 있다. 이 가운데 가례의 악기가 궁중 연향에 쓰였는데, 『세종실록』「오례」'가례서례'에는 모두 22종의 악기가 그림과 함께 곁들여져 설명되어 있다.[2]

여기 그림에는 음악의 선율을 연주하는 관현악기와 장단을 연

『세종실록』「오례」'가례서례'에 제시된 22종의 악기.

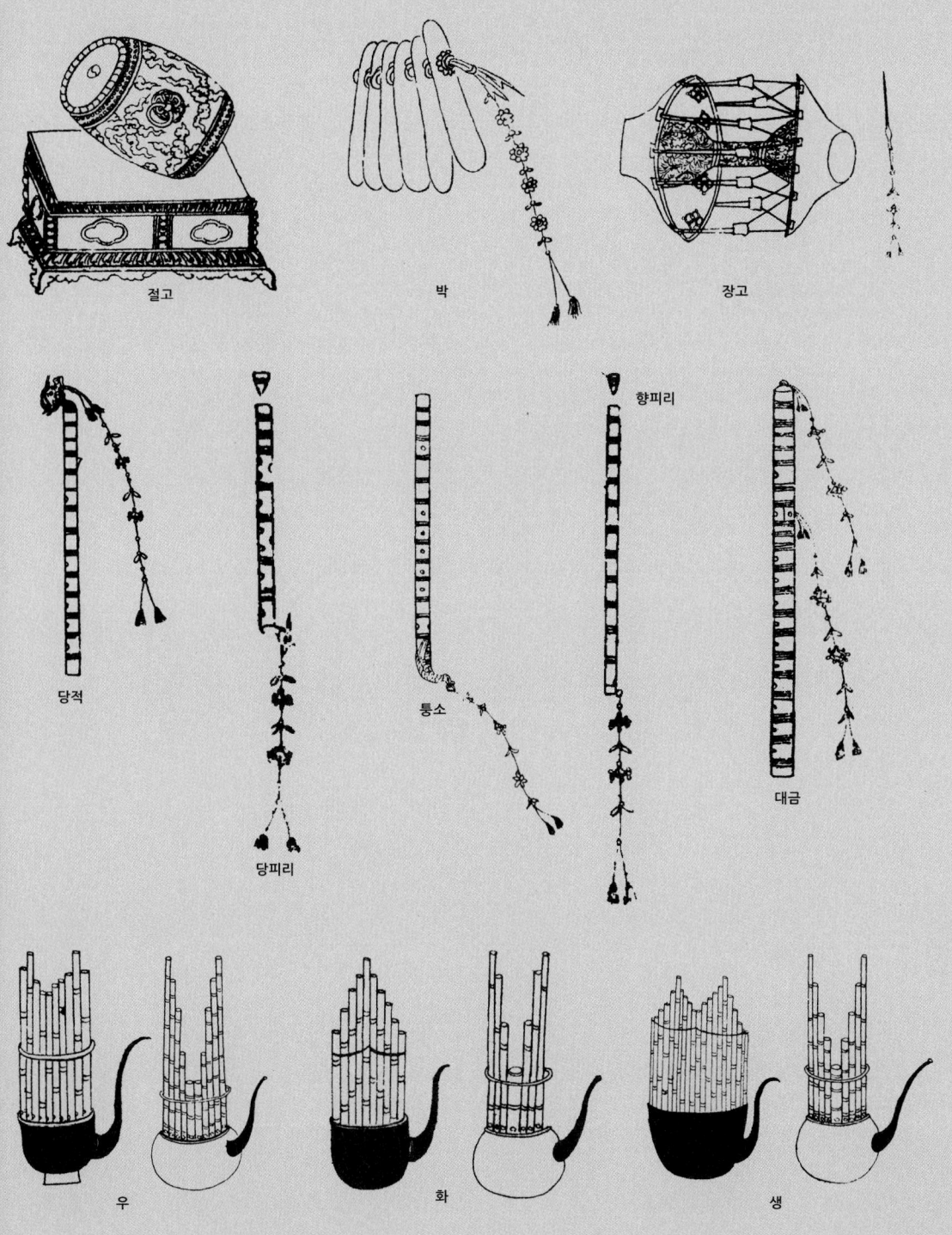

『고종임인진연의궤』에 실린 이색 악기들, 1902, 규장각한국학연구원.

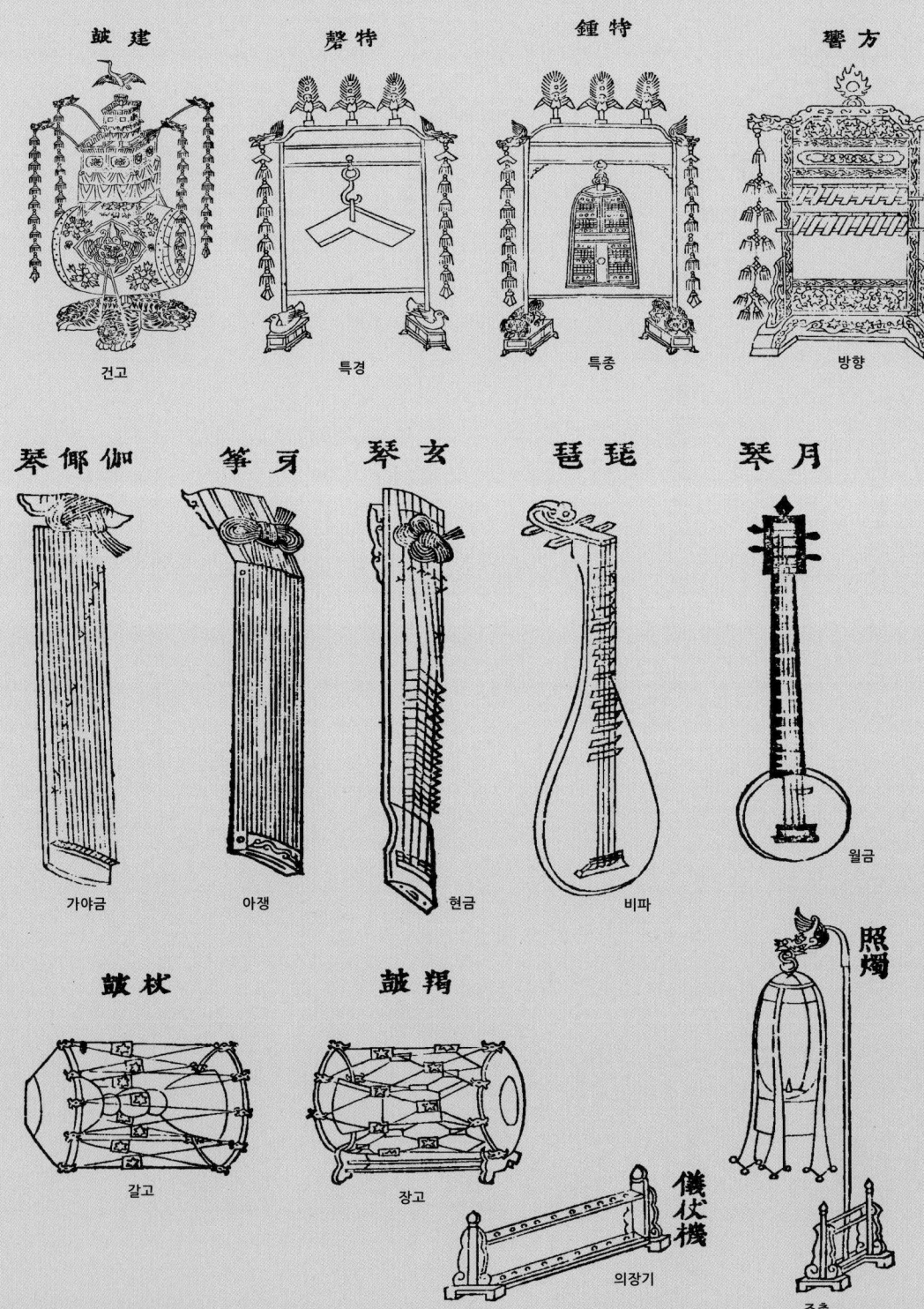

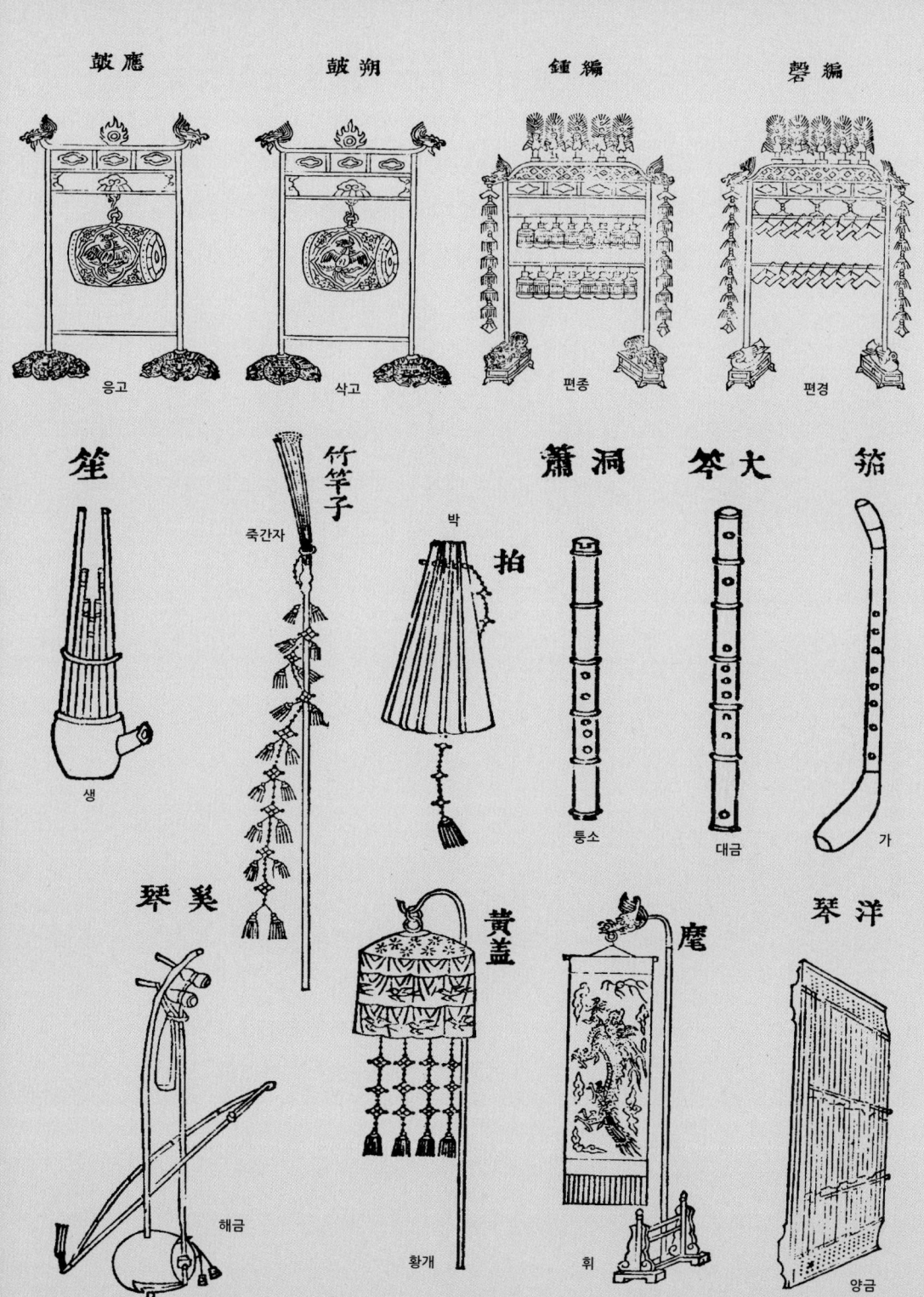

주하는 교방고 및 장구·박 외에 의례적 성격이 강한 건고·삭고·응고·절고·노도 등의 타악기가 함께 나와 있다. 이와 같은 가례에서의 악기 구성은 조선 후기로 접어들면서 어떤 것은 빠지기도 하고 다른 악기들이 좀 더 더해지는 등 변화를 겪는다. 현전하는 조선왕조 최후의 궁중 연향 의궤인 『고종임인진연의궤』의 악기도설[2]과 견줘보면 무엇이 바뀌었는지 한눈에 알 수 있다.

『고종임인진연의궤』에는 『세종실록』 「오례」에 있던 도·절고·대쟁·화·우가 빠지고, 아악기 편종·편경·특종·특경·축·어와 갈고를 더해 모두 26종의 악기가 등재되었다. 이밖에도 15세기에서 21세기 초반까지 궁중 연향에서 연주된 악기에 관한 기록에 따르면 초적草笛, 현자絃子, 양금洋琴 등이 사용된 예도 보인다. 또 연향악 연주 외에 정재반주를 위해 편성된 내취內吹도 있었다. 이를 근거로 내취를 제외한 조선시대 궁중 연향 악기 종류는 30여 종으로 추산해볼 수 있다.

## 선율과 리듬을 담당하는 악기
## 의례를 이끄는 악기

### 의례의 상징을 드러내는 헌가의 악기들

궁중 연향에는 선율과 리듬을 담당하는 주요 악기 외에 비록 음악적인 기능은 약하지만 연향 공간에 빠짐없이 등장하는 악기도 있다. 바로 모든 악기 가운데 제일 큰 북인 건고建鼓와 그 양옆으로 배치되는 삭고朔鼓·응고應鼓가 대표적이다. 현재 이 악기들은 궁중 음악 연주에 쓰이지 않지만, 조선시대에는 거의 빠짐없이 등장해 연향의 주악을 상징했다.

건고는 북 가운데 가장 크고 화려하다. '서 있는 북'이라는 뜻으로 '입고立鼓'라고도 불렸다. 건고는 모든 북 중에서도 장식과 문양이 가장 다양했다. 호랑이 네 마리가 사방을 향해 엎드려 있는 받침대에 큰 북을 지탱할 만한 튼튼한 막대를 세우고 그 위에 북을 꽂아 세운다. 북 통에는 붉은 칠을 하는데, 특히 연향에서 쓰인 악기에는 부귀영화를 상징하는 모란꽃과 벽사의 의미를 담은 귀면鬼面 등을 그려넣었다. 북 위에 네모 상자 모양의 방개方蓋를 이층으로 쌓아 장식한다. 방개 아래쪽으로 붉고 푸른 비단 휘장을 늘어뜨리고, 방개 사면에는 구름·꽃·연꽃무늬 등을 그려넣는다. 아래층 방개의 네 귀퉁이에는 용의 머리를 조각한 용간龍竿을 설치한 다음, 네 마리의 용 입에 걸린 작은 쇠고리에 오색실과 오색 구슬을 꿰어 만든 긴 유소流蘇를 걸어 마치 용이 유소를 물고 있는 듯이 보이도록 하고 북 맨 꼭대기에는 비상하는 해오라기 한 마리를 올려놓는다. 『기사진표리진찬의궤』의 도설에 실린 건고의 형태와 세부 장식, 색채의 내용은 다음에 제시되는 그림과 같다.

또한 건고 좌우에는 항상 응고와 삭고를 두어 작은북과 큰북이 서로 응대하는 형상을 구현한다. 건고와 응고, 삭고는 제례악이나 민간 음악에 쓰이지 않고 궁중 연향에만 등장하는 대표적인 연향 악기다. 이외에도 축과 어, 특종과 특경, 편종·편경이 궁중 잔치의 의례적 성격을 드러냈다. 이 악기들은 모두 용·봉·호랑이·사

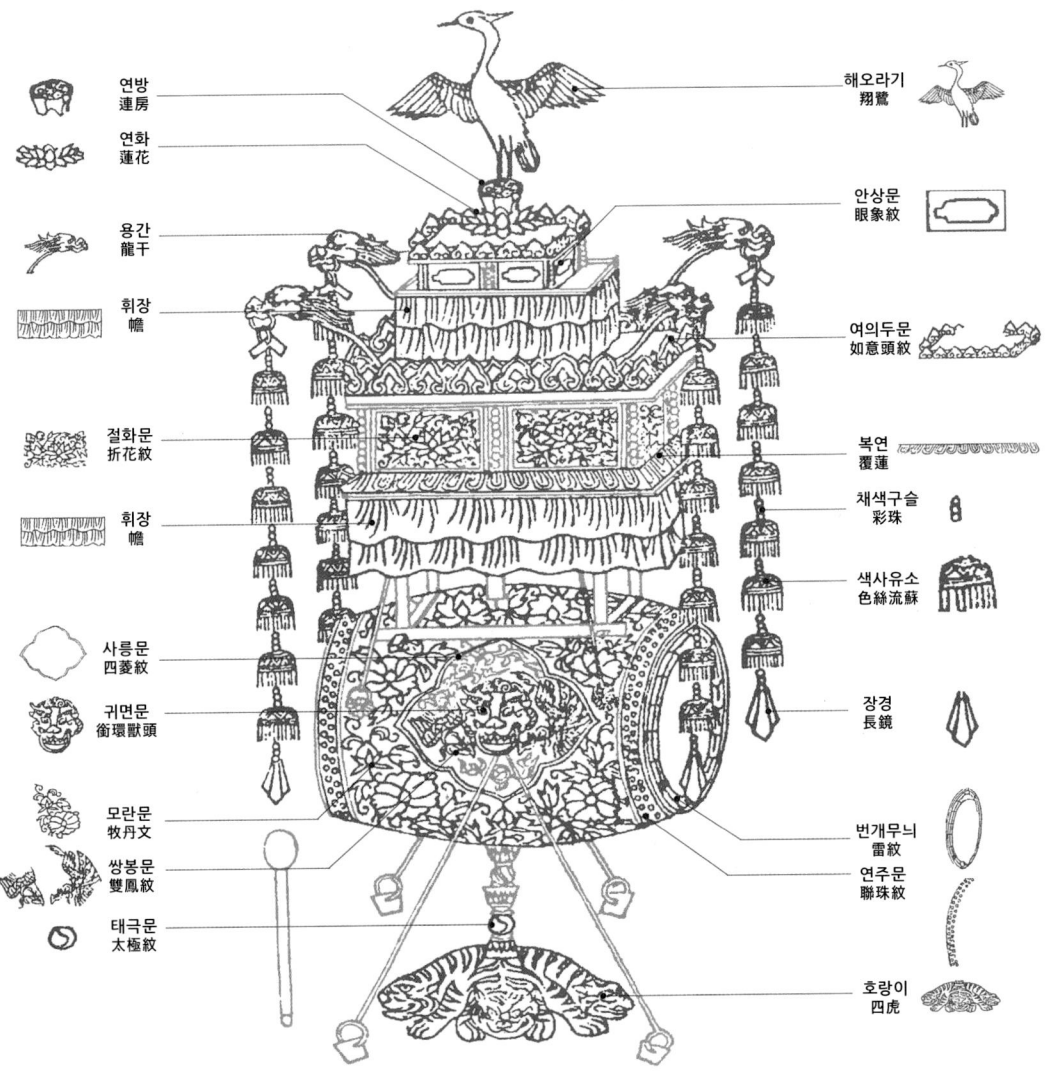

건고의 다양한 문양들, 국립국악원.

『기사진표리진찬의궤』에 나타난 건고의 다양한 문양과 색채, 영국 도서관.

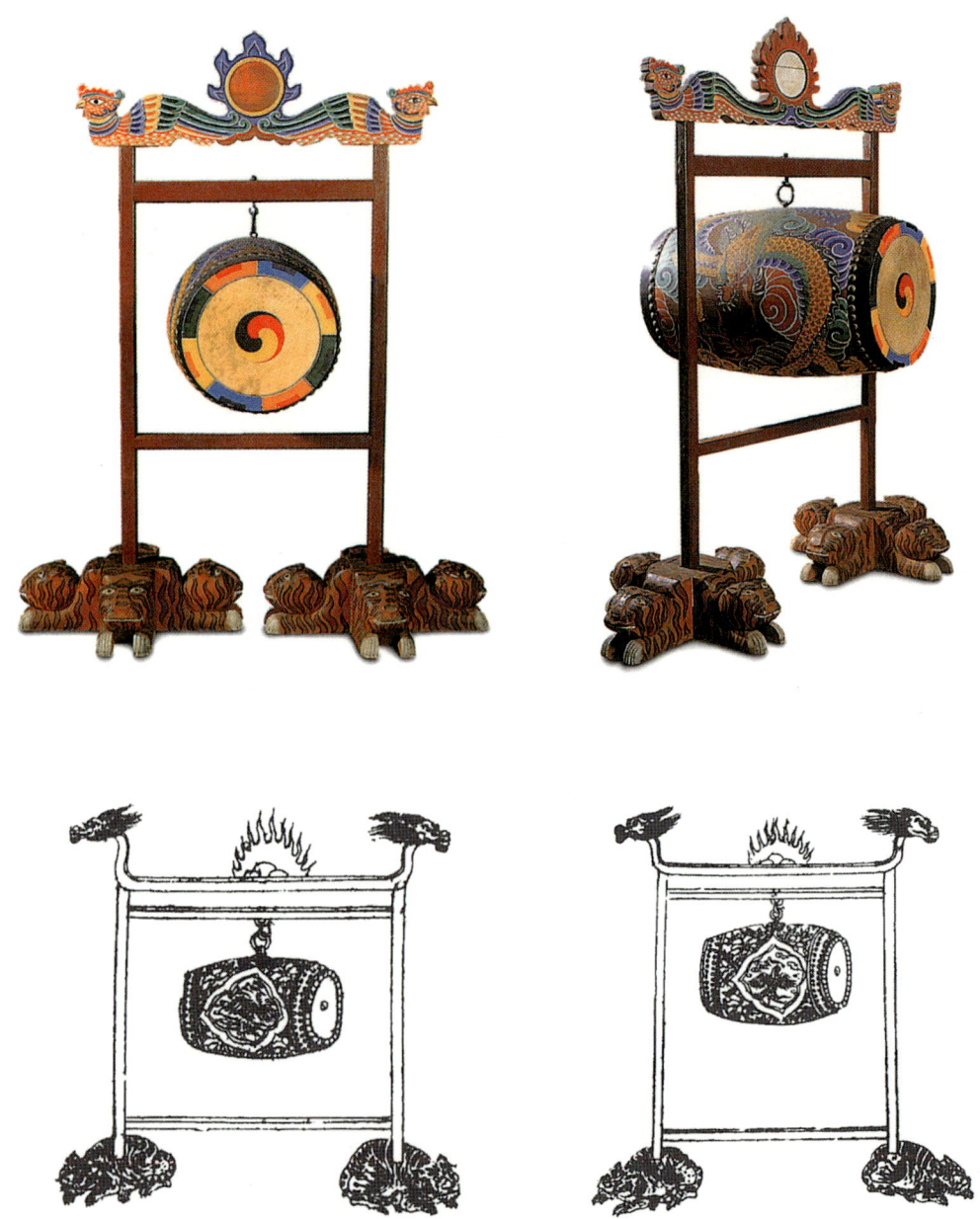

『세종실록』에 실린 것(아래)과 오늘날 전하는 응고(왼쪽)와 삭고, 국립국악원.

자·오리 등 상징성이 강한 장식을 갖춘 틀架子에 걸거나 네모난 받침대方臺에 악기를 올려놓고 연주한다는 공통점이 있다. 음악의 선율과 리듬을 주도하는 관현악기에 비해 음악적인 비중이 높진 않지만, 이들이 배치됨으로써 궁중 연향은 장엄함을 더하고 격이 살아났다. 순조 기축년(1829)에 설행된 진찬에서는 외진연의 전정 중앙에 큰북인 건고를 세우고, 맨 앞줄에 가자에 건 편종, 편경과 방향, 삭고와 응고, 축과 어를 배치한 모습을 볼 수 있으며, 고종 광무 5년(1901)과 광무 6년(1902)의 진연 그림에서는 특종, 특경이 배치된 것을 확인할 수 있다.

## 풍부한 표현력을 지닌 선율 악기

궁중 연향에서 선율은 가야금·거문고·비파(당비파와 향비파)·해금·아쟁 등의 현악기와 대금·당적·퉁소·피리(당피리와 향피리)·생황 등의 관악기 그리고 금속 음향 편片을 두드려 연주하는 방향 등이 주도했다. 연향 악기는 아악기에 비해 음역이 넓고 다양한 연주기법이 쓰여 풍부한 표현력을 나타냈으며, 민간 음악에 견주면 악기의 가짓수가 많아 음색이 다채롭다. 특히 아쟁은 저음역을, 당적은 고음역을 맡아 아악이나 민간 음악과 차별화된 특유의 중후하면서도 화려한 선율을 연출하는 데 한몫한다.

거문고와 가야금·비파는 현악기군의 주요 골격음을 연주하고, 피리와 대금은 관악기군의 주선율을 연주하는데, 해금과 아쟁은 비록 현악기의 형태를 띠지만 활대로 줄을 문질러 연주하는 찰현 기법을 써서 관악기적 효과를 내 조화를 이끌어낸다. 또 관악기

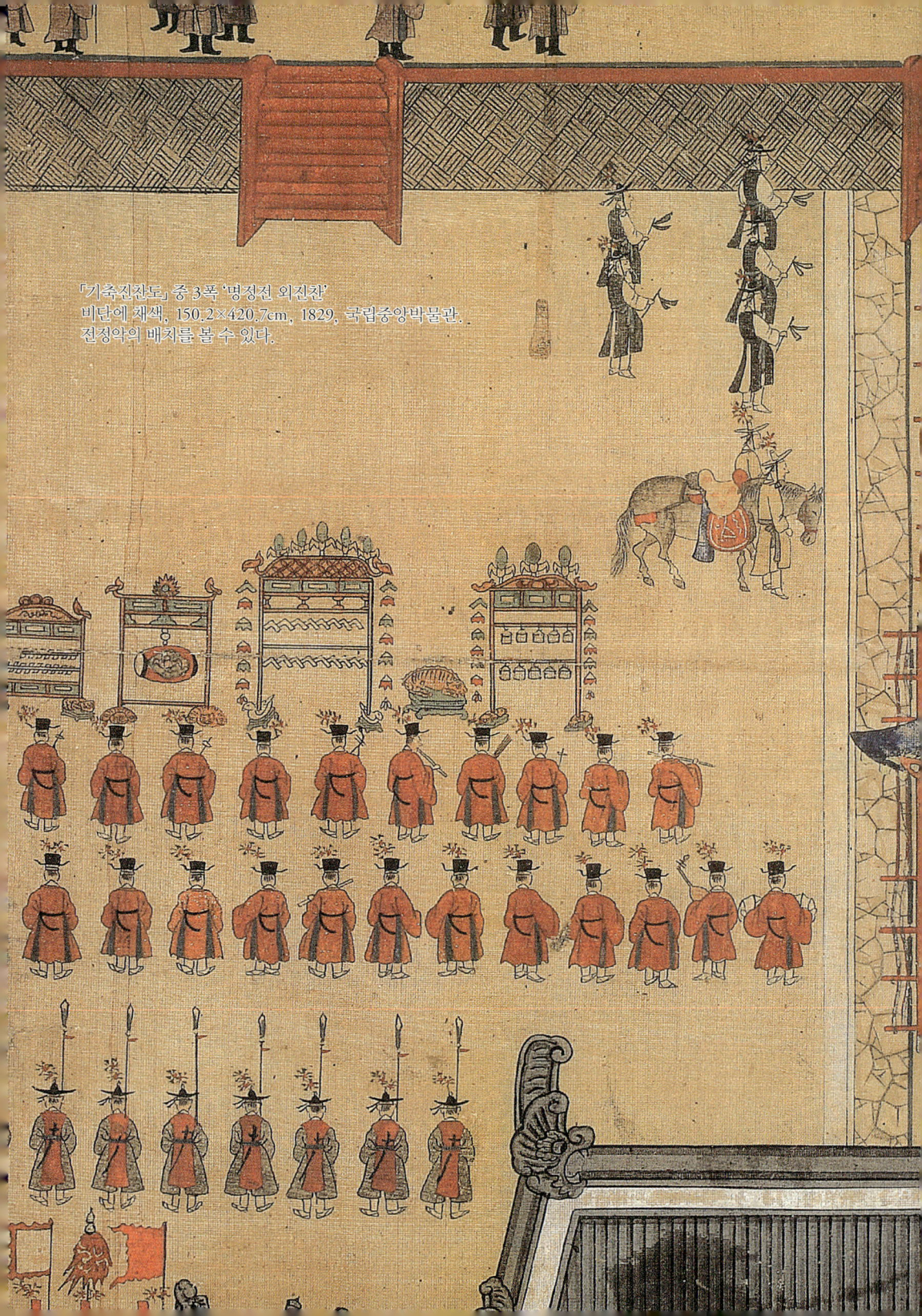

『기축진찬도』 중 3폭 '명정전 외진찬'
비단에 채색, 150.2×420.7cm, 1829, 국립중앙박물관.
전정악의 배치를 볼 수 있다.

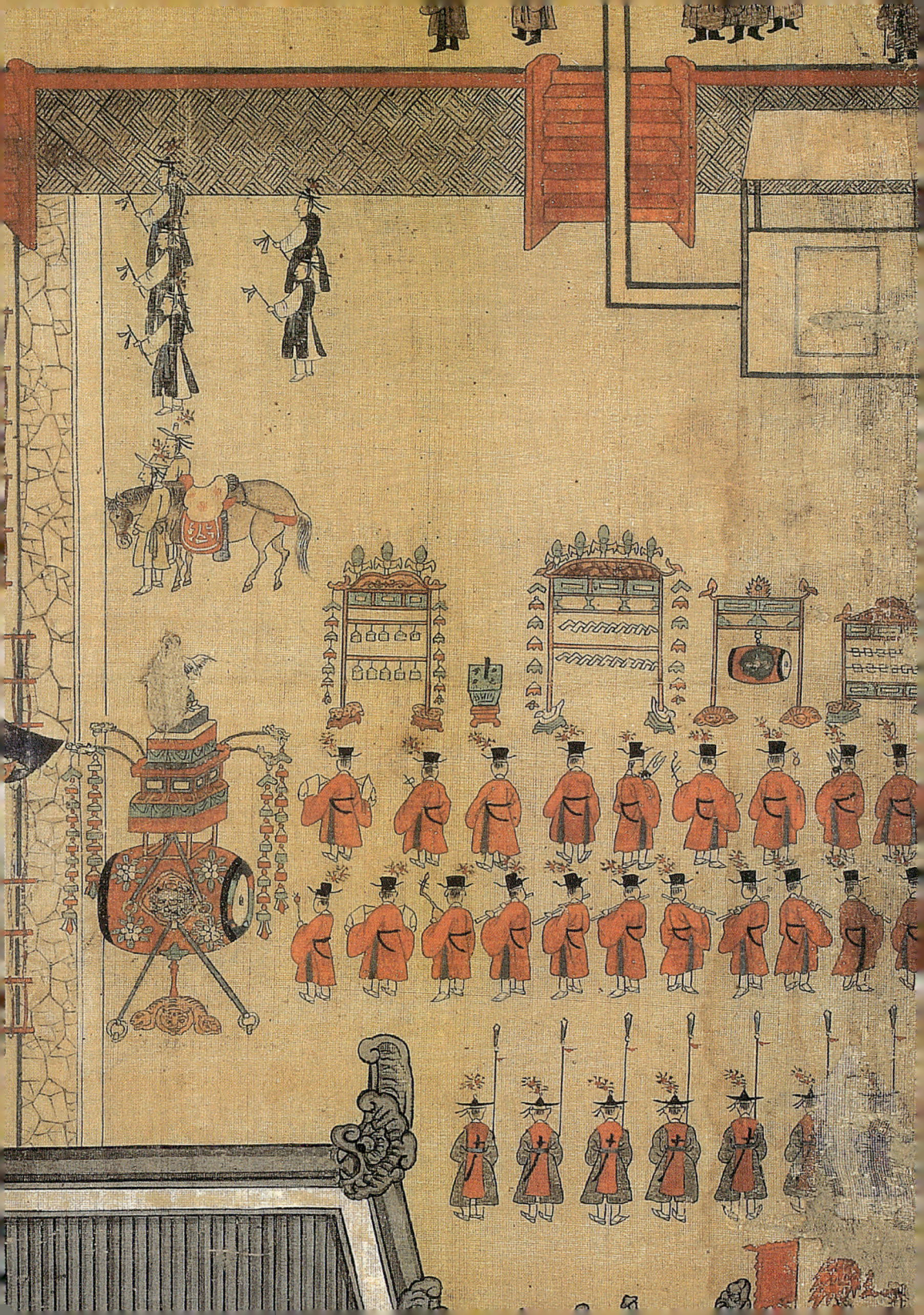

인 피리와 대금은 유사한 선율을 진행하지만 대금이 좀더 화려한 장식 선율을 구사한다.

즉, 궁중 연향 음악에서 선율을 맡은 악기들은 저음역·중음역·고음역대에서 골격음과 장식음을 서로 보완해 연주하며 고유의 합주를 완성하기 때문에 아악에 비해서는 유려하고, 민간 음악에 비해서는 풍성한 악기의 어울림을 감상할 수 있다.

### 속도와 장단 주기를 이끌어나가는 타악기

궁중 연향 악기 가운데 박拍·장구·북(교방고 또는 좌고, 대고) 세 가지는 연향악의 장단과 박을 연주하는 주요 타악기다. 궁중 연향의 음악은 이 세 악기가 이끌어나간다. 박은 모든 음악의 시작과 끝을 알리며 한 곡 안에서의 속도 변화를 알린다. 특히 무용 반주가 많이 편성되는 궁중 연향에서 박의 역할은 중요하다. 장구와 북은 악곡의 장단 주기를 반복하며 연주한다. 북은 장단의 악절을 짚어주

궁중 연향의 가장 상징적인 악기인 박拍, 국립국악원.

고, 장구는 그 안에서 장단 점수點數에 맞게 크고 작은 역동성을 만들어낸다. 장구와 북은 민간 음악 합주에서도 쓰이지만 박은 궁중에서만 사용된다. 따라서 궁중 연향의 가장 상징적인 타악기를 하나 꼽으라면 단연 박을 들 것이다.

## 이색 악기들

의례성이 강한 악기, 주선율과 리듬을 이끌어가는 악기들 외에도 궁중 연향에서는 몇몇 이색적인 악기가 사용되었다. 풀피리인 초적草笛이 대표적이다. 초적은 『악학궤범』 향악기 조에 실려 있으며, 1744년(영조 20)에 열린 대비전 진연에 초적 연주자가 참여했던 일이 기록으로 남아 있다. 그리고 1588년(선조 21)에 열린 기영회 장면을 그린 「선조조기영회도宣祖朝耆英會圖」에도 초적을 부는 악사가 묘사되어 있다.³ 왕실 연향에서 초적이 어떻게 연주되었는지 악곡이나 연주법 등을 더 자세히 알긴 어렵지만, 어쨌든 왕실에서 초적이

『악학궤범』에 실린 초적. 잎과 화피樺皮의 모양새다.

「선조조기영회도」, 비단에 채색, 40.4×59.2cm, 1585, 서울대박물관. 표시한 인물이 초적을 부는 연주자다.

다른 악기들과 함께 연주되었다는 점이 이채롭다.

조선 후기의 의궤 기록에는 이외에도 칠현금·현자·운라·가·갈고 등이 연향 악기 목록에 올라 있어 눈길을 끈다. 칠현금은 원래 아악기로서 제례아악에 편성되었는지, 그와 달리 당금唐琴이라는 명칭으로 연향 악기에 포함되었다. 『순조기축진찬의궤』(1829)와 『헌종무신진찬의궤』(1848)의 악기도에 당금이 실려 있고, 『순조기축진찬의궤』권3에는 당금차비 2인이 명시되어 있어 실제 연향에서 주악했음이 확인된다.

또 중국 악기인 현자絃子는 삼현三絃·호금胡琴이 1848년(헌종 14)의 진찬 의궤에 그림으로 소개된 점도 흥미롭다. 청의 궁중 연향에 사용된 이 악기가 어떤 경로로 조선왕실에 수용되어 연주되었는지 궁금증을 불러일으킨다.

한편 운라는 음정이 각기 다른 둥근 금속판을 틀에 매달아 왼손으로 들고, 오른손의 채로 쳐서 연주하는 악기다. 순조 때의『무자진작의궤』에서 처음 보인 뒤『헌종무신진찬의궤』, 『신축진찬의궤』등에 도설과 함께 연주자 명단이 수록되어 있다.

또 무신년의「자경전진찬도」전상악에는 운라 연주자 두 명이 좌우 맨 끝에 배치되었음이 확인된다. 내취가 아닌 관현 편성에 운라 연주자가 포함된 점이 눈길을 끈다.

가笳는 1828년(순조 28)에 편찬된『무자진작의궤』에 처음 보인 뒤 지속적으로 연향에 편성되었다.『무자진작의궤』악기풍물에는 "이때 가 한 쌍을 산유자나무로 새로 만들었는데, 취구와 지공 셋이 있는 간단한 구조다.⁴ 길이는 3척 5촌이고, 몸통의 둘레가 4촌가량"이라고 설명되어 있다. 생김새는 조금 독특해 취구 반대쪽이 약간 볼록하게 튀어나와 있다. 이 악기는 그러나 실물은 물론이고 20세기 초반의 한국 악기 사진 자료에서도 그 자취를 찾아볼 수 없다.

양금洋琴은 영조대에 청에서 들여왔으나 연향에 편입된 것은 순조 28년의『무자진작의궤』에서 확인된다. 연향에서 양금이 어떤 음악을 연주했는지는 정확히 밝혀지지 않지만, 순조 28년 이후로는 연향에 지속적으로 편성되었다.

이렇듯 살펴본 악기 가운데 초적을 제외한 악기들은 조선 후기에 중국과의 교류를 통해 새롭게 받아들인 것으로 보인다. 비록 단 한 번 모습을 드러낸 것도 있고, 실제 연향에서 어떻게 연주되었

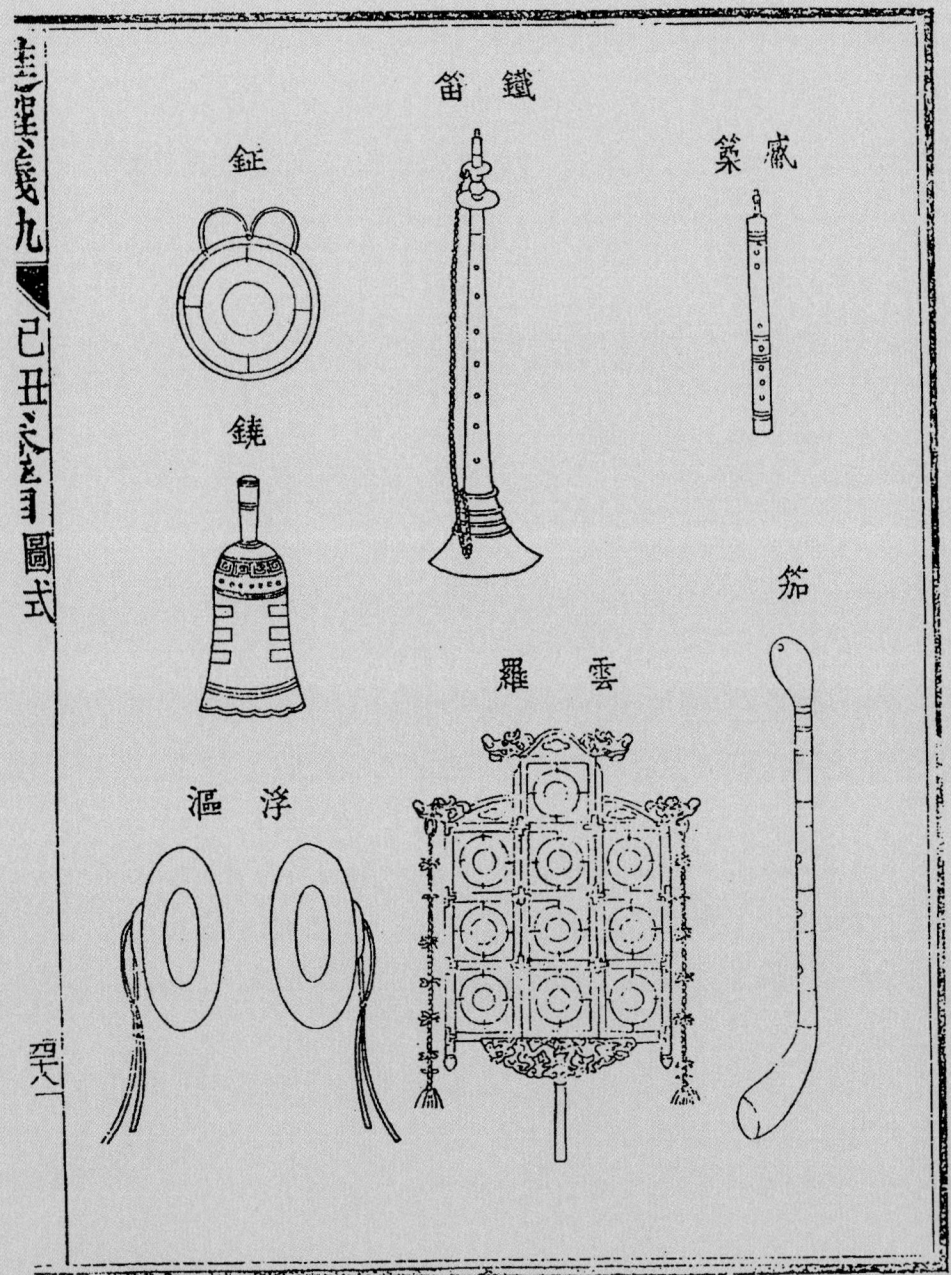

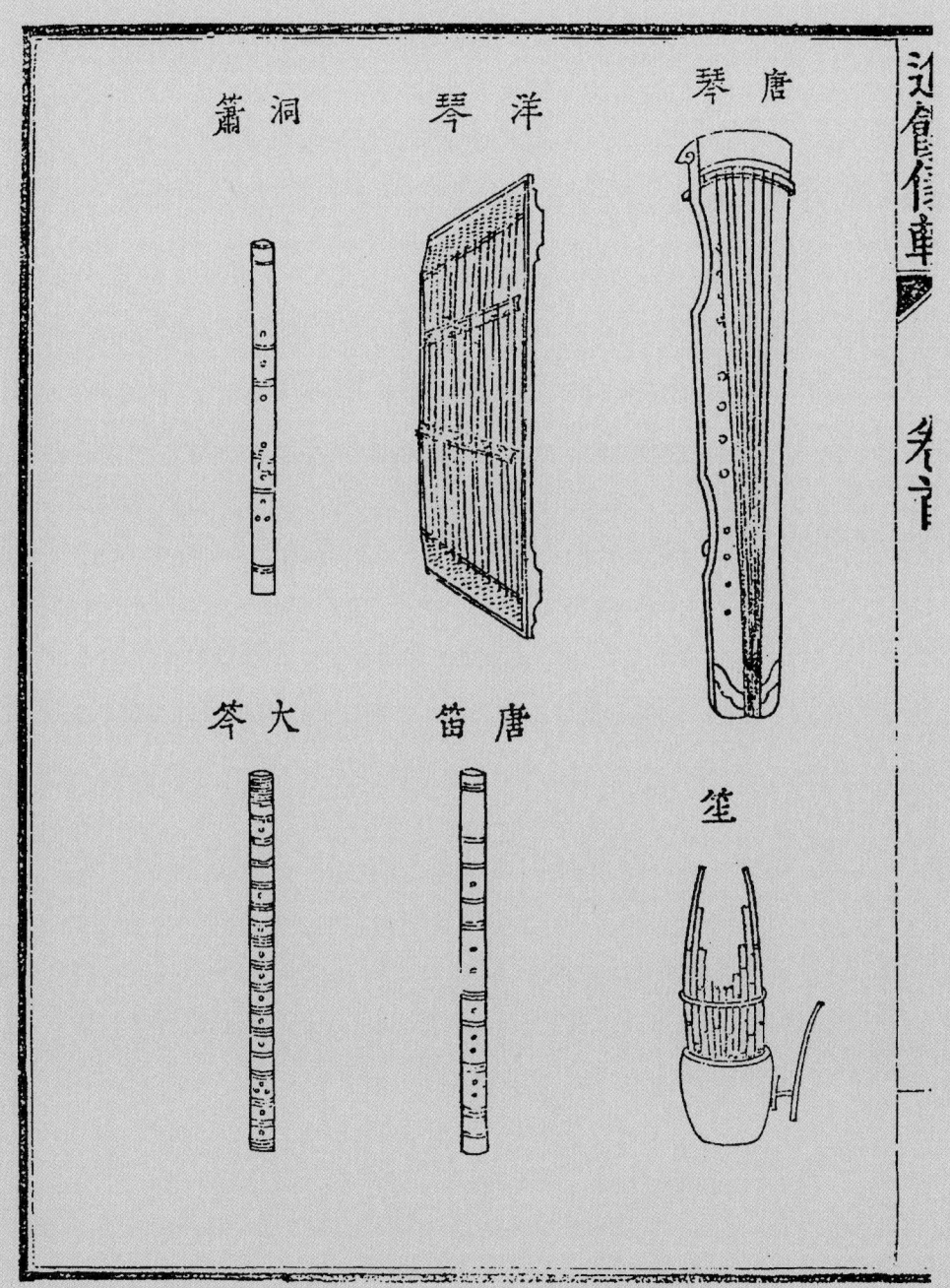

『순조기축진찬의궤』에 실린 궁중 연향의 이색 악기들, 1829, 규장각한국학연구원.

는지 확인하기 어려운 것도 있지만, 새로운 악기들이 궁중 연향 악기로 자리잡은 면면들이 흥미롭다.

## 화려한 장식과 품격을 뽐낸 악기들

궁중 연향 악기는 민간 연향의 악기들과는 달리 색과 문양, 장식이 매우 다양하다. 특히 아악기 범주에 드는 타악기들에는 궁중 건축, 복식, 공예에서 보이는 청·홍·녹·백·황·흑색 등의 단청색과 수복강녕을 기원하는 길상吉相의 의미나 벽사辟邪를 상징하는 다양한 문양 및 장식들이 곁들여진다. 현전하는 여러 의궤 중 『기사진표리진찬의궤』의 어람용 의궤에서 채색된 악기의 문양과 장식을 볼 수 있고, 세부 명칭과 형태는 국립국악원에서 펴낸 『국악기의 문양과 장식』5에서 해설을 곁들여 소개된 적이 있다. 악기의 틀과 받침대에는 사자·호랑이·용·봉황·공작·오리·해오라기·기러기 등의 동물과 연잎·연밥·모란·능화·당초 등의 식물, 구름·번개·안상·태극·산수·연주聯珠 등의 문양이 표현되었다. 또 소와 매듭·끈 등으로 장식했는데, 관악기에도 매듭 장식을 곁들이고, 현악기에도 고정된 색실이나 끈을 써서 민간의 악기와는 차별되는 품격을 드러냈다.

악기의 색·문양·장식은 고대로부터 전해온 예악서禮樂書에 근거한 것으로 각각의 의미와 상징이 담겨 있으며, 후대로 전하는 동안에도 대체로 기록에 맞게 제작되었다. 그러나 문헌 및 그림 자료, 현재의 악기 유물을 비교·고찰해보면 본래 유소 장식을 하지 않는 방향에 유소가 걸려 있거나, 편종·편경의 받침대에 사자와 오리가 바뀐 경우, 축의 공명통에 '청색을 칠하고 산수를 그려넣는다'는 설명과 배치되는 경우, 서쪽을 상징하는 '백색 호랑이'로 알려진 어가 노랑 호랑이인 경우가 더 많이 보이는 등 예외가 없지 않다.

한편 『악학궤범』에서는 제례용 악기와 연향용 악기의 문양·장식·채색 등을 구분한다는 설명이 있다. 즉 제례용 악기는 장식과 채색을 최소화하여 검박과 질소를 나타내고 연향 악기는 화려하게 장식한다는 것인데, 이 원칙이 그리 엄격하게 지켜진 것 같지는 않다. 궁중 연향 악기의 문양과 장식을 정리하면 [표 3]과 같다.

• 표 3 • 궁중 연향에 쓰인 악기의 다양한 문양

| 명칭 | 문양 | 명칭 | 문양 | 명칭 | 문양 | 명칭 | 문양 |
|---|---|---|---|---|---|---|---|
| 사자 |  | 양연 |  | 안상 |  | 치미유소 |  |
| 호랑이 |  | 하엽 |  | 화광 |  | 색사유소 |  |
| 용 |  | 연꽃과 연밥 |  | 일광 |  | 매듭과 술 |  |
| 봉 |  | 모란 |  | 구름 |  | 끈 |  |

| | | | | | | | |
|---|---|---|---|---|---|---|---|
| 귀면 | | 규화 | | 번개 | | | |
| 공작 | | 능화 | | 산수 | | | |
| 해오라기 | | 당초 | | 태극 | | | |
| 기러기 | | 철화 | | 여의두 | | | |
| 오리 | | 대나무 | | 칠보 | | | |
| 학 | | | | 연두 | | | |

## 궁중 연향 악기 기록의 역사

궁중 연향이 계획되면 해당 부서에서는 연향에 필요한 악기를 새롭게 제작하거나 기존의 악기를 보수해 주악에 차질이 없도록 준비했다. 조선 전기부터 악기 도설이 기록되고, 성종조에 간행된 『악학궤범』에는 악기의 재료·규격·제작법·채색·장식 등이 구체적으로 제시되어 있어 이후 궁중 악기 제작의 주요 전거로 활용되었다. 이밖에도 현전하는 연향 관련 기록 가운데 악기의 준비 과정을 소

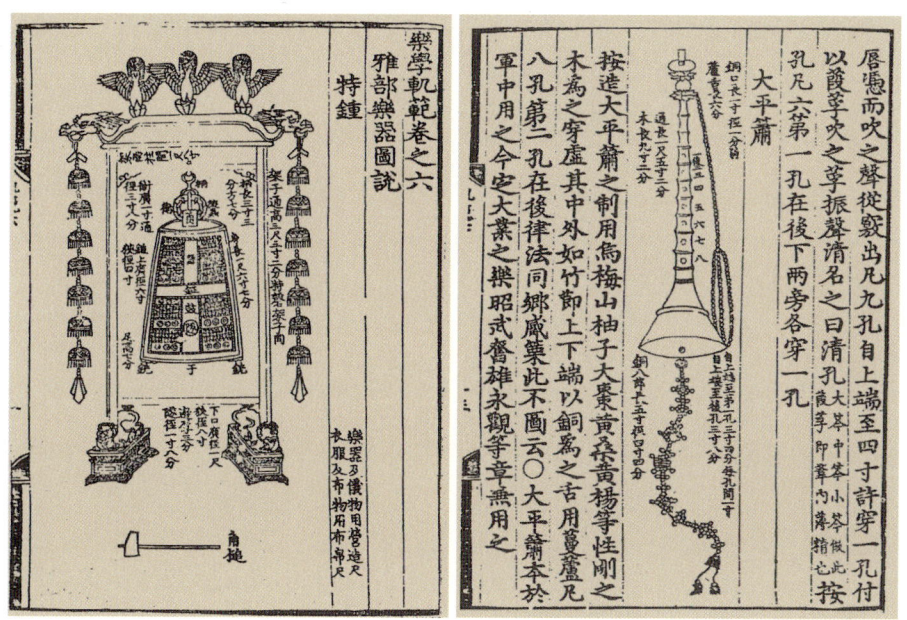

『악학궤범』 권6에 아악 연주에 사용되는 악기에 관한 설명(왼쪽)과 권7에 당악 연주에 사용되는 악기에 관한 설명. 악기의 유래에서부터 실제 치수 및 재료에 관한 내용이 상세히 실려 있다.

상히 밝힌 의궤에는 연향에 소용된 악기의 종류와 수량은 물론 악기의 제작과 보수에 쓰인 세부 재료·비용 및 제작에 참여한 장인들의 직분과 실명이 곁들여져 있다. 지금까지 학계의 관심이 많이 미치지는 못했지만, 궁중 연향에 쓰인 악기 제작의 과정을 살펴볼 수 있는 소중한 기록들이다. 여러 자료 가운데 가장 주목되는 사례를 몇 가지 살펴보자.

1624년(인조 2) 4월 9일, 특진관 김상용金尙容이 임금께 아뢰었다. "자전께서 십수 년 동안 유폐幽廢된 속에서 계셨으니 반정反正

한 초기에 한번쯤 위로하여 기쁘게 해드리는 거조가 있었어야 했는데 유사有司가 아직도 행하기를 청하지 않았으니, 이것은 큰 흠결입니다. 더구나 전하께서 한 나라에 군림하시니 어버이의 뜻을 섬기는 끝에 반드시 기쁘게 하는 도리가 있어야 합니다. 대원 부인大院夫人께 상수上壽하는 성대한 의례도 그만둘 수 없습니다."[6]

이에 인조가 답하였다.

"일찍이 거행하고 싶었으나 나라의 저축이 바닥난 데다 또 변고를 당하였으므로 겨를이 없었다. 해당 부서에 말하여 속히 거행하도록 하라."

광해군에게 어린 아들 영창대군을 잃고 오랫동안 서궁西宮(현재의 덕수궁)에 유폐되어 고초를 겪은 인목대비仁穆大妃를 위로하고, 만수무강을 기원하는 연향을 열자는 논의였다. 김상용의 진언이 있은 뒤 '꼭 하고 싶은 일이긴 하나 나라의 저축이 바닥난 형편'이라는 임금의 걱정에도 불구하고, 인목대비를 위한 잔치인 풍정豊呈[7]은 여러 준비 과정을 거쳐 그해 10월 9일 계운궁啓運宮에서 거행되었다.

인목대비를 위한 왕실 연향이라면 단연『풍정도감의궤』에 기록된 인조 8년의 행사가 상세하지만, 연향과 악기의 관점에서 보자면 인조 2년의 풍정 기록에 더 관심이 쏠린다. 이때 간행된『제기악기도감의궤』[8]를 통해 이 잔치를 위해 어떤 악기가 어떤 과정을 거쳐 준비되었는지 상세히 살펴볼 수 있기 때문이다.

『제기악기도감의궤』는 임진왜란 이후 소실된 제기와 악기를 제작해 구비하게 된 과정을 기록한 것으로 종묘제례에 필요한 제기 및 물품과 풍정을 위한 악기에 관한 내용이 실려 있다.[9] 이 기록에 따르면 가을로 예정된 풍정대례를 위해 어전의 각종 풍물風物은 장악원이 맡아 제작하도록 하고, 장악원 주부 민강閔橺을 감조관으로 삼았다. 또 풍물장風物匠·조현장造絃匠·장고장杖鼓匠·향발장響鈸匠 외에 악기의 칠과 문양 및 장식을 담당하는 화원畫員·소목장小木匠·각장刻匠·목수木手·칠장柒匠·도자장刀子匠·석장錫匠·시장匙匠·소로장小爐匠·매듭장每緝匠·다회장多繪匠·야장冶匠 등 여러 분야의 장인들이 참여했다.

또 『제기악기도감의궤』에는 1624년 8월 4일, 풍정대례가 오는 9월 초에 있을 것이므로 전정 풍물을 조성하는 역사가 긴급하니, 함평에 거주하는 장고장을 빠른 시일 안에 차출해달라며 긴급히 요청한 일을 비롯해 각종 악기 제작에 필요한 재목과 들어가는 물량이 아주 상세히 기록되어 있다.

의궤 말미에는 악기 도설과 제작 수량이 소개되어 있는데, 당비파 14부, 현금 5부, 방향 5부, 장구 10부, 당적 4부, 박 5부, 가야금 8부, 향비파 2부, 피리 6부, 대금 3부, 아쟁 1부, 해금 2부, 태평소 2부만 실려 있다. 『제기악기도감』에 수록된 악기 도설은 현전하는 의궤 자료 가운데 가장 오래된 악기 제작 실제를 반영한 자료라는 점에서 중요하므로 도설의 몇몇 악기를 소개한다.

한편 조선 후기의 연향 관련 의궤 기록 가운데는 악기 제작에 투입된 소요 예산, 제작 기간, 장인들의 직능과 인건비 등까지

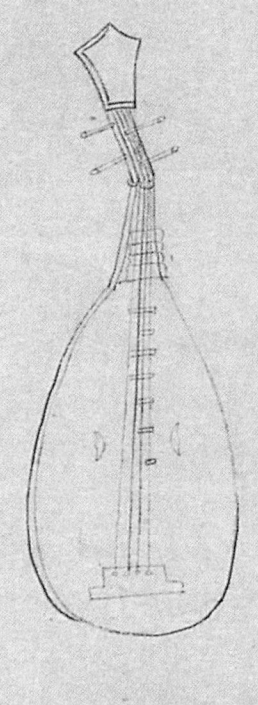

玄琴五部

唐琵琶十四部

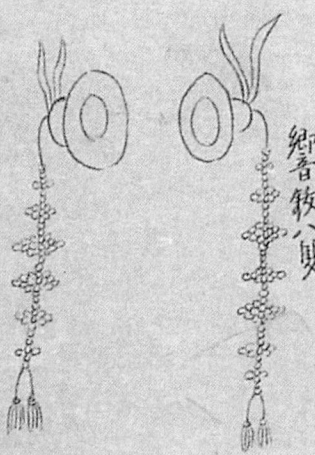

響鈸八雙

牙拍一部

『제기악기도감』에 수록된 악기들, 규장각한국학연구원.

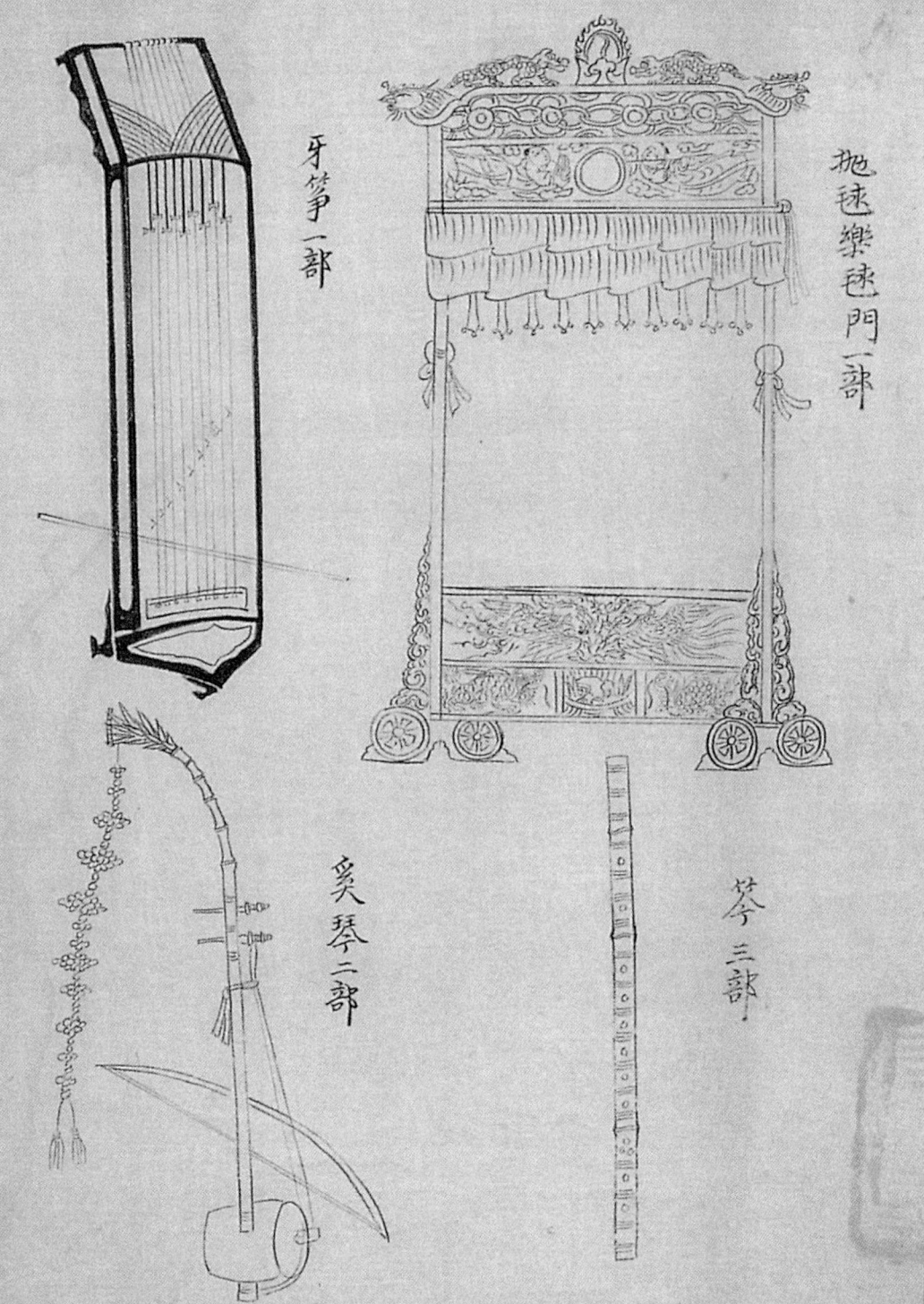

기록한 예가 있어 흥미롭다. 헌종대에 편찬된 『헌종무신진찬의궤』의 내용이 대표적이다. 이때는 방향·교방고가 각각 2개씩 제작되고, 가야금·거문고·비파·아쟁·양금·생황 등 악기 재료를 일부 구입해 완성했다. 북통을 만드는 송판과 소가죽, 북통에 고정시키는 데 필요한 광두정과 못·고리, 북통을 감싸는 삼베, 휴지, 북통에 그림 그리는 화공이 쓸 물감과 준비물(탄 2섬, 소목 100개, 백지 2권, 화필과 수필 각 3자루, 교말 5되, 가마니 1닢)이 들었다고 적혀 있으며, 이들에게 지급된 인건비 예산도 나와 있다. 모든 장인은 직능에 관계없이 식비 3전 6푼만 제공받았다고 한다. 조선 후기 화폐 가치를 쌀 한 섬 기준으로 계산했을 때[10] 1푼은 700원, 1전은 7000원, 1냥은 7만 원이라고 하면, 악기 제작에 참여한 장인들은 하루에 2만 8200원을 받은 셈이다. 이들은 맡은 바 임무에 따라 1~5일까지 일했으며, 교방고 한 대를 만드는 총 인건비는 16냥 6전 6푼, 즉 116만 6200원쯤 들었다.[11]

한편 거문고를 만드는 데는 비용이 얼마나 들었을까? 재료비와 인건비가 교방고에 비해 좀더 상세히 나와 있다. 거문고의 공명통 2좌, 거문고 줄 재료 당백사唐白絲, 부들을 만드는 데 필요한 아청융사鵶靑絨絲, 부들을 매는 뱀 머리 모양의 고리를 만드는 데 필요한 색실(홍紅·남藍·황黃·백융사白絨絲), 안족 꿰는 끈을 만드는 데 필요한 초록진사草綠眞絲, 거문고 집을 만드는 데 필요한 옷감(초록草綠·남서양목藍西洋木) 등을 모두 구입하고, 줄을 꼬는 조현장 세 명이 3일 동안 작업하는 데 들어가는 인건비가 필요하다고 적혀 있다. 조현장의 인건비 역시 식대로 매일 3전 6푼만 제공되었으며, 재료

구입비까지 셈해 모두 89냥 3전 4푼이 들었으므로, 거문고 두 대를 제작하는 데 들어간 비용은 625만 원가량이었고, 그러므로 거문고 한 대 값은 300만 원을 웃돌았던 것으로 추산된다.

이러한 악기 제작에 관한 기록은 의궤와 같은 기록이 아니고는 오늘날 우리가 파악하기 어려운 내용일 것이다. 최고의 악서樂書로 평가되는 『악학궤범』에 악기의 재료와 규격이 상세히 나와 있긴 해도 의궤처럼 세부 재료의 물량과 비용, 제작에 참여한 장인들의 분업과 역할이 모두 적혀 있지는 않기 때문이다.

지금까지 살펴본 것처럼 왕실 연향의 악기는 시대와 상황에 따라 약간 차이가 있고, 편성되는 수량도 더하고 빠지는 것이 있었지만, 대개 전상악에는 16(39개)~20종(49개)의 악기가, 전정악에는 17종의 악기(최소 33~41개)가 편성되었다. 연향의 악기는 종류와 수량 면에서 간소한 민간 음악보다는 편성 규모가 크고, 민간 음악에 없는 편종·편경·방향·축·어·박, 각종 북 종류가 포함되어 외형상 화려했으며, 다채롭고 풍부한 음량과 음색을 갖추었다. 이 가운데 편종·편경·방향·축·어 등의 악기가 제례악과 공유되지만, 아악 편성의 문묘제례악과는 악기 편성도 다르고 악곡도 달라 그 악상樂想이 현저히 차이난다. 또 종묘제례악은 세종조의 신악으로 창작되어 제례 속악으로 채택된 것인 만큼 편종·편경 등을 구비한 연향악과 유사한 면이 있긴 하나, 종묘제례악에는 편성되고 연향악에서는 배제되는 진고·절고·태평소·징 등의 악기에 따라 음향적 특징은 차이가 있다.

또한 경사를 맞아 열리는 궁중 연향에서 연주되는 악기에는 수복강녕을 기원하고 벽사의 의미를 담은 색채와 장식 및 다양한 문양이 곁들여지고, 틀과 받침대를 사용해 걸거나 받쳐놓고 연주했으며, 채색 매듭과 끈을 활용해 격을 높였다. 이 악기들은 궁중 연향의 역사와 맥을 같이하면서 조선왕조의 관리 체계 안에서 제작·전승됨으로써 우리 음악 문화유산의 귀중한 숨결을 이어오고 있다.

제4장 | 혜경궁 홍씨의
회갑잔치,
여민동락을 실천하다

궁 중 연 향 과 음 악

**임미선** 전북대 한국음악학과 교수

# 조선,
## 궁중 잔치와 기록의 역사

정조는 사도세자와 혜경궁 홍씨가 태어난 지 만 60년을 맞은 1795년(정조 19)에 혜경궁을 모시고 화성에 행차하여 대대적인 행사를 열었다. 진찬進饌과 양로연養老宴 같은 잔치를 비롯해 문무과 별시別試와 방방放榜 등의 행사가 펼쳐졌다.

이들 행사의 진행을 맡은 임시 관청인 정리소整理所가 1794년(정조 18) 장용영壯勇營에 설치되었고, 그 행사의 모든 과정이 『원행을묘정리의궤園幸乙卯整理儀軌』[1]에 기록되어 전한다.

궁중에서는 큰 경사를 맞았을 때 국가적 규모의 잔치를 열었는데, 이러한 궁중 연향을 진연進宴·진찬·진작進爵 등이라 불렀다. 이들 연향은 매해 정례적으로 행하는 회례연會禮宴·종친연宗親宴·양로연 등과는 규모 면에서 큰 차이가 있었다. 특별히 베푸는 궁중 연회를 위해 진연도감進宴都監이 설치되었고, 그 행사를 속속들이 기록한 의궤가 제작되었다.

연향 관련 의궤에는 연회가 발의되어 결정되는 과정, 치사致詞와 전문箋文의 시문, 연향이 치러질 때 들어가는 각종 물목과 참석자 명단, 악사들과 각 도에서 차출된 선상기選上妓들의 명단과 맡은 바 임무에 이르기까지 모든 사항이 세세히 기록되었다. 국가적 연향을 기록한 의궤로 현재 전해지는 것에는 『풍정도감의궤豊呈都監儀軌』『진연의궤進宴儀軌』『진찬의궤進饌儀軌』『진작의궤進爵儀軌』 등이 있다. 오늘날 전하는 연향 관련 의궤[2]의 종류는 인조대에서 대한제국기에 이르기까지 총 19종이다. 그중 가장 앞선 것은 인조대의 『풍정도감의궤』이고,³ 가장 후대의 것이 1902년의 『고종임인진연의궤』다.⁴ 이들 19종의 의궤 가운데 도식 등의 체제를 제대로 갖춰 처음으로 작성된 것은 혜경궁 홍씨의 회갑 때에 설행된 행사 전말을 기록한 『원행을묘정리의궤』다.

『원행을묘정리의궤』는 정조 이전의 연향 관련 의궤인 인조대의 『풍정도감의궤』나 숙종·영조대의 『진연의궤』에서는 볼 수 없는 「봉수당진찬도奉壽堂進饌圖」「낙남헌양로연도洛南軒養老宴圖」와 같은 도식이 있고 택일擇日·좌목座目·전교箋敎·연설筵說 등의 항목을 갖춘 점⁵에서 이전의 것과 구별된다.⁶

조선조 궁궐에서 행해진 연향의 종류는 매우 다양하다. 각각의 연향은 왜 치르고 누가 참석하느냐에 따라 규모와 격식에 차이가 있었으며, 정례적으로 행하던 것과 국가의 대경을 맞이해 특별히 설행되는 것으로 구별되었다.

『경국대전經國大典』에 따르면, 매해 일정하게 행하던 연향으로 회례연, 양로연 외에 단오와 추석, 행행行幸·강무講武 후 또는 왕세자나 왕세자빈의 생진生辰 때에 의정부와 육조에서 베푸는 진연과 충훈부忠勳府·종친부宗親府와 의빈부儀賓府·충익부忠翊府에서 여는 진연 등이 있었다.⁷ 그리고 진풍정進豊呈·사신연使臣宴·곡연曲宴·사연賜宴 등도 정기적으로 치르지는 않았으나 비교적 자주 행해졌다.⁸ 정기적으로 행하던 연향 가운데 가장 성대했던 것은 정조正朝나 동지冬至에 조하朝賀가 끝난 뒤 왕이 정무에 힘쓴 군신의 노고를 치사하기 위해 행한 회례연이었고,⁹ 80세 이상의 노인을 위한 양로연도

『원행을묘정리의궤』 중 '봉수당진찬도', 33.6×24.1cm, 1797, 고려대 도서관.

그에 어울릴 만한 규모와 격을 갖추며 중시되었다.[10]

한편 국왕의 기로소 입소, 망오望五, 오순五旬, 왕대비의 사순, 대왕대비의 칠순 그리고 국왕의 생모나 대왕대비의 회갑을 맞은 해에는 큰 규모의 연향인 진연[11]·진찬·진작 등이 올려졌다. 잔치의 의식 절차나 규모에 차이가 있었으나 보통 헌작례獻爵禮를 행하고 갖가지 정재呈才가 연행되었다.

## 신분에 따라 달라진 잔치 풍경

1795년 화성에서 행한 여러 행사 가운데 중심이 된 것은 봉수당에서의 진찬과 낙남헌에서 행한 양로연이었다. 조선조에는 국왕의 생모나 대왕대비의 회갑 때 궁궐의 정전이나 대비전에서 진찬과 같은 큰 규모의 잔치를 열었다. 그리하여 1809년(순조 9) 혜경궁 홍씨가 관례를 올리고 주갑周甲을 맞이했을 때에나, 1868년(고종 5) 익종의 비 신정왕후의 회갑 때에도 진찬을 열었다. 혜경궁 홍씨의 회갑연은 여느 때와는 달리 궐 밖의 화성에서 별도로 진찬과 양로연을 행한 것이 특징이다.

조선조 궁정에서 행한 중요한 의례와 연향에는 음악이 뒤따랐다. 음악은 흥을 돋우는 데 빠질 수 없었고, 잔치에는 정재가 연행되었다. 궁중 연향은 참석자의 성별에 따라 외연外宴과 내연內宴으로 구별되어 행해졌다. 외연에서는 음악 연주를 남자 악공으로 구

「화성원행도병」 중 '낙남헌양로연도'
비단에 채색, 151.2×65.7cm,
1795, 국립중앙박물관.

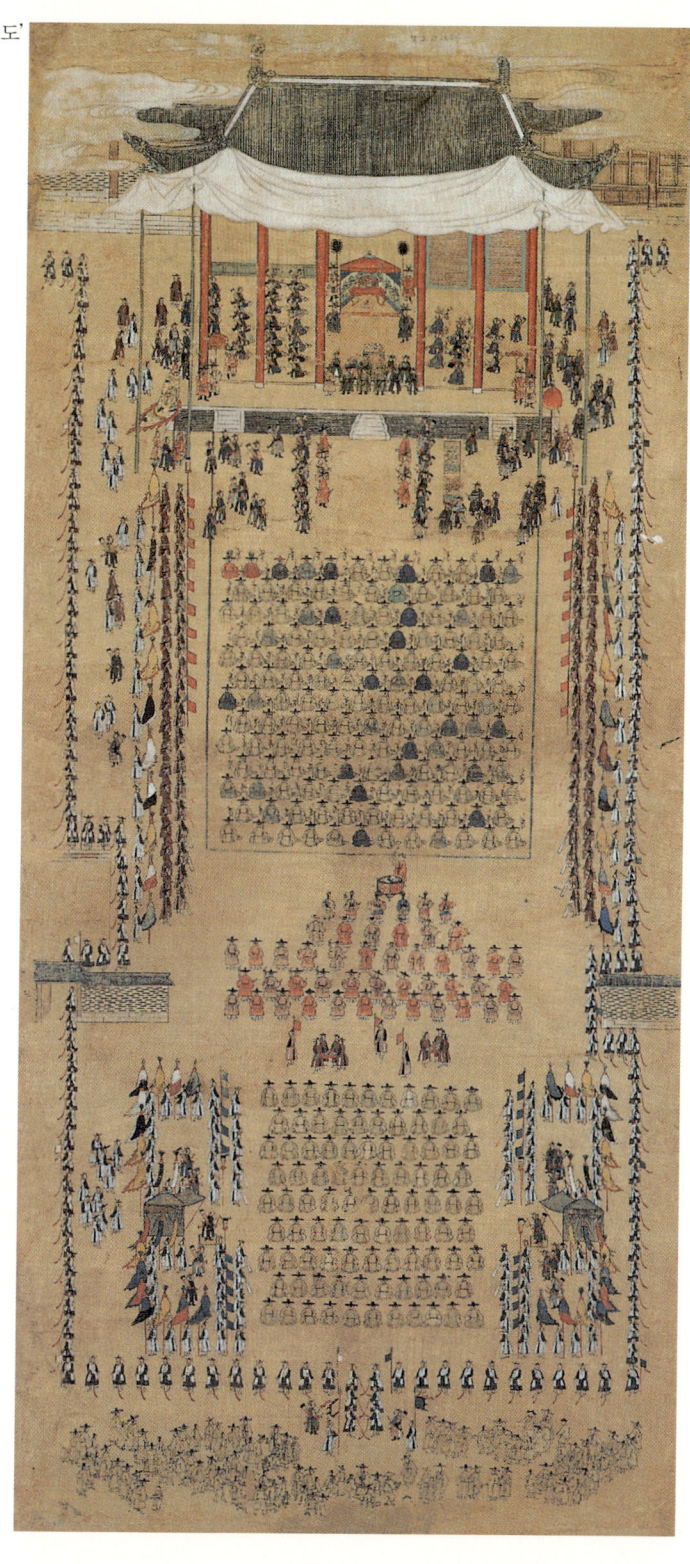

'봉수당진찬도' 부분.

「무신진찬도병」 중
'통명전 진찬', 비단에 채색,
139.0×384.0cm, 1848,
국립중앙박물관.
등가(전상악)와 헌가 부분이
묘사되어 있다.

성된 전정헌가殿庭軒架와 등가登歌(殿上樂)가 담당했고, 정재는 무동舞童이 추었다. 반면 대비전의 진풍정이나 중궁예연中宮禮宴과 같은 금남禁男의 내연에서는 여령女伶 또는 관현맹인管絃盲人이 주악奏樂을 담당하고 정재는 여기女妓가 맡았다. 또한 연향의 규모나 격식에 따라 주악을 담당한 악대나 정재를 담당한 여기 혹은 무동의 수도 달라졌다. 그렇기 때문에 혜경궁 홍씨 관례 주갑은 신정왕후의 회갑보다 검박하게 치러졌다. 이러한 차등성은 외국 사신을 접대하는 연향에도 적용되었다. 즉 일본 사신보다 후대한 중국 사신을 위한 연향에 동원된 정재 여령의 인원과 복식 그리고 주악을 담당하던 악대의 규모는 일본 사신들에게 한 것과 뚜렷한 차이를 보였다.[12] 따라서 신분상 대비가 아닌 혜경궁의 회갑연을 대비 또는 대왕대비를 위한 진연·진찬과 동일한 격식으로 행할 수는 없었을 것이다.

정조는 창덕궁을 떠난 지 나흘째가 되는 윤2월 12일에 혜경궁 홍씨를 모시고 사도세자의 원소가 있는 현륭원顯隆園에 참배했다. 그 이튿날 13일에 봉수당에서 회갑잔치를 열었다.

봉수당에서 행한 혜경궁 홍씨의 회갑연은 7작의 헌작례와 진휘건進揮巾·진찬안進饌案·진화進花·진탕進湯 등의 의식 절차에 의한 진찬례로 진행되었다. 제1작부터 제7작을 올리는 과정에서는 헌선도·몽금척·수명명·하황은·포구락·무고·아박무·향발무·학무·연화대·수연장·처용무·첨수무·검무·선유락 등 다양한 정재가 공연되었다.[13] 그 진찬은 회갑을 맞아 설행된 것이었으므로 왕·왕대비·대왕대비의 탄일에 행하던 진표리進表裏 의식과는 다른 성대한 잔치였다.[14] 그 의식 절차는 국왕의 기로소 입사·망오·망륙, 대왕대비의 칠순, 왕대비의 망오 때에 열리던 진찬이나 진연과 큰 차이가 없었다.

•표 1• 봉수당 진찬 의식 절차[15]

| 의식 절차 | 연주악곡 | 연행된 정재 |
|---|---|---|
| 자궁 승좌 | 여민락령 | |
| 내외명부 재배 | 낙양춘곡 | |
| 전하 배위 | 여민락령 | |
| 재배 | 낙양춘곡 | |
| 자궁 진휘건 | 여민락령 | |
| 진찬안 | 여민락만 | |
| 진화 | 여민락령 | |

| | | |
|---|---|---|
| 전하 진작 | 여민락령 | |
| 자궁 거작 | 여민락 천년만세곡 | |
| 전하 재배 | 낙양춘곡 | |
| 진휘건 | 여민락령 | |
| 진찬안 | 여민락만 | |
| 진화 | 여민락령 | |
| 진탕 | 여민락만 | |
| 자궁 제1작 | 여민락 | 헌선도 |
| 진탕 | 환환곡 | |
| 자궁 제2작 | 여민락 | 몽금척·수명명·하황은 |
| 진탕 | 청평악 | |
| 자궁 제3작 | 여민락 오운개서조 | 포구락·무고 |
| 자궁 제4작 | 향당교주 천년만세곡 | 아박무·향발무 |
| 자궁 제5작 | 여민락 유황곡 | 학무 |
| 자궁 제6작 | 여민락 항항곡 | 연화대 |
| 자궁 제7작 | 여민락 | 수연장 |
| | 하운봉곡 | |
| | 향당교주 | 처용무 |
| | 정읍악 | |
| | 낙양춘곡 | 첨수무 |
| 전하 철안 | 여민락만 | 검무·선유락 |
| 외빈 등 재배 | 낙양춘곡 | |
| 전하 출합 | 여민락령 | |
| 내외명부 재배 | 낙양춘곡 | |
| 자궁 강좌 | 여민락령 | |

그렇더라도 봉수당 진찬은 의례의 성격에 따라 연향의 규모에 차등을 두어 시행하던 규례를 따랐다.

## 전례 없는 악대 편성
## 13종류의 정재 공연

대비 또는 대왕대비를 위한 진연·진찬과 구별되는 차이점으로 내연과 외연의 구별 없이 한 차례 행해진 것을 들 수 있다. 여관女官·여집사女執事·여령 등에 의해 의식이 진행되고 여기가 정재를 맡아 내연의 형식을 취하는 한편, 내외명부內外命婦·의빈척신儀賓戚臣과 함께 내외빈이 참례하여 외연의 형식을 아울러 취했다. 또한 주악을 담당하던 악대의 쓰임도 특이했다. 봉수당 진찬에서 주악을 담당한 악대는 집사전악 2·피리 16·대금 9·해금 8·당적 2·통소 2·장고 5·교방고 2의 소규모 편성으로 이뤄졌다.[16] 구체적으로 명시되지 않은 이 악대의 악기 편성은, 통상 진연·진찬 등의 연향에 쓰인 전정헌가 및 등가의 형태와 달랐다. 즉 아악기가 없는 점에서 그것이 전정헌가가 아님을 알 수 있으며, 거문고·가야금 등의 현악기가 없는 점에서 등가가 아님을 알 수 있다.[17]

조선조 궁정에는 전정헌가·등가(연례악용)·전정고취殿庭鼓吹·전후고취殿後鼓吹·전부고취前部鼓吹·후부고취後部鼓吹 등 여러 악대가 설치되었고, 여령이나 관현맹인의 악사를 별도로 두었다. 이들 악대의 역할은 명확히 구별되어 의례나 연향의 성격과 격에 맞게 사용되었다. 전정헌가는 조회·망궐례·책례·가례·회례연·양로연 등의 의례나 연향에 쓰였고, 등가는 연향에만 쓰였다. 전정고취는 조참이나 문과전시文科殿試·생진방방生進放榜 등의 의례에만 쓰였으며 연향에는 일체 쓰이지 않았다.¹⁸

이처럼 봉수당 진찬에서 진정헌가와도 다르고, 등가와도 다른 특이한 형태의 악대로 주악이 이루어진 것은 전례를 찾아보기 어렵다.

봉수당 진찬에 쓰인 악대의 성격을 파악하기 위해『춘관통고春官通考』에 전하는 전정고취와 비교해보면, 두 악대의 차이가 적지 않음을 알 수 있다. 정조 당시 문과전시·생진방방 등의 의례에 쓰인 전정고취는 방향 2·당적 2·비파 2·통소 2·피리 6·대금 6·해금 2·장고 2·교방고 2·박 1(총 27명)로 편성되었다. 이와 비교하면, 봉수당 진찬의 악대는 피리·대금·해금·장고 등의 악기가 특별히 많이 편성된 점이 주목할 만하다. 더욱이 전정고취에 쓰였던 방향과 비파가 쓰이지 않은 차이점도 크다.

규모가 큰 연향에서 전정헌가와 등가가 주악을 담당하던 관례와 달리 봉수당 진찬에 특이한 형태의 악대가 쓰인 것은 혜경궁 홍씨의 회갑잔치가 궐 밖의 화성에서 행해진 특수성 때문으로 보인다. 궐 밖 행사였던 까닭에 이동이 쉽지 않은 편종·편경·건고 등의 아악기를 사용하는 전정헌가, 가야금·거문고 등의 현악기가 편성되는 등가를 사용하기 어려웠을 것이고, 또 혜경궁 홍씨가 대왕대비의 신분이 아니었던 까닭에 악대 사용에 차등을 둘 필요도 있었을 것이다.¹⁹ 이러한 이유에서 봉수당 진찬에서 주악을 담당

『원행정리의궤도』 중 '봉수당진찬도'
종이에 채색, 62.2×47.3cm, 19세기, 국립중앙박물관.
정재를 추는 기생과 장고·대금·해금 등의 악기를 연주하는 악생의 모습이 보인다.

'봉수당진찬도' 중 악대 부분.

『원행정리의궤도』 중 '향발'
국립중앙박물관.

響鈸
향발

『원행정리의궤도』 중 '처용무'
국립중앙박물관.

『원행정리의궤도』중 '선유락'
국립중앙박물관.

한 악대는 행행行幸에 쓰인 악대를 새롭게 재편해 궁중 연향에서 전정헌가나 등가가 수행하던 역할을 대행하도록 한 듯하다.

비록 주악을 담당한 악대가 소규모 형태를 취하기는 했지만 궁중 연향의 꽃인 정재가 그 어느 때보다 다양하고도 많이 연행되었다는 점은 주목할 만하다. 앞 시대에는 각 헌작례에 보통 한 개의 정재가 연행되었으나, 봉수당 진찬에서는 제3작과 제4작 때에 두 종류의 정재가, 제2작과 제7작 때에는 세 종류나 공연되었다. 이렇듯 주악의 규모와 형태보다 정재 연행이 중심을 이룬 봉수당 진찬은 잔치에 직간접적으로 함께한 사람들에게 볼거리를 제공하는 것에 역점을 두었다.

봉수당 진찬에 나타나는 공연의 특징은 총 15종류의 정재가 연행되었다는 데에 있다. 정조(재위 1776~1800) 이전에 행한 진연에 비해 훨씬 다양한 정재를 선보였는데, 숙종~영조 연간에는 공연되지 않았던 검무·연화대무·학무·선유락 같은 정재가 새롭게 등장한 점을 눈여겨볼 만하다. 특히 선유락이 궁중에서 처음 연행된 사실[20]은 궁중 정재사에서 매우 의의가 있다.

봉수당에서의 정재 공연은 경기京妓와 화성의 기녀가 담당했다. 한양에서 화성으로 가서 공연한 경기는 의녀醫女가 5명, 침선비針線婢가 9명, 도기都妓와 홀기笏記가 경기 중에는 각 1명이었고, 화성기는 도기 1명과 14명의 기녀가 동원되었다. 경기에는 50세 노기老妓도 있었고, 화성의 도기 중에는 60세의 노기도 있었다.[21]

# 낙남헌 양로연, 지배층과 천민이 동락하다

정조는 봉수당에서 혜경궁의 회갑잔치를 행한 다음 날인 윤2월 14일에는 낙남헌에서 양로연을 베풀었다. 화성부에 거주하는 주민들과 더불어 혜경궁 회갑의 기쁨을 나누고자 했던 것이다. 양로연 당일 아침에는 신풍루에서 주민들에게 쌀을 나눠주는 인정仁政을 베풀었다. 양로연에는 홍낙성을 비롯한 노인 관료 15명과 61세의 평민 노인과 조관朝官 70세 이상, 사서인士庶人 80세 이상의 노인 384명이 초대되었다.

조선조에 양로연이 처음 베풀어진 것은 1432년(세종 14)이다. 세종과 왕비가 참석한 가운데 근정전勤政殿과 사정전思政殿 두 곳에서 행해졌다. 80세 이상의 노인이면 신분에 상관없이 매해 중추월에 중앙의 궁궐이나 지방 관아에서 열린 양로연에 참석할 수 있었다. 양로연은 노인을 공경하는 유교 문화 이념으로 지배층에서 천민까지 모두가 연회를 통해 동락하는 데에 큰 의미를 두었던 만큼 회례연에 걸맞은 규모와 격식을 갖춰 한 해도 빠짐없이 열렸다.

의례나 연향에 갖춰졌던 조선조의 궁정악은 사실상 예연에 함께할 수 없던 평민들이 접하기 어려운 것이었다. 평민이 궁중에서 연주되던 여민락·정읍·동동·보허자 등을 접할 유일한 기회는 80세까지 장수하여 양로연에 초대되는 것이었다. 이들 노인은 전정헌가와 등가의 악대로 연주되는 궁중 음악과 더불어 무고·아박·처용무 등의 정재도 관람할 수 있었다.

앞서 말했듯이 조선조 궁정에서 펼쳐진 회례연·양로연·진연 등의 연향은 참석자의 성별에 따라 외연과 내연으로 구별되었다. 매해 첫날 행하던 회례연 역시 국왕이 신료들과 정전에서 행하는 것과 별도로 왕대비는 내명부에게 정지내명부회의正至內命婦會儀를 베풀었다. 마찬가지로 양로연도 근정전에서 행하는 외연과 사정전에서 행하는 내연으로 구분되었다. 80세 이상의 노부老婦를 대상으로 왕비가 베푸는 것을 중궁양로연中宮養老宴이라 했다. 따라서 당시 중앙에 살던 80세 이상의 노부부가 양로연에 참석할 때는 부부가 동석하지 못하고 근정전과 사정전으로 나뉘어 참석해야 했다.

양로연은 정례적으로 설행되었으나, 국왕의 기로소 입소를 경하하여 진연을 행할 때에도 겸행되기도 했다.[22] 1795년(정조 19) 화성 낙남헌에서 양로연이 함께 치러진 것도 이러한 경우다.

궁중에서 정례적으로 행한 양로연의 의식 절차는 회례연 또는 진연과 크게 다르지 않았다. 7작 또는 5작까지의 헌작례獻爵禮가 행해지고, 술을 올리는 절차마다 정재가 펼쳐졌다. 연향에 필요한 음악은 전정헌가와 등가 두 악대가 맡았다.

그러나 낙남헌에서 행한 양로연은 궁중에서 행한 것과 비교해 간소하게 치러졌다. 의식 절차와 연행 내용은 [표 2]와 같다. 혜경궁 홍씨의 진찬이 7작의 행례로 진행되었으나, 낙남헌에서의 양로연은 3작 행례였다. 혜경궁을 위한 진찬에 비해 양로연의 의식 절차가 소박해진 것이다. 낙남헌 양로연에서는 궁중 연향에서 의례적으로 연행되는 정재가 빠졌고, 궁중에서 행하던 양로연과는 다른 형태의 악대가 쓰였다.

「화성원행도병」중 '낙남헌양로연도' 부분, 국립중앙박물관.

• 표 2 • 낙남헌 양로연 의식 절차[23]

| 의식 절차 | 연주악곡 | |
|---|---|---|
| | 속악 | 아악 |
| 전하 승좌 | 여민락령 | |
| 군로 사배 | 낙양춘곡 | |
| 악사 창 | 화일곡 | |
| 진주기 | 여민락령 | |
| 진선 | 여민락만 | |
| 군로 제1작 | | 낙빈악·녹명·천보곡 |
| 군로 제2작 | | 낙빈악·관저·작소곡 |
| 군로 제3작 | | 낙빈악·남유가어·남산유대 |
| 주행삼편 | 향당교주 | |
| 군로 재배 | 낙양춘곡 | |
| 전하 강좌 | 여민락령 | |

정조는 화성 행궁에서 치르는 행사에 들어갈 인원·찬품·배종관·군병·노자·음악 등의 경비를 줄여 시행할 것을 강조한 바 있다. 뿐만 아니라 잔치의 주인공인 혜경궁도 의문儀文과 준비 과정이 절대 장대하거나 번잡하지 말게 할 것을 누차 당부했다.[24]

낙남헌 양로연에는 총리대신을 맡은 채제공蔡濟恭이 지은 화일곡化日曲이 악사 2인에 의해 불렸고, 봉수당 진찬에서 연주되었던 여민락만·여민락령·낙양춘 등의 향악과 당악이 연주되는 한편, 천보天保·관저關雎·녹명鹿鳴·작소鵲巢·남유가어南有嘉魚·남산유대南山有臺 등의 아악이 연주되었다. 조선 후기 연향에서 아악이 연주되

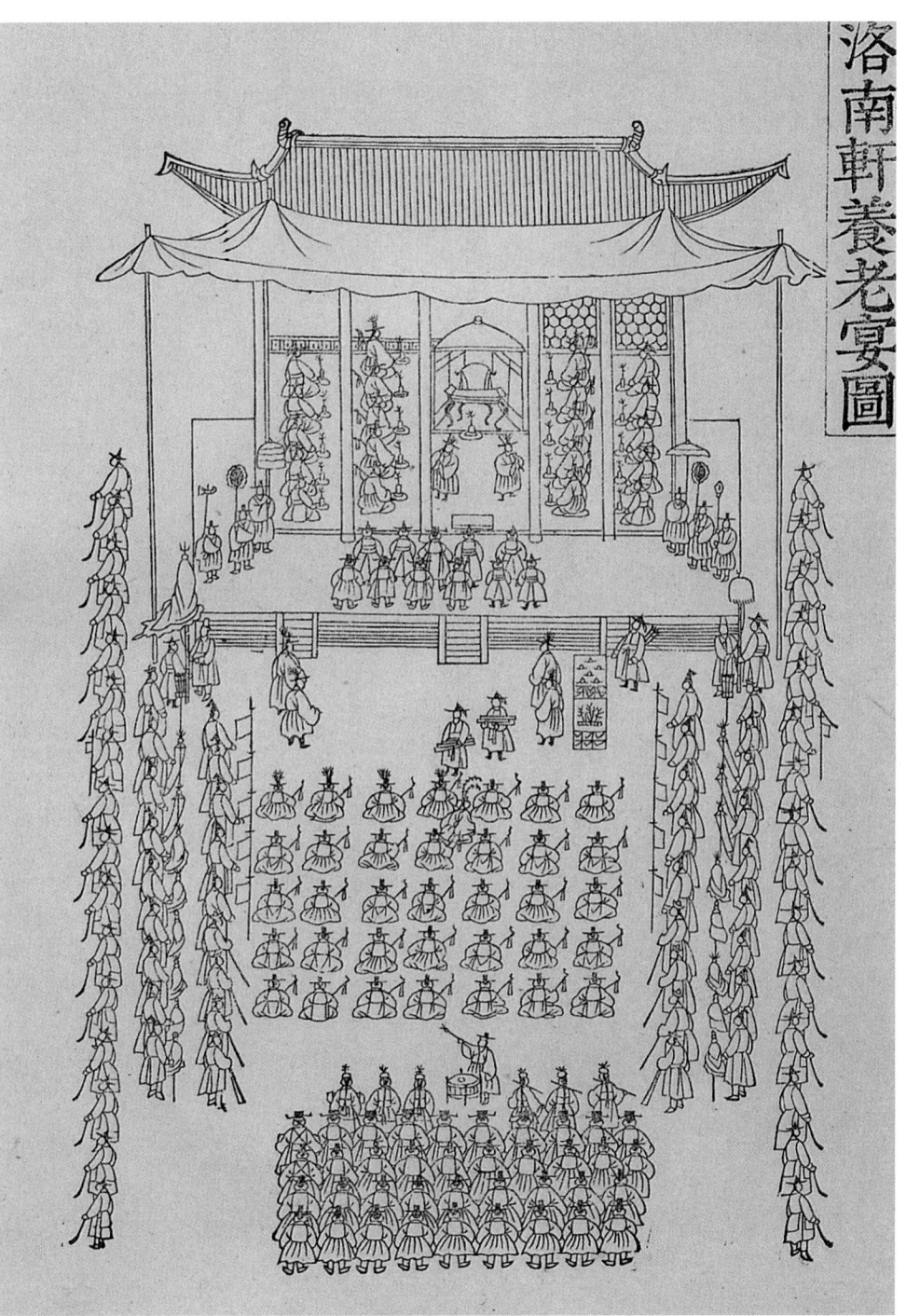

『원행을묘정리의궤』 중 '낙남헌양로연도', 16.8×24.1cm, 1797, 고려대 도서관.

는 일은 매우 드물었다. 전기에는 일자일음一字一音으로 되어 있고 각 음의 시가가 균등한 것이 특징인 아악이 양로연에 쓰였으나, 후기에는 아악을 폐하고 속악인 당악 또는 향악을 사용했다. 낙남헌 양로연에서 부분적으로 아악이 연주된 것은 세종대의 양로연을 연상케 한다.

　　양로연에서 음악 연주를 맡았던 악대도 봉수당 진찬과 같다. 즉, 세악수를 활용한 형태로 구성되었는데, 여기에는 역시 궐 밖에서 행한 점과 검박하게 치르려는 의도가 담겨 있었던 듯하다.

## 1600명의 화성 행차와 명정전·연희당 진찬

　　화성 행차의 어가에 수행한 인원은 1600명에 이른다. 행렬을 선도하는 군사와 호위병, 대신들 그리고 혜경궁 홍씨, 정조와 정조의 누이인 청연군주淸衍郡主, 청선군주淸璿郡主 등이 있다. 화성 행차 때 음악 연주를 맡았던 많은 수의 취고수吹鼓手와 세악수細樂手도 포함되어 있다. 오군영五軍營에 속한 금위영禁衛營·수어청守御廳·어영청御營廳·총융청摠戎廳·훈련도감訓鍊都監 및 용호영龍虎營과 장용영壯勇營을 포함한 각 군영 소속의 취고수와 세악수는 행악行樂과 군악軍樂을 연주했다. 금위영의 취고수는 북·징·나발·태평소·자바라 등의 악기를 사용했고, 세악수는 관管·적笛·해금·장고·북 등의 악기를 연주했다. 용호영 소속의 취고수와 세악수가 7명인 데 비해, 금

『화성원행반차도』중 '취고수와 세악수' 부분, 국립중앙박물관.

『원행정리의궤도』 중 '취고수와 세악수' 부분, 국립중앙박물관.

위영 소속의 취고수와 세악수는 악기를 연주하는 역할과 대포수大砲手·패두牌頭 등을 포함해 각 62명과 15명으로 많은 인원이 동원되었다. 『정리의궤』 권수券首 도식의 반차도班次圖에 취고수는 가전駕前과 가후駕後에 배치된 것으로 기록되어 있다.

혜경궁 홍씨의 회갑잔치는 화성에서 행하는 것으로 끝나지 않았다. 탄신인 6월 18일에 다시 잔치를 열었다. 먼저 명정전明政殿에서 혜경궁께 바치는 진표리進表裏를 행하고, 그런 다음 연희당延禧堂[25]에서 정식으로 회갑잔치를 행했다.[26] 진표리 행례에서는 왕대비의 탄일 때와 마찬가지로 치사致詞와 전문箋文을 올렸으며 옷의 겉감과 안감을 바치는 의식이 치러졌다.[27] 『정조실록』에 진표리와 진찬을 행한 기록이 상세히 전한다.

> 명정전에 거둥하여 치사와 전문과 표리를 친히 전해주고, 내전에 가서 직접 올리는 예를 행한 뒤 자궁에게 음식상을 차려 올렸다.
> 하루 전에 상침尙寢이 내전에 자리를 설치했다. 자궁의 자리는 남쪽을 향해 설치하고, 대전의 자리는 자궁 자리 동쪽에 서쪽을 향해 설치하고, 중궁전의 자리는 자궁 자리 서쪽에 동쪽을 향해서 설치했다. 내명부와 외명부의 시위侍位는 자궁 자리 남쪽에 서쪽 가까이 설치하되 모두 북쪽을 향하게 하고, 또 의빈과 척신의 시위는 앞 기둥의 발簾 바깥에 좌우로 설치하되 북쪽을 위로 하여 서로 향하게 했다.
> 이날 상침이 대전의 배위拜位를 내전 동쪽 뜰 섬돌 위에다 동

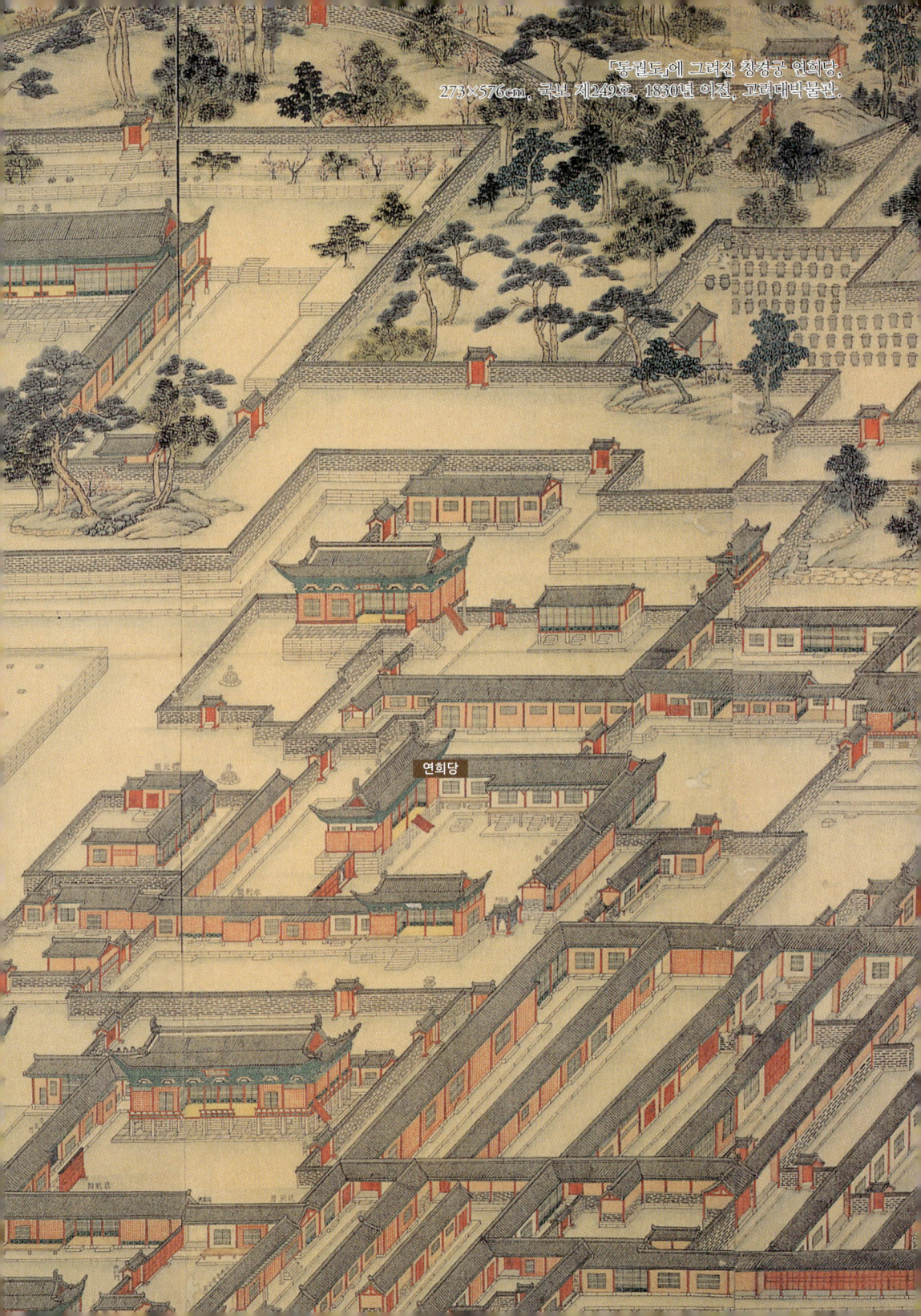

「동궐도」에 그려진 창경궁 연희당. 273×576cm, 국보 제249호, 1830년 이전, 고려대박물관.

쪽 가까이 북쪽을 향해서 설치하고, 중궁전 배위를 내전 서쪽 뜰 섬돌 위에다 서쪽 가까이 북쪽을 향해서 설치했다. 그리고 의빈과 척신의 배위를 대전의 판위版位 뒤에 설치하고, 내명부와 외명부의 배위를 중궁전 판위 뒤에 설치했다. 또 내명부·외명부 및 의빈·척신의 외위外位를 동쪽과 서쪽 뜰 가운데에 설치하고, 사찬司贊과 전빈典賓의 자리를 발 안에 설치하고, 전언典言과 전찬典贊의 자리는 남쪽으로 약간 물려서 설치하고, 찬창贊唱과 여집사女執事의 자리는 내전 아래 동쪽 섬돌 위에다 서쪽 가까이 북쪽을 향해서 설치했다.

상식尙食이 수주정壽酒亭 둘을 마루 안 동쪽과 서쪽에 설치하고, 또 주정酒亭 둘을 기둥 바깥에 설치하며, 명부 및 의빈·척신의 주탁酒卓을 섬돌 위 동쪽과 서쪽에 설치했다. 내명부와 외명부가 각각 예복을 갖춘 뒤 곁채 바깥에 집결했다.

2각刻 전에 전빈이 명부命婦 및 내빈을 인도하여 외위로 가고, 여집사가 의빈과 척신을 인도해 들어와 외위로 나아갔다.

1각 전에 중궁전이 적의翟衣 차림에 머리 장식을 하고 상궁이 앞서 인도하는 가운데 나와 소차小次에 들어갔다. 상이 익선관과 곤룡포 차림으로 여집사가 인도하는 가운데 나와 소차에 들어갔다. 자궁이 적의 차림에 머리 장식을 하고 상궁이 앞서 인도하는 가운데 나와 자리에 올랐다.

전빈이 내명부와 외명부를 인도하고, 여집사가 의빈과 척신을 인도하고 각각 들어와 배위로 나아갔다. 상궁이 인도하는 가운데 중궁전이 소차에서 나와 배위로 나아간 뒤 북쪽을 향해 섰다. 여집사가 인도하는 가운데 전하가 소차에서 나와 배위에 간 뒤 북쪽을 향해 섰다. 여집사와 사찬司贊과 찬창贊唱의 인도에 따라 상이 재배한 뒤 무릎을 꿇고 중궁전이 재배한 뒤 무릎을 꿇었으며 상식尙食이 수건과 음식상을 올리기를 기다렸다가 일어났다.

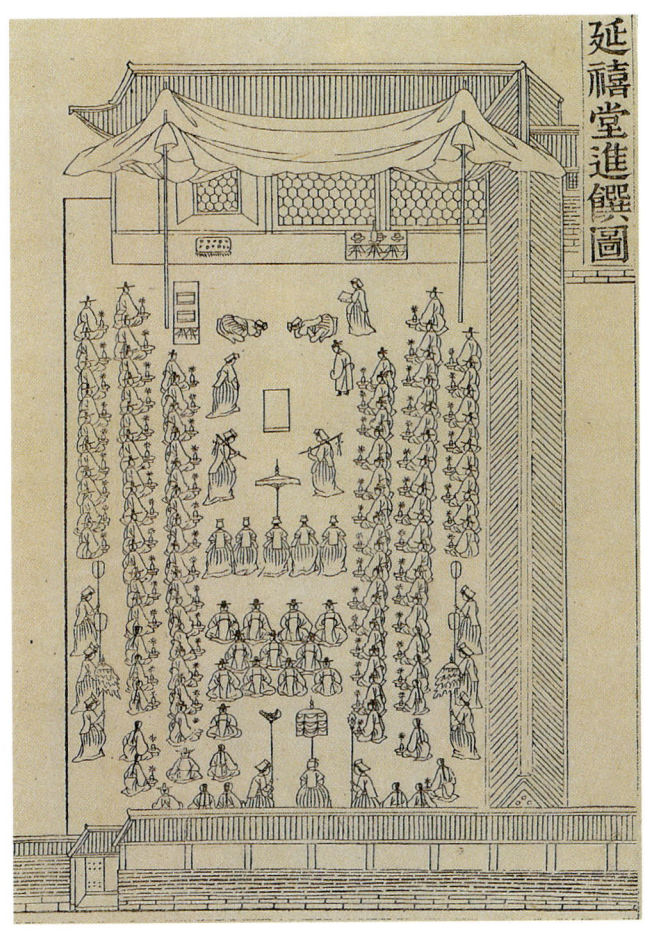

『원행을묘정리의궤』 중 '연희당진찬도', 16.8×24.1cm, 1797, 고려대 도서관.

여집사가 동쪽과 서쪽으로 나뉘어 북쪽을 향해 서서 상이 지은 노래의老萊衣 악장을 불렀는데, 그 내용에 "노래자老萊子 색동옷 입게 됐으니 만년토록 이 경사 빛이 나리라. 날이 밝았다고 시간을 알려옴에 원량元良과 함께 전당殿堂에 올랐도다. 오늘은 자궁께서 회갑을 맞으신 날 만백성이 장수를 축원하누나. 맛있는 술잔에 철철 넘치고 선도仙桃를 안주로 올렸다네. 한 잔 한 잔 또 한 잔 자궁께 드리나니, 한 잔에 1만 년씩 3만 년을 사소서" 하였다. 다 부르고 나서 여집사가 대전을 인도하여 기둥 밖까지 이르자 여관女官이 이를 받아 인도하여 내전 동쪽의 수주정으로 가 북쪽을 향해 서게 했다. 상식이 수주壽酒의 첫째 잔을 따른 뒤 무릎을 꿇고서 상에게 올렸다. 상이 그 잔을 받고서 자궁의 자리 앞으로 나아가 무릎을 꿇고 상식에게 주니 상식이 이를 전해 받아 자리 앞에 놓았다. 상이 엎드렸다가 일어나 나가서 기둥 밖에 이른 뒤 이어 배위로 가서 무릎을 꿇었다. 여집사가 자리 앞으로 나아가 북쪽을 향해서 무릎 꿇고 앉아 치사를 대신 읽었는데, "궁궐에 흘러넘치는 축복, 회갑날 술잔을 가득 올립니다. 선대의 덕 이어받아 어머님 장수 누리시고, 융숭한 보살핌 덕분으로 자손들 번창하옵니다. 여러 빈객과 만세주萬歲酒 절하고 바치면서 삼가 만수무강하시기를 기원합니다" 하였다. 다 읽고 나서 여집사가 전하를 인도하여 기둥 밖까지 이르자 여관이 이어받아 인도하여 자궁의 자리 앞까지 가서 무릎을 꿇게 했다. 상의尙儀가 무릎을 꿇고서 분부를 내릴 것을 아뢰었다. 이어 서쪽을 향해 무

『원행정리의궤도』에 실린 '기용도', 종이에 채색, 62.2×47.3cm, 19세기, 국립중앙박물관.

릎을 꿇고서 자궁의 분부를 전했는데 "전하와 경사를 같이하겠다" 하였다. 자궁이 술잔을 들자 상식이 나아가 빈 잔을 받은 뒤 주정에 다시 놓았다. 상이 제자리로 돌아왔다.

상궁의 인도로 중궁전이 내전 서쪽 수주정에 가서 북쪽을 향해 섰다. 상식이 수주의 둘째 잔을 따른 뒤 무릎을 꿇고 바치니 중궁전이 잔을 받아 자궁의 자리 앞으로 가서 무릎을 꿇고 상식에게 주었다. 상식이 이를 전해 받아 자리 앞에 놓자 중궁전이 엎드렸다가 일어난 다음 배위로 가서 무릎을 꿇었다. 전언典言이 자리 앞으로 나가 북쪽을 향해 무릎을 꿇고 치사를 대신 읽었다. 다 읽고 나자 상궁의 인도로 중궁전이 자리 앞으로 가서 무릎을 꿇었다. 상의가 무릎을 꿇고 분부를 내릴 것을 아뢰었다. 여집사가 섬돌에 임하여 서쪽을 향해 선 뒤 분부를 전했는데 "왕비와 경사를 같이 하겠다" 하였다. 자궁이 술잔을 드니 상식이 나아가 빈 잔을 받아서 주정에 다시 놓았다. 중궁전이 다시 제자리로 돌아왔다.

상이 세 번 머리를 조아리고 세 번 만세를 부른 뒤 두 번 절했는데, 중궁전과 내명부·외명부·의빈·척신 모두가 함께했다. 여집사가 전하를 인도하여 기둥 밖에 이르자 여관이 이어받아 인도하여 발 안으로 가서 서쪽을 향해 앉게 했다. 상궁이 중궁전을 인도하여 발 안으로 가서 동쪽을 향해 앉게 했다. 상식이 수건과 음식상을 올리고 술잔을 올렸다.

여관이 명부의 반수班首를 인도하여 수주정 동쪽으로 가서 북쪽을 향해 서게 했다. 상식이 수주의 셋째 잔을 채워 명부의 반수에게 주었다. 명부의 반수가 잔을 받아 자궁의 자리 앞으로 가서 무릎을 꿇고 상식에게 주니 상식이 전달받아 자리 앞에 놓았다. 명부의 반수가 나가 배위에 가서 무릎을 꿇었다. 전언이 자리 앞으로 나아가 무릎을 꿇고 치사를 대신 읽었다. (…) 자궁이 술잔을 들자 상식이 나아가 빈 잔을 받아서 주정에 다시 놓았다. 명부의 반수가 일어나니 전빈이 내명부와 외명부를 인도하여 각각 자리에 나아가게 했다.

여집사가 의빈과 척신의 반수를 인도하여 수주정 동쪽으로 가서 북쪽을 향해 서게 했다. 여관이 수주의 넷째 잔을 채운 뒤 의빈과 척신의 반수에게 주었다. 의빈과 척신의 반수가 잔을 받은 뒤 자궁의 자리 앞으로 가서 무릎을 꿇고 여관에게 주니, 여관이 이를 전달받아 자리 앞에 놓았다. 의빈과 척신의 반수가 나가 배위로 가서 무릎을 꿇었다. 여집사가 자리 앞으로 나아가 북쪽을 향해 꿇어앉은 뒤 치사를 대신 읽었다. (…) 여집사가 의빈과 척신의 반수를 인도하여 자리에 나아가게 했다. 여관이 내명부와 외명부에게 찬탁을 각각 내오고 여집사가 의빈과 척신에게 주탁을 각각 내왔다.

여집사가 섬돌 위에 동쪽과 서쪽으로 나뉘어 서서 상이 지은 만년장萬年章을 불렀는데 전선典膳은 내명부와 외명부의 탁자를 치우고 여집사는 의빈과 척신의 탁자를 치웠다. 전찬典贊이 일어나도 좋다고 외치니, 전빈이 내명부와 외명부를 인도하고 여집사는 의빈과 척신을 인도하여 내려가 각각 배위에 나아가게 했다. 상궁이 인도하는 가운데 전하가 배위에 나아가고, 상궁이 인도하는 가운데 중궁전이 배위에 나아갔다. 상이 재배하고 중궁전이 재배했다. 예식이 끝나자 여집사의 인도로 전하가 나가고 상궁의 인도로 중궁전이 나갔다. 여관 및 여집사가 내명부·외명부 및 의빈·척신을 인도하고 나갔다.
술잔을 올리고 음식을 올릴 때마다 모두 음악이 곁들여졌는데, 향당교주鄕唐交奏를 연주했다. 술잔을 올리며 예를 행할 때 원자元子가 발 안으로 나아가 술잔을 올렸으며, 배위에 따라가서 재배했는데, 배위는 상의 판위 뒤쪽으로부터 약간 남쪽에 있었다. 원자가 절하고 무릎 꿇고 만세 부르는 것 모두가 의젓하게 절도에 맞았다.[28]

내전인 연희당에서 회갑잔치로 행한 진찬에서는 치사·헌작례 등의 의식과 더불어 음악이 연주되었다. 연희당 진찬에 내명부·외명부·의빈·척신 등이 빈객으로 참여한 기록으로 미루어볼 때, 내연과 외연으로 나뉘지 않았음을 알 수 있다. 또한 정재를 연행한 기록이 보이지 않는데, 회갑연을 검박하게 치르기 원했던 혜경궁의 뜻을 따른 듯하다.

진찬을 행하고 나서 정조는 자궁의 회갑잔치를 만인과 더불어 즐기고자 신하들에게 음식을 나눠주고 배불리 먹도록 했다. 또한 남은 음식은 싸가지고 가서 사람들에게 나눠주도록 분부했다. 당상관에서부터 당하관·잡직·군졸에 이르기까지 음식을 내려 잔치를 즐긴 정황이 기록으로 세세히 남겨져 있다.

상이 이르기를 "오늘의 이 경사야말로 천 년을 가도 만나기 어려운 기막힌 기회다. 기뻐하면서 경축하고 싶은 나의 심정으로야 하의賀儀나 연례宴禮를 거행하지 못할 것이 뭐가 있겠는가. 그러나 겸허하게 억제하시는 자궁의 뜻을 따르는 것이 중요하기 때문에 감히 행사를 크게 거행하지 못했다. 그리하여 우리 의빈과 척신을 초청해 간단하게 술자리를 마련하고 오래 사시기를 축원하는 정성을 함께 펼치기로 한 것이었다. 경들은 모쪼록 각자 마음껏 취하고 배불리 먹으면서 오늘 맞은 나의 경사를 빛내도록 하라. 오늘 음식상을 마련한 것은 보기 드문 경사라 할 것이니, 이 자리에 참석한 여러 빈객은 취하지 않은 채로 돌아가지 말 것이며 각자 남은 음식들을 싸가지고 돌아가 집 사람들에게 나누어주도록 하라" 하고, 외정 신하들에게 음식을 차려주도록 명하였다. 2품 이상과 삼사는 명정전 동쪽 곁채에서 음식을 대접하고, 시종인 당상관과 당하관은 명정전 북쪽 곁채에서 대접하고, 문신 당상관과 당하관으로서 시임時任과 전임前任들 모두에게는 광정문光政門 안에서 대접하고, 당상관 이하의 문관·음관·무관 및 잡직으로서 을묘년에 출생한 자들에게는 영청문永淸門 안에서 대접하고, 무신 중 변어邊禦 이하 및 당상관과 당하관으로서 시임과 전임들 모두에게는 명정문 바깥 길 북쪽에서 대접하고, 잡직으로 시임과 전임들에게는 금청교禁淸橋 가에서 대접하고, 각신·승지·사관은 연희당 문밖에서 대접하면서 초계문신도 그 자리에 끼게 하고, 가승지假承旨는 교태문 바깥에서 대접하고, 전문을 올린

御製

年 光
ヽ 蒸
 將
 此
 會
 又

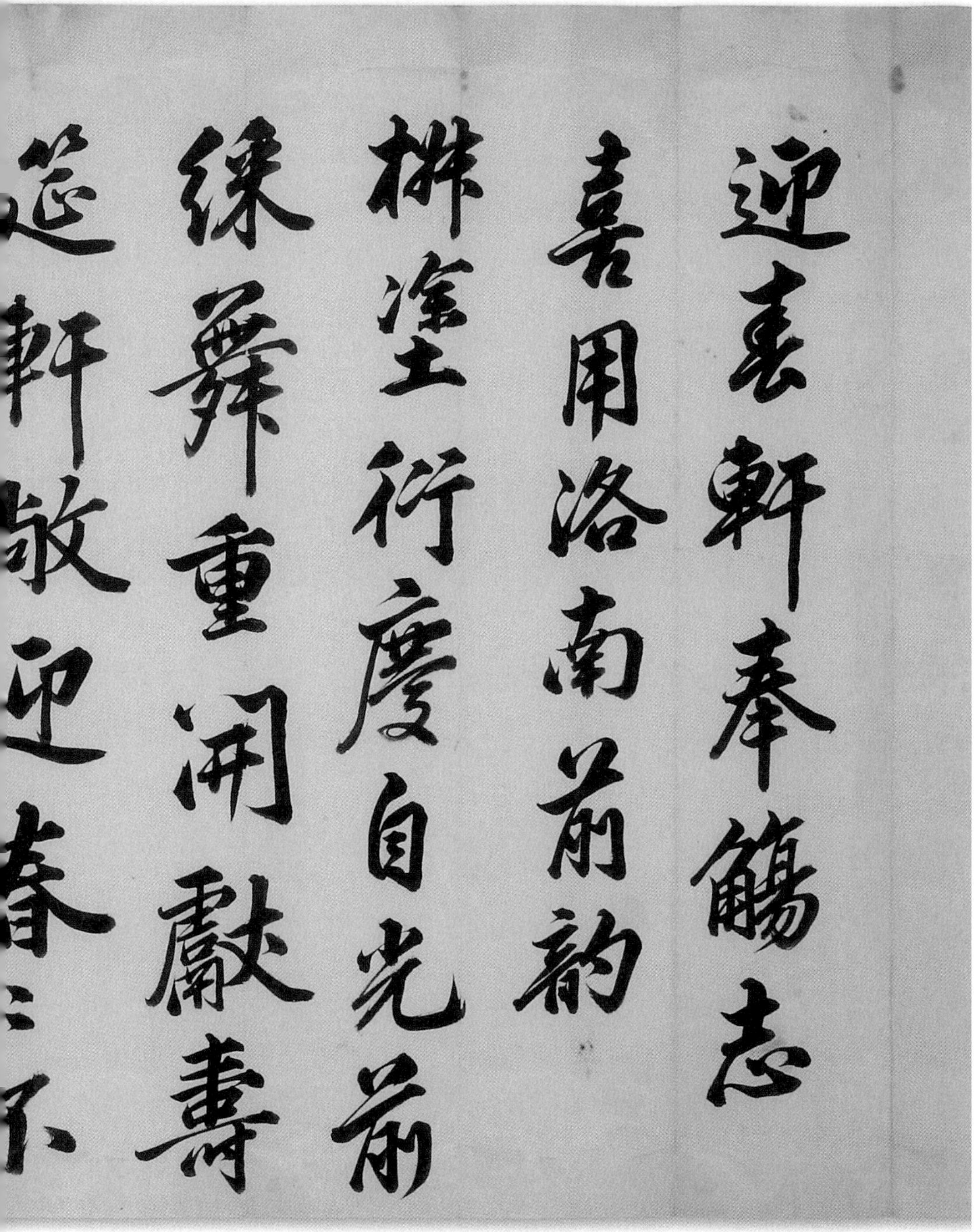

迎恩軒奉觴志喜用洛南前韻
綵舞重開獻壽樽
樨塗衍慶自光前
延軒敬迎奉三不

「정조어제시」, 42.8×60.4cm, 1796, 수원화성박물관.
1796년 6월 18일 정조가 어머니에게 진찬을 베풀면서 낙남헌에서 지은 시의 운을 이용하여 지었다.
"대비전에 넘치는 경사는 예전보다 빛나니, 색동옷 입고 춤추며 축수하는 잔치를 다시 열었네.
넓은 집에서 봄을 맞아 봄이 가지 않으니, 공손히 이 모임을 해마다 열어야겠네."

유생은 대사성으로 하여금 명륜당 앞뜰에서 감독하여 먹이게 하고, 장용영의 장관·원역員役·침약鍼藥·화사畵師·궁인弓人·시인矢人·호위 별장·국별장局別將·금군장禁軍將·화성장교華城將校·각 군문의 장관·친경전 노인·금군과 국출신局出身으로서 어가의 앞과 뒤를 호위하는 군관·문을 지키는 갑사甲士·한려위漢旅衛와 충익위忠翊衛와 충찬위忠贊衛와 충장위忠壯衛의 유청군관有廳軍官·무예청武藝廳의 각 문을 입직하는 파총把摠·초관哨官·군졸 등에 대해서는 각기 책임자가 인솔하고 궐내에서 나눠 먹이게 하고, 각 사의 이예吏隸는 장용영에서 각각 떡을 먹이게 하였다.[29]

혜경궁 홍씨의 회갑연 이전까지 궁궐의 대규모 연향은 창경궁의 명정전明政殿·경춘전景春殿·자경전慈慶殿·통명전通明殿 등에서 열렸으며, 창경궁 연희당에서 진찬을 행한 일은 혜경궁 홍씨의 회갑 잔치가 처음인 듯하다.

대비에 오르지 못한 국왕의 생모인 혜경궁 홍씨를 위해서 연희당에서 행한 진찬[30]은 훗날 혜경궁 홍씨가 관례를 치른 지 주갑을 맞게 된 1809년(순조 9)에 연향을 마련할 때 전례가 되었던 듯하다.[31] 이것은 『순조실록』의 기록을 통해서 알 수 있다.

명년은 곧 우리 자궁께서 관례冠禮를 치른 지 회갑回甲이 되는 해다. 존호를 올리고 경사를 치르는 것이 진실로 당연한데, 자심慈心이 매번 겸양을 고집하시니, 그 뜻을 받드는 도리에 있어

『원행정리의궤도』 중 '홍화문사미도', 종이에 채색, 19세기, 국립중앙박물관.

서 우선 또 받들어 따랐었다. 정월 22일은 곧 관례를 치른 회갑이 되는 달과 날이 되므로, 바야흐로 궐내에서 소작小酌을 베풀어 잔치하는 일을 하고자 한다. 선조先朝 을묘년(1795)의 고사古事를 돌이켜 생각하건대 또한 이미 전례가 있었으니, 진찬하고 표리를 바치는 의주儀註를 해조에서 마련해 들이도록 하라. 한결같이 연희당의 전례를 준수할 것이니, 거행하는 절차 또한 장대하게 하지 말고 힘써 간약한 데 따라서 조금이나마 정례情禮를 펼 수 있게 하라.³²

혜경궁 홍씨의 회갑은 조선조에서 처음으로 자궁이 회갑을 맞는 뜻깊은 일이었다. 이에 정조는 사도세자에 대한 추모의 정과 자궁에 대한 효심을 만천하에 알리고자 화성에서 대대적인 행사를 치렀다. 봉수당에서 진찬을 행하는 것에 그치지 않고, 왕실의 경사를 백성과 함께 나누려고 구호미救護米를 배급하고 양로연을 베푼 일은 정조 이후에 찾아보기 어렵다.

정조가 혜경궁 홍씨의 회갑을 맞이해 화성에서 행한 여러 행사 가운데 중심이 되었던 봉수당 진찬과 낙남헌 양로연은 혜경궁 홍씨만을 위한 잔치가 아니라 백성과 더불어 즐김으로써 여민동락與民同樂을 실천했다는 데에 큰 의의가 있다.

제5장 궁중 연향에
울려퍼진
노래들

연　　향　　과　　문　　학

**신경숙** 한성대 한국어문학부 교수

## 궁중 연향의 꽃, 악장

궁중 연향은 사적인 잔치가 아니라 국가의 공적인 의식이었다. 국가 차원에서 열린 경축의식에는 이에 걸맞은 노래, 춤, 연주, 음식 등이 갖춰져야 했다. 그렇다면 이들 잔치에서는 어떤 노래를 불렀을까? 언뜻 떠올릴 수 있는 것은 궁중 춤인 정재呈才를 추면서 부르는 노래다. 그러나 정재는 노래보다는 춤 중심의 공연물이다. 그렇다면 순수하게 노래만 부르기도 했을까? 예상할 수 있듯이, 국가 잔치이니만큼 노래가 빠질 수 없다. 즉 모든 연향 의식에서 노래는 예외 없이 등장한다.

이처럼 궁중의 공식 행사에서 궁중용 악곡에 얹어 부르는 노래 가사를 악장樂章이라고 했다. 가령 왕이 직접 밭갈이하며 백성에게 농업의 중요성을 알리는 친경례親耕禮, 왕비가 누에를 기르기 위해 직접 뽕잎을 따며 백성에게 양잠을 실천해 보이는 친잠례親蠶禮, 왕과 문무 관리들이 함께하는 활쏘기 대회 대사례大射禮 등 대부분의 궁중 의식에는 반드시 악장이 사용되었다. 심지어 종묘와 사직에 제사 지낼 때에도 악장은 빠지지 않았다. 그러니 국가 잔치인 연향宴享에서 악장을 부르는 것은 말할 필요도 없다. 이처럼 연향에 쓰인 악장을 연향 악장宴享樂章이라 한다. 그중에서도 정재의 노래 가사들은 정재악장呈才樂章이라고 하는데, 여기서는 순수 성악곡으로만 불렸던 연향 악장들을 살펴보자.

연향을 베푼 목적은 때마다 달랐다. 연향 악장은 연향 목적에 맞는 내용으로 매번 새로 창작되었다. 또한 한 번의 연향 의식에서는 종종 내연內宴, 외연外宴, 야연夜宴, 익일연翌日宴, 익일야연翌日夜宴의 의식을 연이어 거행했는데, 이 의식 하나 하나가 저마다 다른 목적을 띠었다. 이렇다보니 악장은 의식마다 따로따로 준비해야만 했다. 즉 연향을 한 번 개최하는 데 여러 편의 악장이 새롭게 창작되어야 했다.

그렇다면 각 연향 의식에서 사용된 악장들에는 어떤 것이 있을까?

· 표 1 · 연향별 악장

|  | 공통 악장 | 특별 가요악장 |
|---|---|---|
| 외연 | 선창악장 | 가자와 금슬 |
| 내연 | 악장, 선창악장, 후창악장 |  |
| 야연 | 선창악장, 후창악장 | 악가삼장 |
| 익일연 | 선창악장, 후창악장 |  |
| 익일야연 | 선창악장, 후창악장 |  |

연향 악장에는 크게 두 종류가 있다. 하나는 모든 연향에서 필수로 부르는 선창악장과 후창악장이고, 다른 하나는 외연과 야연에만 마련된 특별 노래 순서다.

먼저 모든 의식의 공통 악장은 '선창' '후창'이라는 말이 가리키듯 의식의 시작과 끝을 알리는 노래다. 말하자면 오늘날 개회사나 폐회사 같은 역할을 했는데, 선창악장과 후창악장은 이를 매우 격조 있는 노래로 선포하는 예술적 품격을 지녔다. 한편 외연에서는 선창악장만 부르고, 내연에서는 악장을 한 곡 더 부르는 약간의 차이도 있었다.[1] 그렇더라도 공통 악장들은 의식을 '열고 닫는' 기능 면에서는 모두 동일했다.

다음으로 외연과 야연에만 설치된 특별 성악 순서가 있었다. 외연에서는 '가자歌者와 금슬琴瑟'이라는 순서를 통해 민간에서 초빙된 가객歌客들이 노래 공연을 펼쳤다. 야연에서는 '악가삼장樂歌三章'이라는 순서에서 여령女伶들의 노래가 울려퍼졌다. 이른바 순수 성악 공연 프로그램들이었다.

그렇다면 이제 선창·후창의 공통 악장, 가객과 여령의 특별 가요악장을 만나보자. 이들 악장을 통해 유교적 예법 정치의 장엄한 모습과 그 안에 놓인 생동감 넘치는 연향 분위기를 목격할 수 있을 것이다.

## 연향 의식, 시작과 끝을 노래로 선포하다

### 선창악장과 후창악장

연향 의식은 워낙 커다란 규모의 국가 행사여서 그날의 의식이 왜 열리는지 궁중 사람들은 모두 알고 있었다. 그럼에도 불구하고 의식에서는 어떤 형태로든 그 목적을 공식적으로 알릴 순서가 필요했다. 연향에서는 이를 선창악장과 후창악장이 맡았다.

연향 준비는 장내場內(외연의 정전正殿, 내연의 내전內殿)에 모든

「기축진찬도」 중 '명정전외진찬도'
비단에 채색, 각 폭 150.2×54.0cm, 1829, 국립중앙박물관.
표시한 부분이 선정하는 장면이다.

「기축진찬도」중 '자경전내진찬', 비단에 채색, 각 폭 150.2×54.0cm, 1829, 국립중앙박물관.
표시한 부분이 선창하는 장면이다.

참여객이 차례로 입장하고 마지막으로 주빈主賓인 대비마마 혹은 임금님이 주빈석에 나와 앉으면 식전 준비는 끝난다. 이제 모두 연향 의식이 시작되길 기다리는 긴장감이 감도는 순간 선창악장이 울려퍼지면서 의식은 그 막을 연다. 선창악장은 그날의 연향 의식 목적과 의미를 주빈과 참여객들에게 노래로 알린다.

이어 긴 시간에 걸쳐 연향 의식이 진행된다. 악기 연주에 맞춰 술과 음식들을 나누고, 정재 공연을 관람한다. 의식이 모두 끝나면 음식상이 치워진다. 이제 후창악장으로 그날 의식이 끝났음을 참여객 모두에게 노래로 전달하는 순서다. 내용은 그날 의식이 성대하게 치러졌음을 고하는 것이다.

이들 선창과 후창악장을 부르는 사람들은 연향별로 고정되어 있었다. 만조백관이 참여하는 외연에서는 장악원 악공 중 최고직의 전악典樂 2인이 불렀고, 내연을 비롯한 나머지 의식들에서는 노래 잘하는 여령女伶 2인이 불렀다. 이는 남녀유별한 조선사회의 예법에 따른 남·여 창자 배치였다.

선창과 후창악장은 모두 한시로 된 작품을 사용했다.[2] 이 악장을 지으려면 의식의 목적이나 성격을 잘 알아야만 했다. 즉 궁중 행사에 대한 전문적인 지식을 갖춰야 했고 동시에 노래로 부를 수 있도록 해야 하기에, 나라의 공적인 문장을 전담하는 부서에서 주로 담당했다. 예문관藝文館이 이런 업무를 맡았다. 특히 예문관의 수장 대제학大提學은 문장과 덕망으로 온 나라의 존경을 한 몸에 받는 명예로운 자리였다. 그런 까닭에 궁중의 크고 중요한 의식이 있을 때는 주로 대제학이 악장을 창작했다. 때에 따라 왕이나 세자가 직접 짓기도 했다. 대개 연향 거행을 통해 특정한 정치적 의도가 강하게 표명될 때였다.³ 연향 악장을 만난다는 것은 그러므로 개회 선포 너머의 정치적 함의까지 발견하는 흥미로운 작업이다.

### 어린 왕비를 긴장시킨 영조의 악장

1766년(영조 42) 8월 28일 경희궁 광명전에서는 영조가 건강을 회복한 것을 기념하는 내연이 열렸다. 당시 왕실에는 대비가 돌아가셔서 안 계셨기에 내연의 주빈은 임금과 왕비였다. 왕 영조 73세, 왕비 정순왕후 22세, 당시의 내연 악장은 다음과 같이 노래했다. 일부만 번역으로 만나보자.

> 칠십을 바라보는 나이에 혼례 올림은
> 나라를 생각하기 때문이다
> 모범의 글월 만들어서
> 친히 궁전 옆에 적어놓고
> 왕비께서 체득하시어
> 더욱 힘쓰셨는데
> 이번 내연에
> 부르도록 명령하시니 뜻이 간절하도다

영조는 정성왕후가 죽자 2년 뒤인 1759년 51세나 어린 아내를 맞이한다. 혼례 당시 영조는 66세, 정순왕후는 15세로 조선 개국 이래 나이 차가 가장 많았다. 악장은 왕비가 친히 모범의 글을 적어

놓고 힘써왔는데, 임금께서 오늘 내연에서 그 내용을 부르도록 했다는 내용이다. 어린 정순왕후가 본받고자 써놓았다는 글은 중국 황후들의 모범 사례들인데, 위 악장 앞부분에서 길게 노래되었다. 선창악장은 온통 젊디젊은 왕비 정순왕후에게 초점을 맞추었다. 영조는 이 악장을 몸소 지어서 장악원에 내려 보냈다.

이때 영조는 내연을 그 어느 때보다도 아주 검소하게 치렀다. 궁중 연향인데도 단 한 마리의 소조차 잡지 못하게 했고, 술은 차로 대신하게 했으며, 비싼 중국제 옷감 사용도 금했다. 대신 20일 동안 도성의 거지들을 거둬 먹였다.

그렇다면 시작을 알리는 이 선창악장은 주빈인 왕과 왕비를 포함한 참여객 모두에게 오늘 내연의 목적을 무엇이라고 전달하는 것일까? 영조 자신의 쾌차를 축하하는 잔치였지만, 강력한 왕 영조는 이 연향을 하나의 정치적 기회로 삼았음을 악장이 알려준다. 영조는 내연을 활용해서 젊은 왕비가 국모國母로서 바른 덕성을 갖춰야 함을 장엄한 의식으로 강조하고 싶었던 것이다. 이 악장을 듣는 순간, 아무리 연향이지만 정순왕후는 더 이상 풀어져 잔치를 즐길 수만은 없었을 것이다. 오히려 선창악장을 통해 다시 한번 한 나라의 왕비임을 자각하며 내내 긴장 속에서 의식을 치렀을 것이다. 선·후창악장들은 이렇게 궁중 행사의 정치적 성격을 직접적으로 드러냈다.

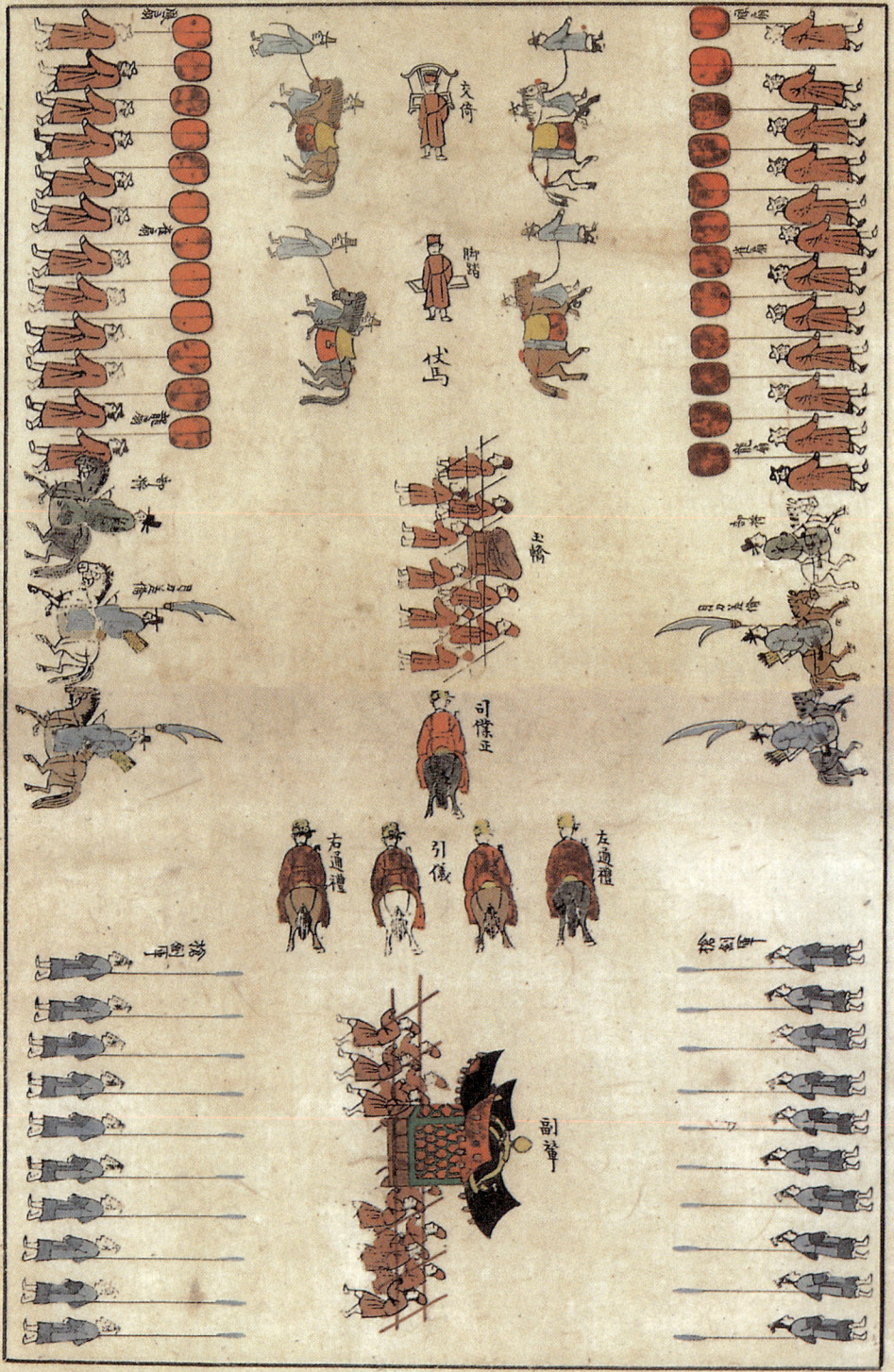

『영조정순왕후가례도감의궤』, 1759, 규장각한국학연구원.

# 어머니 회갑 내진찬에서 화성부를 노래한 정조의 악장

정조는 모친 혜경궁 홍씨를 위해 부친 사도세자의 원소가 있는 경기도 화성에서 회갑연을 열었다. 이 연향은 조선조에서 가장 감격적인 내연으로 알려져 있다.

1795년 윤2월 9일 새벽 창덕궁을 떠나 16일 환궁할 때까지 회갑연을 위해 무려 8일 동안의 궁 밖 행행을 시도했다. 한양을 벗어난 지 이틀째에 화성부에 도착했고, 여러 행사를 갔다가 닷새째인 13일에 봉수당에서 내진찬을 열었다. 봉수당은 화성부 관아의 동헌이다.

이날 내연 악장들은 모친을 위해 정조가 직접 지었다. 의식이 끝났음을 알리는 정조의 후창악장 마지막 부분을 번역으로 만나 보자.

> 아, 아름답다! 인자하신 덕으로 이 회갑을 맞으셨도다
> 지금 화성을 보니 온갖 물화가 사방에 가득하도다
> 즐겁도다! 이 새 도시여! 백성이 번성하기를 비노니
> 억만년 영원토록 변함이 없으소서

성공적으로 내연을 마쳤음을 알리는 후창악장에서 화성부를 노래한 것은 멋진 구성이었다. 화성은 대비의 회갑연을 연 곳이고, 부친 사도세자의 원소를 옮겨옴으로써 새로운 도시가 된 곳이었

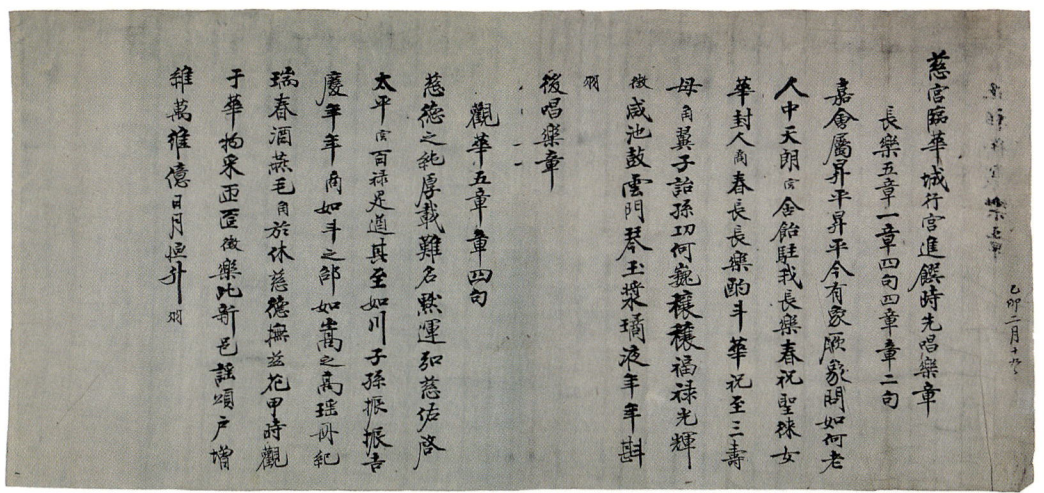

「자궁임화성행궁진찬일악장」, 36.0×75.0cm, 1795, 한국학중앙연구원 장서각.
혜경궁 홍씨의 회갑년(1795) 윤2월 13일 화성행궁에서 잔치를 벌일 때 연주한 악장으로 정조가 손수 지었는데, 어머니의 장수를 기원하고 오늘날이 태평성대임을 노래하고 있다.

다. 화성부가 영원히 번성하기를 기원하는 후창악장에는 신도시를 건설하는 정조의 꿈이 서려 있었다.

당시 이 후창악장은 47세의 서지와 21세의 복취가 불렀는데, 서지는 한양, 복취는 화성부 소속 여령이었다. 의식을 열고 닫는 중요한 선창·후창 노래를 위해 한양과 화성부에서 각각 한 명씩 뽑아 악장 여령을 구성했던 것이다. 정조가 화성부에 건 정치적 꿈은 이렇게 악장 여령을 택하는 데에서도 치밀하게 기획되었다.

### 나라의 위기 속 연향 악장의 특별한 노래들

선·후장악장은 그날 의식의 목적을 선명히 전달하는 데 주목적이 있었다. 그럼에도 연향의 정치적 목적이 클 때는 자주 악장 내용의 초점이 옮겨가는 모습을 보였다. 앞서 말한 영조나 정조의 악장도 이런 유의 작품이다. 그런데 이보다 더 심각한 정치적 목적을 고스란히 드러낸 악장들도 있다. 고종 황제 시절인 대한제국기 악장들에서 이런 모습이 발견된다.

고종 황제는 나라 운명이 풍전등화 같던 1901년(광무 5)과 1902년(광무 6) 사이에 무려 네 차례의 연향을 거행했다. 그중 고종의 50세 생신(1901년 7월), 기로소 입소 축하(1902년 4월), 즉위 40주년 축하(1902년 11월) 연향에서 선·후창악장들은 모두 황태자가 지었는데, 그 내용이 예사롭지 않다. 이것들은 하나같이 황제에 대한 과도한 찬사들로 넘쳐나 오늘날 우리를 의아하게 한다. 몇몇 부분을 번역으로 만나본다.

　　빛나는 왕업과 크나큰 공은
　　오십 세 그 나이에 어울리도다
　　(「고종 탄신 50세 축하」)

　　황제의 덕이 밝고 밝아
　　큰 위업을 거듭 빛내었도다
　　오래된 나라이나 새로운 천명을 받아
　　잘 다스린 정치의 그윽한 향기는
　　삼대에 비하여 융성하도다
　　문무를 갖춘 거룩한 임금이
　　대를 이어 장수하는 복록을 받았으니

만년을 내려갈 경사로다
(「고종의 기로소 입소 축하」)

크나큰 업적과 높은 공로
는 더불어 다툴 자 없고
온갖 복이 냇물처럼 흘러
오래된 나라의 운명을 새
로이 하였도다
(「고종 즉위 40주년」)

'빛나는 왕업과 크나큰
공' '오래된 나라지만 새로운
천명을 받음' '오래된 나라의
운명을 새로이 함'…… 악장은
대단한 수사를 동원해 고종 황
제를 높이 찬양하고 있다. 하
지만 이 내용들은 뭔가 어색
해 보인다. 왜냐하면 당시 국
가 상황으로 보아 고종의 위업
이 이렇게 컸다고 말할 수 있
을지 의문이 들기 때문이다.
왕비가 시해되고, 신변마저 지
켜낼 수 없었던 왕. 정궁 경복

「임인진연도병」(10폭 중 제6폭), 국립국악박물관.
1902년 4월 고종 기로소 입소 축하 기념 외연에서
노래하는 악장전악들의 모습이 보인다.

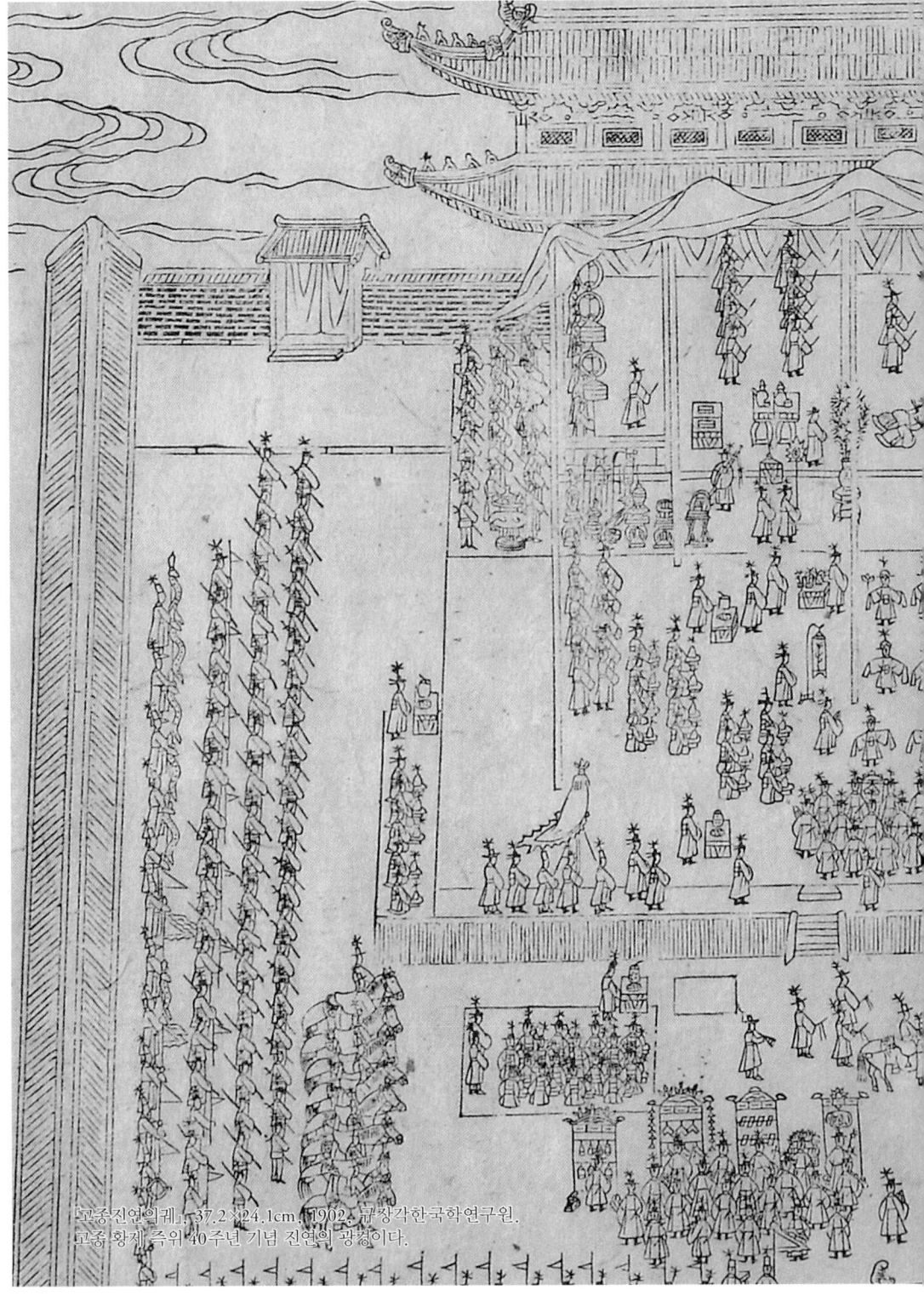

「고종진연의궤」, 37.2×24.1cm, 1902, 규장각한국학연구원.
고종 황제 즉위 40주년 기념 진연의 광경이다.

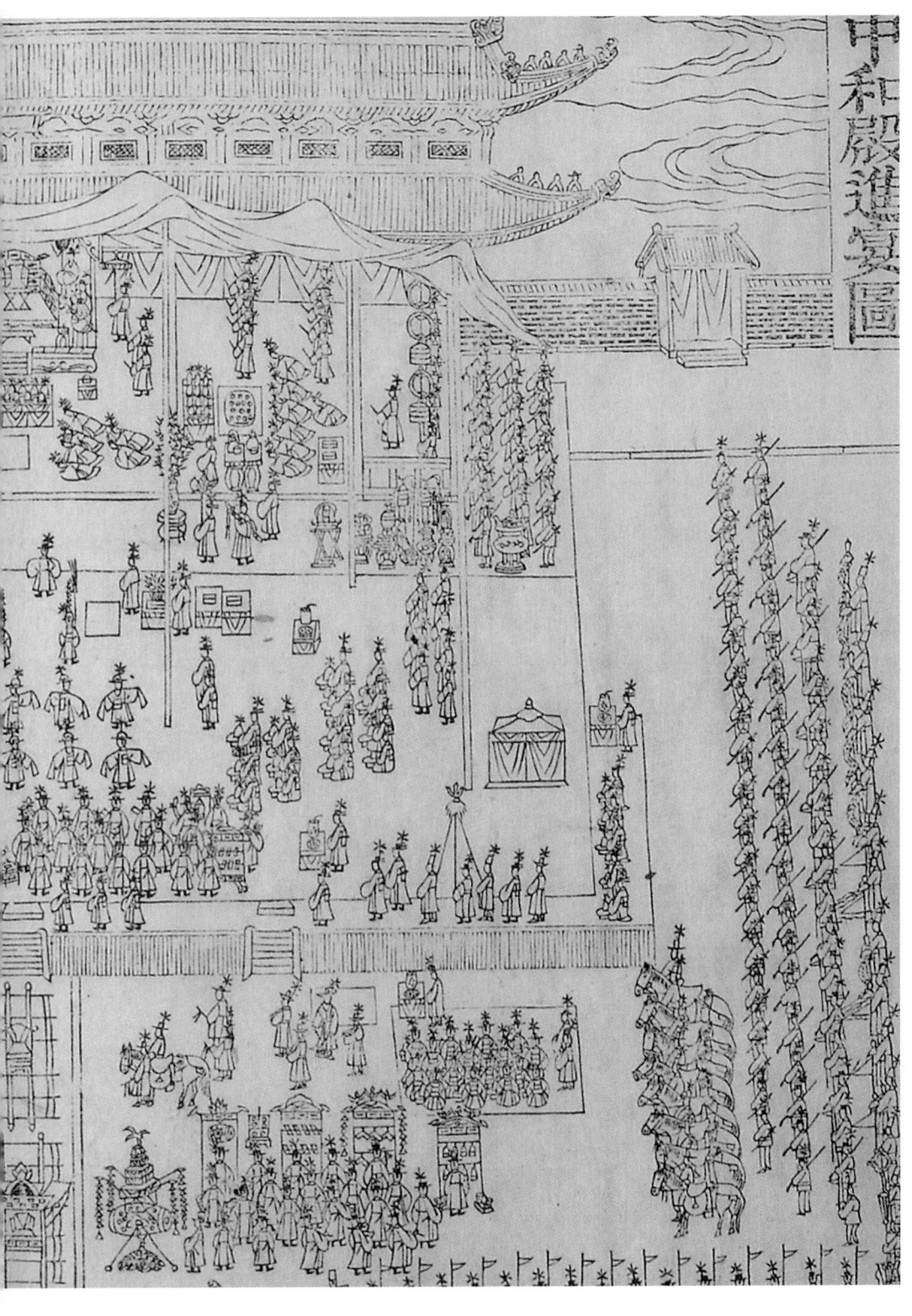

궁을 버리고 다른 나라 외교 관저를 빌려 살다가 오래된 경운궁으로 옮겨올 수밖에 없었던 왕. 이 힘없는 왕은 1897년 황제국을 자칭하며 황제가 되었다. 하지만 대한제국이란 나라는 외국 열강들 사이에 휩싸여 있어 불안하기 그지없었다. 그런데도 악장들은 한결같이 고종 황제의 '나라 운명을 혁신한 찬란한 왕업'에 핵심을 두고 있다. 정말 빛나는 공적이 있었던 걸까? 고종이 나라 운명을 새롭게 했다는 것은 과연 사실일까? 혹 왕에 대한 단순한 관습적 찬사는 아닐까?

이 악장들은 모두 대한제국기의 것들이다. 왕비 시해, 이는 제국의 물결이 문자 그대로 조선을 여지없이 짓밟음을 뼈아프게 경험케 한 사건이었다. 이후 일련의 과정을 거쳐 조선은 1897년 8월 '건양建陽' 연호를 버리고 '광무光武'를 쓰기 시작했으며, 같은 해 10월 '조선朝鮮'이란 국명을 버리고 '대한제국大韓帝國'을 선포했고, 고종은 '황제皇帝' 즉위에 올랐다. 건양은 일본의 연호를 본뜬 것이고, 조선은 오래된 국명이지만 중국이 내린 것이기에 모두 버렸다. 이로써 중국과 일본의 영향으로부터 벗어나 자주 국가로 재탄생할 기틀을 마련할 수 있었다. 조선은 세계 국가질서에 합류하는 제국帝國으로 거듭났고, 위기를 넘겨 국가를 지키게 되었다. 이후 대한제국은 새로운 제국을 건설하기 위해 그야말로 숨 가쁜 일정을 소화한다. 황제국에 걸맞은 군비 확충을 비롯해 근대 문명을 적극 받아들여 새로운 국가를 건설하기 위한 엄청난 사업들을 실현해나가기에 여념 없었다.

대한제국을 선포한 지 5년, 연향을 열기 위해 황태자가 지은

종묘 정전.

악장들은 모두 제국으로 다시 태어난 국가의 새로운 운명을 노래했던 것이다. 악장은 온통 국가적 위기를 극복해낸 자긍심을 드러내고 있다. 고종 50세를 기념한 내연에서는 다음과 같이 노래하기도 했다.

> 크나큰 대업
> 신령스런 무공으로 이루었고
> 만년의 이어갈 계책으로
> 정성껏 종묘에 제사 드리네

고종 황제의 무공武功이 만년을 이어갈 종묘제사를 계속 지낼 수 있게 했다고까지 노래한 것이다. 전쟁을 치르지 않았어도 제국으로의 재탄생은 무공에 값하는 성공적 국가 위기 관리 능력으로 찬양되고 있다. 내연에 모인 황실 가족들은 연향이지만 종묘에 제사 지냄으로써 황실을 이어갈 수 있게 된 사실을 노래하며 그동안의 간담 서늘한 사건들을 떠올렸을 것이다. 그리고 다시는 나라가 위태로움에 처하지 않도록 하리라는 결의에 찼을 것이다.

이 시기 고종 황제가 대규모 연향을 자주 열자 비판이 일었다. 위기의 국가 운명 앞에서 국고를 낭비하며 큰 잔치를 열었다는 혐의 때문이었다. 그러나 악장을 보면, 그동안 잘 알려지지 않았던 잦은 연향 개최 목적이 뚜렷이 드러난다. 안으로는 국가적 위기를 잘 관리한 대한제국의 구성원들을 더 단단히 결속시키고, 밖으로는 조선이 대한제국으로 다시 태어났음을 세계에 알리는 방법이 바로 연향 의식들이었던 것이다. 이는 한 번의 의식만으로 달성되는 것이 아니기에, 거듭 연향 의식을 치르며 새 나라의 운수에 대해 다시 한번 확신에 찬 의지를 다지려 했던 것이다. 당시 연향들은 단순히 정례적인 기념 의례가 아니라 대한제국기 강력한 국가 의지를 표현하는 수단이었던 것이다.[4] 악장은 이런 의도를 구체적이고도 명징하게 노래했다.

# 외연, 민간 가객들 노래 공연을 펼치다

### 민간 가객을 초빙하다

연향 축하 공연은 정재들로 펼쳐졌다. 그런데 외연에는 정재 말고도 공연 순서가 하나 더 있었다. 바로 가요 공연이었다. 이 순서가 특별한 이유는 민간에서 초빙된 유명 가객들이 출연했기 때문이다. 이러한 기록은 순조조 효명세자의 대리청정기 기록에서 처음 확인된다.[5]

궁중 음악을 담당하는 장악원에서는 민간 가객들이 연향에 참여하도록 각 부部(오늘날의 구區)에 공문을 발송했다. 이렇게 해서 택해진 가객은 모두 4명이었다. 가객들은 행사가 열리는 날 입을 공연용 예복을 맞추기 위해 돈을 미리 지불받아 각자 준비했다. 이들의 복식은 장악원 악공들의 검은 복두, 붉은 단령과는 완전히 달

| 자주색 두건 | 초록 비단 단령 | 홍색 허리띠 | 검은 가죽신 |

1493년에 편찬된 『악학궤범』에 실린 가동歌童의 예복.

「임인진연도병」 제6폭에서 네 명의 민간 가객이 노래하는 장면
국립국악박물관.

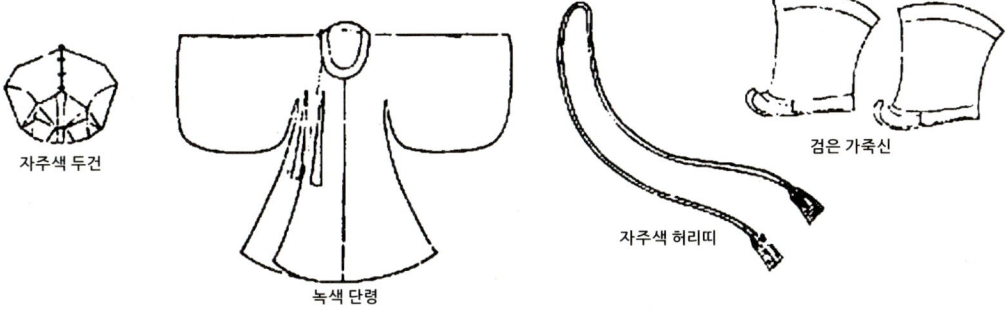

1829년(순조 29) 『순조기축진찬의궤』에 실린 가객 복식도.

랐다. 가객들은 자주색 두건, 녹색 단령, 자주색 허리띠, 검은색 신 차림이었다. 연향이 끝나면 상급도 받을 터였다.

그런데 외연의 가객 공연 기록은 조선 전기 『악학궤범』(1493)에서도 발견된다. 의상도 조선 후기와 똑같다. 이런 사실로 미루어 민간 가객의 외연 공연은 조선조 내내 있었던 유서 깊은 프로그램이었던 듯하다.[6]

### 감격스런 순서를 위한 가객 공연

연향에서 공연은 대개 임금께 올리는 매 작(爵)에 맞춰 정재 하나씩을 올리는 방식으로 진행되었다. 가객들 순서는 1·2작이 끝난 직후 3작 시작 전이다. 이 사이에 4명의 가객이 노래를 계속 불렀다. 그렇다면 외연에서는 왜 이 순서에서 정재가 아닌 가요 공연을 올렸을까? 가객들의 공연이 펼쳐지는 동안 식장에서는 어떤 일이 벌어졌을까?[7]

외연 진행의 특징을 보면 크게 1·2작과 3·4·5·6·7작의 둘로 나뉜다. 1·2작은 주빈인 임금께만 올리는 절차다. 그런데 잔치는 기본적으로 '함께 즐기는' 것이기에, 3작부터 마지막 작까지는 임금과 하객들이 잔을 나누는 방식으로 이어졌다. 이를 위해 2작과 3작 사이에 참여객들의 꽃, 술, 음식 등을 준비하고 첫 번째 술을 마시는 시간을 가졌다. 그런데 외연은 문무백관이 참여하는 가장 큰 연향이었기에 공식 초청된 참여객만 해도 150~220명을 넘나들었다. 게다가 이 대규모 손님들이 반드시 자리에서 일어나 앞으로 나가 꽃과 술을 주는 각 관리 앞에 매번 무릎을 꿇고 받아야만 했다. 꽃과 술이 임금이 내려주시는 하사품이었기 때문이다. 사정이 이렇다 보니 200명쯤 되는 백관이 움직이는 이 순간, 장내는 매우 부산스러우면서 시간 또한 적잖이 걸렸다. 한편 참여객들에게 이 시간은 음식과 선물을 받고 잔치의 흥으로 빠져들어가는 매우 감격스런 순간들이었다.

바로 이 절차는 가객의 등장으로 포문을 열었다. 전악은 참여객들에게 아무것도 나눠지지 않기 전 4명의 초빙 가객과 2명의 금슬 악공을 이끌고 장내로 들어와 공연자들을 중앙 무대에 세웠다.[8] 이들이 들어오면 이제 200명이나 되는 백관은 차례로 잔칫상을 받았다. 이 시간 동안 장내에는 가객들의 노래가 울려퍼졌다. 바로 각종 연향 찬물饌物과 하사품을 받는 들뜬 시간을 위해 민간의 유명 가객들을 불러 감격스런 순간을 노래하게 했던 것이다. 백관들이 마음 깊이 느끼는 바와 그 즐거움을 드러내기에는 장악원 악공이 아닌 민간 가객이어야 훨씬 효과가 컸을 것이다. 또한 꽤나 시간이 걸렸을 이 절차를 위해 한 곡이 아닌 여러 곡의 노래가 필요했을 것이다.

『순조기축진찬의궤』
권수 「도식」
'가자歌者'.

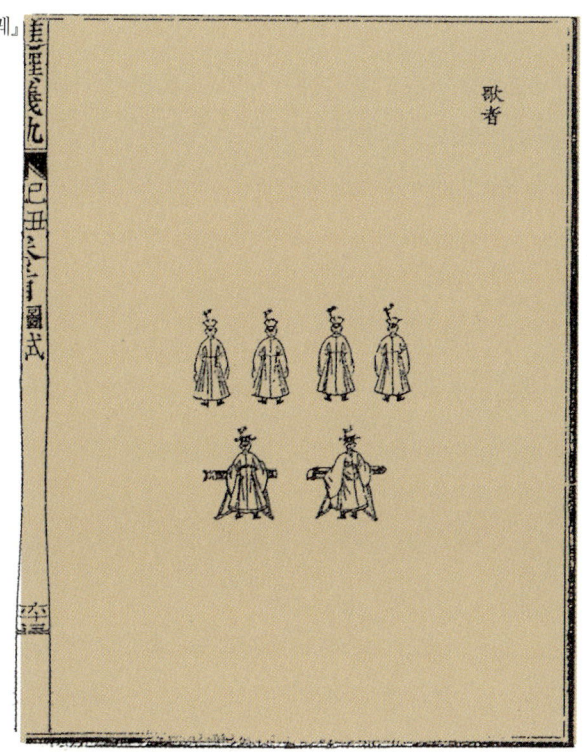

　연향 의궤들에는 이들의 공연 모습을 정재도呈才圖에 포함시켜서 맨 마지막 순서로 「가자歌者」라는 이름의 도식圖式을 넣어주고 있다. 이를 정재와 동일한 공연물로 본다는 뜻이다. 말하자면 성악 정재다.
　그렇다면 이 순간들을 위해 불렀던 노래들로는 어떤 것이 있었을까? 외연의 이 절차에서 민간 최고의 목소리를 자랑하는 가객들의 노래가 보여준 효과는 어떤 것이었을까?

### 가객들이 불렀던 효명세자의 가요들

대리청정을 맡은 효명세자는 부왕 순조의 즉위 30주년을 기념하는 연향을 1829년 2월에 열었다. 그리고 이날 행사를 위한 모든 악장을 손수 창작했다.[9] 그중에는 한시 악장이 아닌 우리말 노래 가사 7편도 포함되어 있다. 제목은 차례로「목멱산木覓山」「한강漢江」「춘당대春塘臺」「금일락今日樂」「축성수祝聖壽」「송성덕頌聖德」「헌천부獻天符」다. 이 노래들은 외연의 '가자와 금슬' 순서에서 불렀다. 당시 이 가요들을 위해 초빙된 이들은 정수경鄭壽慶, 양천호梁天浩, 김수익金

창경궁 명정전 외연에서 노래하는 가객들, 국립중앙박물관.

守益, 임성창林聖昌 네 명인데, 모두 한양에서 이름을 떨치던 가객들이었다.

여기서는 7곡 중에서 둘째, 넷째 가요를 만나보자.[10]

한강

멀고도 멀도다
한강수야 멀었도다 아으
근원이 멀었으니 한강이 되었도다
비노니 우리 임금 은하수 하늘 흘러가 이 물 먼 것 같으소서
오래오래 하늘에 기록하여 영원히 빛나소서

즐거운 오늘

오늘이 어떤 날인고
즐거움도 즐거울사
소신이 이 잔을 받아 남산이 닳도록 오래 사시길 비오니
용안에 기쁜 빛 띠심을 신하들이 알았도다
아으 영원히 길이길이 오늘과 같으소서

끝없이 흘러가는 한강처럼 우리 임금님 오래오래 제위하시길, 그리고 즐거운 오늘처럼 우리 임금님 영원히 기쁘시길 기원하는 노래다. 즉위 30년에 잘 어울리는 찬양시다. 7곡은 모두 이렇게 갖가

지 찬사로 채워져 있다.

그런데 이들 가요악장 7곡이 찬양 노래 여러 곡을 단순히 나열한 것만은 아니다. 이들 노래는 전체가 하나의 완벽한 구조로 결합되어 순서조차 뒤바꿀 수 없을 만큼 단단히 연결되어 있다.

먼저 이 노래는 한양을 둘러싼 '목멱산' '한강'으로부터 시작해 창경궁 안으로 들어와 '춘당대'에 이르렀다가, 다시 '즐거운 오늘' '축장수'에서 연향 장소인 창경궁 명정전 뜨락에 다다른다. 이어 '성덕의 노래' '하늘 뜻 올림'에 이르러서는 최종적으로 순조 임금을 향한다. 즉 한양 전체를 원경으로 잡아냈다가 창경궁에 포커스를 맞

효명세자의 창작 악장집 『예제』(1829) 표지와 '가사歌詞' 부분, 한국학중앙연구원 장서각.

취 근경으로 좁혀 들어오면서 마침내 순조 임금님으로 초점이 모아지는 구조다. 꽤나 치밀하다. 효명세자의 이 노래들은 단순히 임금 찬양 가요 모음이 아니라, 한 곡 한 곡 그리고 배열 순서까지 철저히 계산된 악장이다. 세도 정국 아래에서 부왕 순조의 왕권 회복을 꿈꾸며 연향을 개최했던 효명세자의 강력한 뜻은 가요악장에서도 빛을 발했던 것이다.

## 조선 전기의 연향 가요를 모아놓은 책 『악장가사』와 『시용향악보』

외연의 가요 공연은 조선 전기부터 있었다. 그런 노래들로는 어떤 것이 있었을까?

『악장가사樂章歌詞』는 궁중 의식에 사용되었던 노래들을 모아 놓은 책이다. 이 책은 두 부분으로 이뤄져 있는데, 전반부는 국가 제례용 악장들의 모음이고, 후반부에는 연향용 가사들이 실려 있다.[11] 특히 이 후반부 노래들은 특정 연향을 위한 한시 악장이 아닌 우리 가요들로만 되어 있다. 이런 노래들이 쓰인 연향 의식은 외연뿐이었다. 바로 가객들의 가요 레퍼토리였던 것이다.[12]

『악장가사』에는 조선 전기에 만들어진 가요도 있고, 고려시대의 것들도 있다. 조선 전기 외연에서는 고려가요와 조선 초 창작 가요악장들이 함께 불렸던 것이다. 그런데『악장가사』'제례악장'에는 19세기 초에 이르기까지 새롭게 창작된 악장들이 추가 편집되어 발

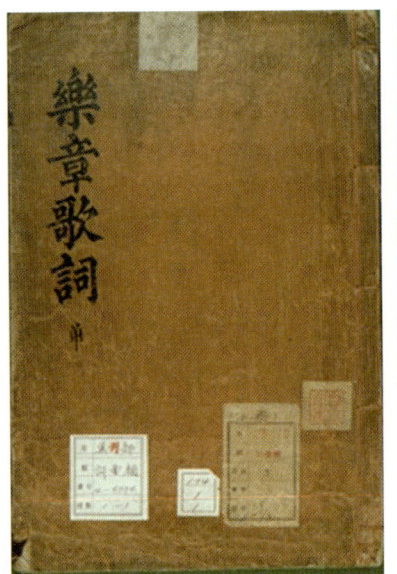
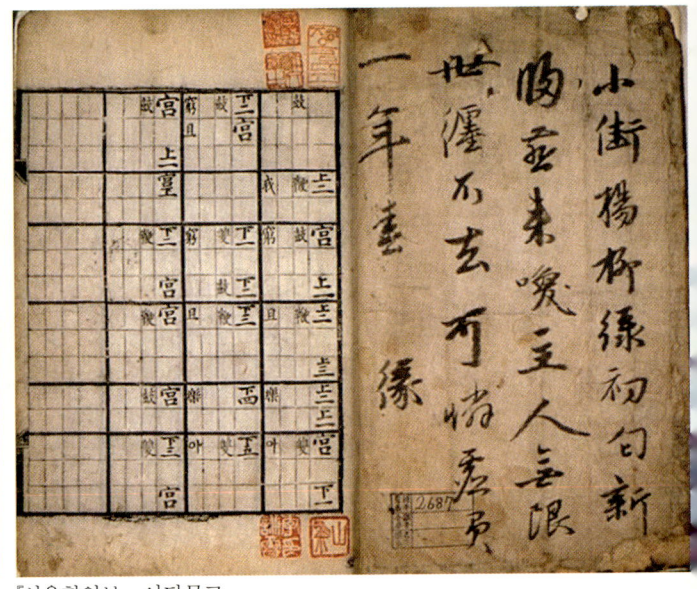

『악장가사』 표지, 한국학중앙연구원 장서각. 『시용향악보』, 아단문고.

간된 책도 있다. 이는 『악장가사』의 작품 중 상당 부분이 조선 후기까지 불렸음을 알려준다.[13]

『시용향악보時用鄕樂譜』는 악보집이다. 조선 중기에 만들어진 이 악보집에는 궁중에서 사용된 여러 노래 가사를 악보와 함께 수록하고 있다. 이 악보들 가운데는 『악장가사』와 같은 곡들도 있다. 『악장가사』가 노래 가사집이라면, 『시용향악보』는 노래 악보집이다.[14]

이제 『악장가사』 『시용향악보』를 통해 조선 전기 이래로 외연에서 불렸던 조선 초 창작 가요악장과 고려조 가요악장의 전승 노래들을 만나보자.

### 새 왕조를 위해 지어진 가요악장들

조선을 세운 관료들에게는 새 국가의 의식들에 꼭 맞는 악장들이 시급했다. 여러 악장이 만들어졌는데, 여기에는 가객들의 가요악장들도 포함되었다. 『악장가사』에 실려 있는 것들 중 다음 노래들은 바로 조선의 연향을 위해 새로 만든 가사들이다.

여민락與民樂, 감군은感君恩, 유림가儒林歌, 신도가新都歌, 화산별곡華山別曲, 오륜가五倫歌, 연형제곡宴兄弟曲, 상대별곡霜臺別曲

이 가운데 조선 건국과 직결되는 「신도가」와 「유림가」 두 편을 만나본다. 먼저 「신도가」는 일등 개국공신 정도전이 지은 악장이다.

옛날에는 양주 고을이여
이 경계에 새 도읍의 좋은 경치로다
개국 성왕이 태평성대를 이루셨도다
도성답도다! 지금의 경치, 참으로 도성답도다!
임금님 만수무강하시어 온 백성의 기쁨이로다
아으 다롱디리
앞은 한강수요, 뒤는 삼각산이라
덕이 많은 강산 사이에 만세를 누리소서

한양은 본디 양주 고을이었는데, 이제 새 도읍지가 되었다. 한양이야말로 참으로 한 나라의 서울답다고 노래하며 이곳에서 오래도록 번성하길 기원한다. 조선 건국과 한양 천도의 주역이었던 정도전다운 악장이다. 이런 노래들이 외연에서 불렸을 때, 새로운 국가 조선의 관료들에게는 흥과 자부심이 넘쳐났을 것이다.

성리학을 이념으로 삼아 건국된 새 조선은 유생들에게 기회의 나라이기도 했다. 「유림가」는 이를 노래했다. 6절로 되어 꽤나 긴데, 여기서는 마지막 절의 일부분만 들어본다.

> 십 년 공부에 가난한 서생이여
> 조만간 과거에 급제하면 청운의 꿈을 이루리라
> 봉황성의 오랜 곳에 학교들이 늘어 있으니
> 해마다 삼월 말이면 배출되는 장원이여

이 노래는 10년 동안 등과登科 못 한 서생들에게 머지않아 과거급제하여 청운의 꿈을 이룰 수 있으리라 노래한다. 가난한 서생들에게도 이제 조선 신왕조의 과거제도로 치국의 꿈을 펼칠 기회가 주어졌음을 자부심 있게 노래한 것이다. 여기에는 고려왕조의 불합리한 과거제도를 혁신해 능력 있는 유생들에게 기회를 주는 새 나라의 희망이 드러나 있다. 만조백관이 참여하는 외연의 노래로는 더할 나위 없이 잘 어울리는 가요다.

### 조선의 외연을 장식한 고려가요들

『악장가사』 연향용 가사들 가운데 고려시대의 노래가 그대로 수록된 것들이 있다.

정석가鄭石歌, 청산별곡靑山別曲, 서경별곡西京別曲, 사모곡思母曲, 쌍화점雙花店, 이상곡履霜曲, 가시리, 풍입송風入訟, 야심사夜深詞, 한림별곡翰林別曲, 처용가處容歌, 만전춘별사滿殿春別詞

『악장가사』에는 조선 초의 창작 악장보다 고려시대 것이 더 많이 들어 있다. 그만큼 왕조는 바뀌었어도 국가 의식과 노래는 쉬 바뀌지 않았던 것이다.

이들 고려가요를 보면 유독 사랑 노래가 눈에 많이 띄는데, 대부분은 궁중 연향 악장이면서 민간 가요다. 이는 이 노래들을 불렀던 사람들이 민간에서 초빙되었던 것과 연관이 있는 듯하다. 또 연향의 흥겨움을 드러내기로는 단연 사랑 노래만 한 것도 없기 때문일 것이다.

사랑 노래 중 애절하면서도 달뜬 「만전춘별사」의 1절은 다음과 같다.

얼음 위에 댓잎자리 보아 님과 나와 얼어 죽을망정
얼음 위에 댓잎자리 보아 님과 나와 얼어 죽을망정
정 둔 오늘밤 더디 새오시라 더디 새오시라

사랑하는 두 연인은 차디찬 얼음 위에 여름용 대나무 돗자리를 깔고 함께 누워 있다. 이들은 정을 나누는 오늘밤이 제발 더디 새라고 빈다. 이별을 앞둔 애절한 심사를 드러내면서 연인들의 관능적 사랑 행위도 여과 없이 보여준다.

그런가 하면 풍류와 여색을 탐했던 고려 충렬왕을 위해 부른 노래로 널리 알려진 「쌍화점」도 있다.

> 쌍화점에 쌍화 사러 갔는데
> 회회아비가 내 손목을 쥐었습니다.
> 이 말이 이 가게 밖에 나고 들면
> 다로러거디로 조그만 새끼광대 네 말이라 하리라
> 더러둥성 더리러디러 다리러디러 다로로거디로 다로러
> 그 자리에 나도 자러 가리라
> 위 위 다로러거디로
> 그 잔 데 같이 거친 곳이 없어라

 쌍화점은 만두가게이고, 회회아비는 아라비아계 남자를 일컫는다. 한 여인이 만두를 사러 갔는데, 주인인 외국 남자가 손목을 잡았다고 한다. 그런데 여인은 가게 밖으로 이 소문이 난다면, 어린 광대 네가 퍼뜨린 줄 알겠노라고 한다. 그렇다면 쌍화점은 만두라는 이국의 음식을 팔면서 동시에 광대들의 공연도 볼 수 있는 외국인이 경영하는 가게다. 쌍화점은 공연을 겸한 이국적인 대형 음식점이었던 것이다.
 그런데 노래에서는 "더어둥성~" 하고 길게 이어진 북소리 끝에 갑자기 제2의 또 다른 여인이 '나도 그 자리에 자러 가겠다'고 하는 말이 나온다. 그렇다면 '손목을 잡았다'는 말은 사실상 '함께 잤다'는 뜻이다. 마지막 행에서 다시 첫 여인은 '내가 자보니 그 잠자리처럼 거친 곳은 없다'고 고백한다. 「쌍화점」은 유흥이 넘치는 공간에서 주인인 외국 남자와 손님인 고려 여인의 애정 행각을 다룬 노래인 것이다. 여기에는 등장인물만 바꿔 똑같은 형식으로 된 3개의 연이 더 있다. 각각 삼장사 주지스님과 여인, 우물 용과 여인, 술집 남자와 여인 사이에 벌어진 연애에 대한 노래다. 이런 장소들은 고려시대 연애 장소를 대표할 만한 곳이었던 것이다.

이처럼 사랑 노래만 있었을까? 때로 민중의 아픔을 노래한 민요도 있었다.

살어리 살어리랏다 청산에 살어리랏다
머루랑 다래랑 먹고 청산에 살어리랏다
얄리얄리 얄랑셩 얄라리 얄라

고려 후기 몽골이 침입해와 삶의 터전을 잃은 피란민들은 목숨을 부지하기 위해 산속으로 숨어들었다. 그렇게 찾아든 청산에서는 먹을 거라곤 없어 머루나 다래를 따 먹어야 하는 고단한 삶이 펼쳐졌다.

울어라 울어라 새여 자고 일어나 울어라 새여
너보다 시름 많은 나도 자고 일어나 울고 있노라
얄리얄리 얄랑셩 얄라리 얄라

갈던 이랑 갈던 이랑 물 건너편 갈던 이랑 본다

이끼 묻은 쟁기를 가지고 물 아래 갈던 밭을 본다
얄리얄리 얄랑셩 얄라리 얄라

청산에 들어온 피란민들은 막막한 삶의 곤경을 맞닥뜨리자 울음이 그치질 않았다. 몹시 슬퍼 새를 향해 너도 울라고 소리친다. 이들이 겪는 고통은 고향을 떠나온 데서 비롯되었다. 농토를 뒤로하고 몸만 급히 피해 청산을 찾아들었던 이들은 그때 강을 건너왔었다. 집을 떠나올 때 혹시나 하는 마음에 쟁기도 챙겼건만 쓸 곳 없는 쟁기에는 이끼마저 끼었다. 지금 이들은 강 건너편 자신들이 갈던 밭이랑을 하염없이 바라볼 뿐이다. 이런 처절한 난민들의 심정을 담은 노래 「청산별곡」은 무려 8절까지 이어진다.

외연에서는 마냥 기쁨을 표현하고자 사랑 노래만 불렀던 것이 아니고, 때로는 민중의 고통 속에 빚어진 노래들도 함께 불렀다. 이런 다양한 노래 레퍼토리들이 공연을 위해 때마다 선별되었

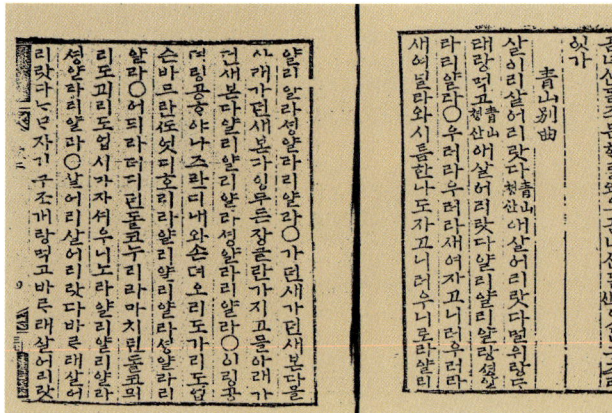

『악장가사』「청산별곡」가사.

을 것이다.

### 궁중 연향을 위해 손질을 가한 민간 노래들

민간에서 널리 불렸던 노래일수록 외연의 가요 공연 레퍼토리로는 딱 들어맞았을 것이다. 그런 까닭에 이들 민간 가요를 궁중 연향 의식에 어울리게끔 손질을 가하기도 했다. 그중 하나가 「가시리」다.

가시리 가시리잇고 나는
브리고 가시리잇고 나는
위 증즐가 대평성대

날러는 엇디 살라 ᄒ고
브리고 가시리잇고 나는
위 증즐가 대평성대

잡ᄉ와 두어리마ᄂᆞᆫ
선ᄒᆞ면 아니올셰라
위 증즐가 대평성대

셜온님 보내ᅀᆞ노니
가시는듯 도셔오쇼셔
위 증즐가 대평성대

「가시리」는 이별 노래인데, 후렴구에서는 '대평셩대'라고 노래한다. 원래 가사와 어울리지 않는 이런 후렴구들은 궁중 연향에 맞게 품격을 갖추기 위해 살짝 개작한 흔적들이다.[15] 즉 외연의 흥겨운 순서를 위해 민간의 인기 있는 노래들을 가져다 부르면서 동시에 궁중 의식에 어울릴 만한 후렴구를 새로 만들어 넣어 흥겨움과 궁중 법도를 조화시키려 했다. 하지만 이 정도의 개작이라면, 원 노래가 가지고 있는 의미와 정서를 훼손시키지 않는 유연한 태도다.

이렇듯 조선에서는 외연의 가객들 공연을 위한 가요악장들로 창작 악장과 고려가요들을 두루 목록화해놓고 있었다. 외연에서 참여객들이 각종 찬물을 받는 절차, 그 감격의 순간들을 위한 노래들을 민간 최고의 가객들 목소리로 때로는 창작 가요악장들을 때로는 아주 오래된 울림이 큰 고려가요들을 불러 연향의 가슴 벅찬 순간들을 장식했다.

## 야연, 세 곡을 세트로 부르다

### 야연용 악가삼장을 창안한 효명세자

야연은 19세기 순조 때에 효명세자가 처음 만든 연향이다.[16] 주빈 왕과 차기 대권주자 세자만이 참여하는 아주 작은 연향이었다. 그런데 효명세자가 이 작은 연향에서 가장 심혈을 기울인 부분은 악장이었다. 이는 선·후창 공통 악장과 악가삼장樂歌三章 가요악장의 야연용 악장 전체에 매우 도드라진 특징으로 나타났다.

먼저 선·후악장은 보통의 연향 의식들에서 사용하던 한시 악장이 아닌 현토체懸吐體[17] 악장으로 제작했다. 현토체 악장은 한시 창법이 아닌 우리 향악곡을 가창하는 방식이라는 점에서 특별하다. 다음으로 악가삼장은 세 곡으로 된 가요악장인데, 이는 당시 민간에서 널리 불리던 클래식 성악곡인 가곡 창법으로 부르는 노래다. 이렇게 해서 야연에 사용되는 모든 악장은 우리 선율로 부르는 가요악장만으로 구성되도록 했다. 우리 노래에서 얻을 수 있는 감동으로 야연을 돋보이게 하고자 했던 것이다.[18]

그런데 야연은 아주 작은 규모여서 그간 약식 연향이라 하여 별로 주목받지 못했다. 그렇지만 야연의 악가삼장의 현장을 만나보면 그 어떤 연향에서도 볼 수 없었던 깊은 의미를 담고 있는 특별한 연향임을 알게 된다.

## 주빈이 드실 작을 위한 노래, 악가삼장

야연의 참여객은 한 명뿐이기에 주빈에게 올리는 작도 한 번뿐이다. 규모로 말하자면 정말 조촐한 의식이다. 그렇지만 악가삼장은 이 작은 연향에 깊이를 더한다.

연향에서 주빈에게 술을 올리면 주빈은 이를 곧바로 마시지 않는다. 술잔을 받아 앞에 놓은 채 치사致詞라는 축하 글 낭독을 듣는다. 낭독이 끝나면 비로소 잔을 들어 마신다. 그런데 야연에서는 여기에 여령들의 노래 순서가 더 들어간다. 야연의 이 장면을 클로즈업해서 확인해보자.

주빈 대왕대비나 왕에게 올린 작은 주빈 앞의 탁자에 올려진다. 이 술잔 앞에서 치사가 낭독된다. 치사가 끝나면 집박 여집사가 노래할 여령 두 명을 이끌고 무대로 나온다. 여집사는 여령들을 주빈 앞의 중앙 무대로 이끈다. 여령들은 주빈을 향해 북향한다. 곧 노래 세 곡을 연이어 펼쳐낸다. 노래가 끝나면 주빈은 드디어 술잔을 들어 마신다. 궁녀가 빈 잔을 받아 탁자 위에 올려놓으면 여령들은 무대에서 물러난다.

이처럼 악가삼장은 주빈이 마시게 될 '작' 자체를 위한 노래다. 다른 어떤 절차보다 이 노래는 직접적으로 주빈에게 바쳐지는 점이 특징이다. 주빈에 대한 드높은 공경의 뜻을 이보다 더 깊이 드러낸 연향은 없다. 작의 횟수가 중요한 것이 아니라, 악가삼장으로 경외의 뜻을 올리는 질적인 방법에서 무엇보다 연향의 진가가 잘 드러난다.

주빈이 누구이며, 무엇을 기념하는가에 따라 노래 내용도 달라졌다. 그렇기에 악가삼장은 매번 창작해서 썼으며, 오늘날까지 꽤 많은 작품이 전한다.

### 모비와 대왕대비를 향한 지극한 경외의 노래들

왕실에는 대부분 여자 어른만 계셨다. 왕이 승하해야 왕위를 계승하는 까닭에 남자 어른은 거의 없었다. 이 때문에 왕실 어른을 공경하는 연향이 자주 열렸고, 자연히 악가삼장 중에는 대비들에게 올려지는 노래가 많았다. 여기서는 헌종의 악가삼장을 보자.

1848년(헌종 14) 대왕대비 육순과 왕대비 사순을 맞아 헌종은

「무신진찬도병」 중 통명전 진찬, 136.1×47.6cm, 1848, 국립중앙박물관.

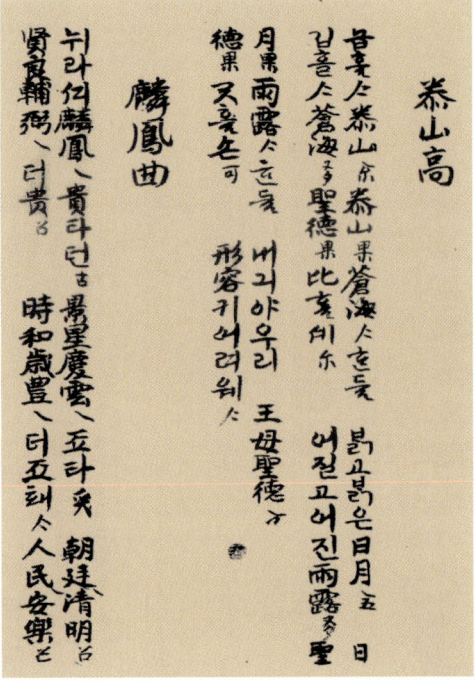

1848년 『헌종어제』에 실린 악가삼장 중 「태산고」와 「인봉곡」, 규장각한국학연구원.

두 어른의 탄신을 축하하기 위해 창경궁 통명전에서 내연을 열었다. 같은 날 밤에는 대왕대비마마와 왕 헌종만이 참석하는 야연이 이어졌다. 이날을 위한 악장은 모두 헌종이 손수 지었다. 헌종의 악가삼장 중 첫 번째 노래를 보자.

> 높도다 태산泰山이여 깊도다 창해滄海여
> 태산과 창해라 한들 성덕聖德에 비할 것이며
> 밝고 밝은 일월日月이요, 어질고 어진 우로雨露로다
> 일월과 우로라 한들 성덕과 같을손가

어기야 우리 왕모성덕王母聖德이야 형용키 어려워라

　　왕모王母, 즉 왕실 두 어른의 덕을 찬양하는 노래다. 태산, 창해, 일월, 우로, 그 어느 것도 대비마마의 덕에는 미치지 못한다고 노래한다. 다른 대상과 견줌으로써 원래의 대상을 강조하는 데 탁월한 기법을 보여준다.

　　제목은 「태산고泰山高」이며, 이어서 「인봉곡麟鳳曲」「벽도화碧桃花」를 불렀다. 이 두 노래도 상서로운 기린과 봉황보다 나라에 태평의 기운을 불어넣어주는 대비마마의 성덕과 3000년에 한 번 꽃피고 열매 맺는다는, 신선이 먹는 벽도화로 대비마마의 장수를 기원한다.

　　왕 헌종이 올린 작을 대왕대비 앞의 탁자 위에 놓아둔 채 두 여령은 통명전의 고요하고 희미한 촛불 아래서 노래 세 곡을 차례로 불러나갔다. 왕실 최고 어른을 향한 헌종의 지극한 경외의 마음은 효심과 함께 통명전의 어둠을 수놓았던 것이다.

## 악가삼장으로 다져지는 황제와 황태자의 의지

대한제국기에도 연향 의식은 이어졌다. 이 시기 야연에서는 선·후창악장에서 노래했던 제국으로 거듭난 새 나라의 운명을 읊은 노래들이 계속되었다. 이것은 당시 연이은 연향 의식들이 바로 새 나라의 운수에 대해 확신에 찬 의지를 거듭 표현하려 했기 때문이다. 야연의 악가삼장에서도 이러한 의지의 목소리가 울려나온다.

　　1902년(광무 6) 4월 황제의 기로소 입소를 기념하는 연향이 열렸다. 기로소는 원래 2품 이상을 지내고 일흔을 넘긴 퇴직 고관들이 갖는 모임이다. 고종 황제는 51세에 망륙望六이라 하며 기로소에 입소했다.[19] 당시 야연의 악가삼장은 「하청河淸」「만만세萬萬歲」「풍년豐年」 세 곡이었다. 이 가운데 첫 번째 노래를 보자.

황하수黃河水 말근물이 천재서운千載瑞運[20] 도라오사
만세남산萬歲南山에 방명邦命[21]이 유신維新[22]ᄒᆞ니
요순堯舜의 덕德이시오 탕무湯武의 공功이시라
국가國家에
무궁기업無窮基業은 반태공고磐泰鞏固[23]ᄒᆞ시리로다

1902년의 악가삼장.
『외진연악장』,
한국학중앙연구원 장서각.

첫 노래는 흐린 황하 강물이 천 년에 한 번 맑아지면 성군이 출현한다는 옛 고사를 끌어와 제목으로 삼았다. 황하물이 맑아지는 상서로운 기운이 조선 땅에 도래해 황제께서 나라를 새롭게 했다는 것이다. 태자가 올린 술잔을 앞에 놓고 앉아 있는 부황 폐하 앞에서 부른 이 노래는 바로 국가의 가장 새롭고도 엄청난 혁신이었던 대한제국으로의 유신 정국을 창한다. 악가삼장에서 부왕에 대한 효심만 노래했던 것은 아니다. 오히려 지금의 황제와 향후 황제가 될 태자 사이의 긴밀하고도 흔들림 없는 유대감과 이들이 공유하는 세계를 현실에서 이루려는 결연한 의지를 노래로 다졌던 것이다.

## 악가삼장을 부르는 노래 장르, 가곡

왕실 가족 중 최상위의 직계 두 사람만으로 구성된 야연에서의 악가삼장은 가곡창歌曲唱으로 불렀다.[24]

가곡은 오늘날 우리가 시조時調라 일컫는 것을 노랫말로 삼는 장르다. 시조 노랫말을 부르는 조선시대 창법에는 가곡과 시조 두 가지가 있었다. 그중 가곡은 조선시대의 가장 클래식한 성악 장르인데, 악가삼장은 바로 가곡으로 불렀다.

가곡은 조선 말에 이르기까지 민간 성악곡으로 가장 사랑받았던 장르다. 조선 후기에는 오랜 세월 가곡작품들이 쌓여와 수많은 가사집 가집歌集과 반주집 금보琴譜가 만들어졌다. 특히 가집은 수십에서 수백 수에 이르는 작품을 실으며 엄청나게 많이 만들어졌다. 그만큼 조선조 사람들의 가곡 사랑은 대단했다. 이런 풍토에

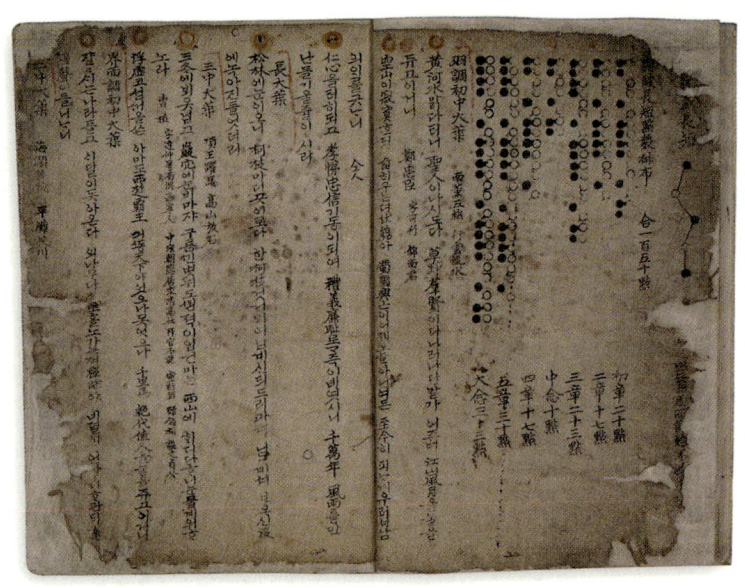

『가곡원류』,
41.5×32.5cm, 1759,
국립국악원.

서 때로 가집에 가곡을 부르는 성악보들이 남겨지기도 했다. 초기에는 소리의 높낮이 흐름 정도를 파악할 수 있도록 물결 모양을 본떠 수파형水波型 악보가 만들어졌다. 이 초보적인 악보를 가집의 제일 앞에 그려넣어 노래 부를 때 참고하게 했다. 그러던 중 19세기 후반에 오면 정교한 연음표連音票라는 성악보가 개발된다. 연음표 성악보는 노래 가사 옆에 그려넣는 방식으로 발전했다. 이처럼 가곡 성악보의 변천은 민간에서 가곡을 얼마나 즐겨 불렀는가를 비춰주는 거울이 된다.

악가삼장을 가곡창으로 불렀다는 사실은 바로 민간 최고의 악곡이 주는 감동을 연향에서도 그대로 드러내기 위한 방법이었다. 처음 악가삼장을 만든 효명세자는 가곡 선율의 아름다움과 더

『가곡원류』에 471번으로 수록된
1877년 고종의 악가삼장 작품,
한국시조학회 영인본.

불어 민간에서 이를 얼마나 사랑하는지를 잘 알았기에 연향 악곡으로 끌어왔던 것이다. 악가삼장은 이처럼 가곡 선율에 얹어짐으로써 주빈에 대한 감동의 최고조를 자아내기에 부족함 없는 노래가 되었다. 가곡은 오늘날에도 전해져 언제나 우리 곁에서 숨 쉬고 있다.

제6장 | 의복으로 살펴본
조선시대
잔치 풍경

봉수당진찬도 속 인물들의 복식

**이민주** 한국학중앙연구원 장서각 연구원

# 두 번에 걸친 혜경궁 홍씨의 회갑연

혜경궁 홍씨는 조선 제22대 왕 정조의 생모다. 그녀는 1735년(영조 11) 6월 18일 홍봉한의 둘째 딸로 태어나 1744년(영조 20) 세자빈이 되었다. 그러나 사도세자의 죽음으로 왕비가 되지 못했으며, 아들인 정조가 왕위에 올랐지만 그녀는 대왕대비가 아닌 자궁慈宮의 삶으로 만족해야 했다.

조선시대 회갑연은 보기 드문 큰 경사였다. 특히 어버이의 회갑을 맞아 이를 경축하며 기쁨을 표하는 것이 자식의 도리라고 여겼다. 그리하여 정중하게 음식을 대접하며 술을 따라 올리는 것은 서인들이 하는 일이고, 잔치 자리를 마련해 내·외빈을 초청하는 것은 경대부들이 하는 일이며, 정사를 보며 백성과 즐거움을 함께하는 것은 임금이 하는 일이라고 생각했다.

정조 역시 1795년(정조 19) 아버지 사도세자와 혜경궁 홍씨의 회갑을 동시에 맞아 두 차례의 진찬례를 베풀었다.[1] 우선 자궁과 함께 아버지 사도세자의 원소인 현륭원을 참배하고 화성 행궁의 봉수당에서 회갑연을 베풀었다. 정조는 이 회갑연을 위해 사전준비에 만전을 기했다. 맨 먼저 1789년(정조 13) 사도세자의 원소인 영우원永祐園을 양주楊州 배봉산拜峯山에서 수원으로 모셔와 현륭원顯隆園으로 이름을 바꾸었다. 그리고 매년 빠짐없이 참배하겠다고 하교한 뒤 계속해서 현륭원을 찾았다. 이에 수원부를 화성으로 승격시키고 중요한 관방關防으로 여기면서 성 축조 작업에 들어갔다. 마침내 화성 행궁이 모습을 드러내자 1795년 회갑을 맞는 어머니를 모시고 와 백성과 함께 기쁨을 나누고자 했다.

원행은 1795년 윤2월 9일 창덕궁을 출발하는 것에서 시작되었다. 다음 날 시흥 행궁에서 하룻밤을 유숙하고 12일 현륭원을 전배展拜한 뒤 13일 봉수당에서 진찬연을 베풀었다. 14일에는 신풍루新豐樓에서 쌀을 하사하고 양로연을 베푼 뒤 15일 화성 행궁을 출발해 이튿날에 창덕궁에 도착하는 일정이었다. 이렇듯 짧지 않은 여정이었던 터라 정례定例에 나온 대로 마미두면馬尾頭冕을 쓰고 용포龍袍를 입은 채 능행을 떠나는 일은 불편했다. 이에 정조는 예전에도 온천에 갈 때 용포 대신 융복을 입었음을 상기시키며 이번 행차에는 평융복平戎服이나 군복軍服을 입겠다고 하교를 내렸다. 그리하여 봉수당에서 벌어진 진찬례에서는 왕을 비롯해 의빈, 척신, 배종백관이 융복을 입었으며, 자궁을 비롯한 내외명부는 예복을 입었다.

둘째 회갑연은 혜경궁 홍씨의 원래 탄신인 6월 18일에 열렸다. 조선 왕실에서 자전慈殿을 위한 진연은 탄신 중에서도 육순이나 회갑, 칠순, 팔순 등의 큰 탄신을 맞이하거나 존호를 올리거나 또는 큰 병에서 몸을 회복했을 때 거행했다. 그러나 왕실에서 자전을 위한 잔치가 베풀어지기란 그리 쉬운 일이 아니었다. 잔치라는 게 한 번 벌이려 하면 생각했던 것보다 훨씬 많은 비용이 들었고, 더욱이 흉년이 연이어 일어나거나 날씨에 변고가 있다거나 상중喪中이라든가 하면 치르기 어려웠으며, 나라가 우환에 싸이면 자연스레 뒤로 미뤄지거나 또는 처음부터 청이 받아들여지지 않기도 했다. 그러나 부득이하다면 그 규모를 줄임으로써 백성이 감당해야 할 피해

「화성원행반차도」
종이에 채색, 46.5×4483.0cm, 1795, 국립중앙박물관.

「화성원행도병」중 '봉수당진찬도'
비단에 채색, 151.2×65.7cm,
1795, 국립중앙박물관.

를 줄여줬다. 혜경궁의 회갑연을 여는 일도 예외는 아니었다. 6월이 되자 영의정 홍낙성은 자궁의 회갑달을 맞아 만수무강을 기원하는 회갑연을 거행할 것을 간청했다. 정조 또한 진연을 청하므로 거절하지 못하고, 크게 벌이지 않고 규모를 줄여 간단히 하는 것으로 절충안을 마련했다.

장소는 비록 비좁지만 자궁이 거처하는 연희당으로 정해졌다. 이것이 둘째 회갑연이었으며, 여기서 임금은 익선관翼善冠에 곤룡포를 입고 진찬례에 참석했다. 중궁전과 자궁은 적의翟衣 차림에 수식首飾을 가했다.

이처럼 1795년 두 번에 걸쳐 거행된 혜경궁 홍씨의 회갑연은 화성 행궁의 정전인 봉수당과 창경궁 연희당에서 치러졌으며, 각각의 진찬례에서 착용한 복식이 달랐다.

복식을 택하고 착용할 때 맨 먼저 고려할 것은 언제, 어디서, 어떠한 용도로 입는가이다. 진연에서의 복식이 아무리 법으로 정해져 있다 해도 장소가 바뀌거나 시간이 달라지면 복식은 마땅히 이에 맞춰야 한다. 더욱이 복식을 새롭게 정하는 데는 명분 또한 중요하다. 이는 복식이야말로 신분을 구분짓고 의식을 대변할 수 있는 가장 직접적인 시각적 단서가 되기 때문이다.

이제 본격적으로 왕실 잔치를 더욱 화려하게 만들어주는 진연 복식의 향연 속으로 들어가보자.

# 혜경궁 홍씨, 천청색의 적의로 자궁의 지위를 드러내다

1776년(정조 즉위) 사도세자의 비 혜빈惠嬪은 혜경궁이 되었다. 이에 따라 신분에 맞는 의장이 있어야 했고 복식도 갖추어야 했다. 혜경궁의 의장과 복식을 정할 때 가장 중요한 점은 정조의 생모이긴 하나 대비가 아니므로 대비전보다는 감해야 했고, 마땅히 지난날보다는 더해야 했다.

이러한 이유로 1777년(정조 1) 창덕궁으로 이어하기 위한 준비 단계에서 혜경궁의 의장이 마련되었다. 금립과 1, 은립과 1, 금장도 1, 은장도 1, 청개 2를 더하고 검은 옻칠을 한 교의交椅와 각답脚踏 각각 1을 정식으로 삼았다.[2] 이후 1784년(정조 8)에는 혜경궁의 존호를 올리면서 의장이 추가되었다. 봉선 3쌍, 작선 3쌍, 금월부 1, 은월부 1, 모절 2쌍, 은횡조 1쌍, 금횡조 1쌍, 은입조 1쌍, 금입조 1쌍, 은장도 1쌍, 금장도 1쌍, 금개 1쌍, 은개 1쌍, 백택기 1쌍, 청개 1쌍, 홍개 1쌍, 은교의 1, 은각답 1로 정하고 정선貞宣으로 가상加上했다. 이러한 일련의 일은 정조가 혜경궁의 위상을 높이기 위한 배려였다.

그뿐만이 아니었다. 정조는 즉위한 뒤 처음 맞는 혜경궁의 탄신에 대전에도 문안하라는 명을 내리고,[3] 직접 표리를 올리며 치사한 다음에는 백관을 거느리고 혜경궁에게 진하[4]함으로써 자궁의 탄일을 경축했다. 조선 왕실에서 혜경궁의 탄신에 임금이 직접 진하하는 것은 법도에 없는 일이었다. 그러나 정조는 이존貳尊의 혐의가 없을 뿐 아니라 위에서 높여 받드는 도리는 의리에 입각한 것임을 강조하며⁵ 직접 백관을 거느리고 진하했으니, 이보다 더 혜경궁의 위치를 단단히 해주는 방법은 없었을 것이다.

당연히 복식에 대한 논의도 빼놓을 수 없었다. 조선 왕실의 최고 법복은 적의다. 명분을 중시한 조선 왕실에서 혜경궁 홍씨의 복식은 어떻게 정해졌을까? 자세히 살펴보자.

### 혜경궁의 적의를 천청색으로 정하다

『상방정례尙方定例』에 제시된 진연 때의 복식을 보면 대왕대비는 자적색 적의로 하고, 중궁전은 대홍색 적의로 하며, 왕세자빈은 아청색 적의로 한다는 규정만 있을 뿐 자궁의 적의에 대한 규정은 없다. 이에 1778년(정조 2) 상의원에서는 혜경궁의 복색을 무엇으로 할 것인지 고민에 빠졌다. 세자빈인 혜빈으로 있을 때 입은 적의는 흑색이었지만 지금은 혜경궁으로 높였으니 어떤 색깔을 삼아야 옳을지가 문제였다. 임금 역시 홍문관에 명하여 널리 고찰해보도록 했지만 전례가 없기에 임금의 뜻을 따르려 한다는 의견만 모았을 뿐이다. 이에 정조는 천청색天靑色 한 가지만이 가장 근사하다며 이 색깔로 적의를 만들어 착용하는 것이 타당하다는 하교를 내렸다.

혜경궁께서 입으실 적의의 복색은 전례가 없기 때문에 진실로 유신이 의논한 말과 같다. 다만 마땅히 옛것을 인용하고 지금의 것을 참조하여 의의에 맞게 창정해야겠는데, 자색은 이존하는 혐의가 있고 흑색은 예例를 다르게 하는 뜻이 없으며, 홍

적의를 착용한 영친왕비, 1922년 촬영, 국립고궁박물관.
조선 왕실에서 착용한 적의의 한 예를 볼 수 있다.

적의를 착용한 영친왕비, 1922년 촬영, 국립고궁박물관.

색과 남색은 각각 쓰고 있는 바가 있어 원래 인용할 만한 사례가 없다. 내 생각에는 오직 천청색 한 가지가 근사한데 본시 청색은 동조東朝의 복색이었으나 자색으로 제도를 정한 뒤부터는 치워두고 쓰지 않았다. 지금 천청색으로 작정을 함은 곧 청흑의 의의를 취한 것인데, 동조의 적의를 자색으로 하여 홍흑紅黑의 의의를 취한 것과 오묘하게 맞고 또한 차등도 있게 된다. 이미 대신에게 물어보니 대신의 뜻도 그러하다 하므로, 혜경궁의 복색을 천청색으로 정하라.⁶

혜경궁의 적의를 천청색으로 정한 것은 원래 세자빈의 흑색에 동조의 청색을 합한 것이라고 하였으니 혜경궁을 동조에 빗댄 것이다. 동조는 대비가 거처하는 궁궐을 일컫는다. 그러니 혜경궁의 적의에 청색을 더한 데에는 대비의 의미가 함축되어 있어 정조의 마음속 대비는 혜경궁이었음이 드러난다.

『상방정례』에 수록된 대왕대비전, 중궁전, 빈궁의 복식을 살펴보자. 먼저 대왕대비전이 착용하는 적의는 적의, 별의別衣, 내의內衣, 수綬, 폐슬蔽膝, 대대大帶, 하피霞帔, 상裳, 수繡, 면사面紗, 적말赤襪, 적석赤舃으로 되어 있다. 구성에 있어 신분 간 차이는 없지만 복색이 다르다. 대왕대비는 자적색, 중궁전은 대홍색, 빈궁은 아청색이다. 또한 버선인 말襪과 신발인 석舃은 대왕대비전과 중궁전이 대홍색을 쓴 반면, 세자빈궁은 흑색으로 차이를 두었다. 흉배의 위치와 색도 다르다. 대왕대비는 자적봉을, 중궁전은 대홍봉을 가슴과 등과 양어깨에 달았으며, 빈궁은 아청봉을 흉배에만 달았다. 여기에 혜경궁의 적의는 천청색으로 정해졌으니 적의, 별의, 내의는 천청색이었을 것이며, 그 밖의 것은 모두 왕실의 법도를 따라 말과 석은 대홍색이었을 것이고, 흉배는 천청색에 봉을 놓은 것을 양어깨까지 붙였을 것이다. 『상방정례』에 나온 진연 때의 복식을 토대로 신분별 복색의 변화를 살펴보면 [표 1]과 같다.

• 표 1 • 진연 시 신분별 복색

|  | 대왕대비전 | 혜경궁 | 중궁전 | 빈궁 |
|---|---|---|---|---|
| 적의 | 자적 | 천청 | 대홍 | 아청 |
| 별의 | 자적 | 천청 | 대홍 | 아청 |
| 내의 | 자적 | 천청 | 대홍 | 아청 |
| 수綏 | 금의향직 | 금의향직 | 금의향직 | 금의향직 |
| 폐슬 | 자적 | 천청 | 대홍 | 대홍 |
| 대대 | 초록 | 초록 | 초록 | 초록 |
| 하피 | 흑 | 흑 | 흑 | 흑 |
| 상 | 남 | 남 | 남 | 남 |
| 수繡 | 자적 | 천청 | 대홍 | 흑 |
| 면사 | 자적 | 자적 | 자적 | 자적 |
| 흉배 | 자적 | 천청 | 대홍 | 아청 |
| 말 | 적 | 적 | 적 | 흑 |
| 석 | 적 | 적 | 적 | 흑 |

그런데 여기서 조선 왕실 최고의 법복으로서 왕비나 왕세자빈의 명복命服에 해당되는 적의와 진연 시 착용하는 적의는 차등이

영친왕비 적의,
비단, 20세기 초,
국립고궁박물관.
1922년 영친왕비가 순종을
알현할 때 착용했던 것이다.

있다. 법복으로서 적의에는 별의, 내의, 폐슬, 대대, 수, 하피, 상, 수, 면사, 적말, 적석, 흉배를 포함해 패옥佩玉과 백옥규白玉圭, 화옥대和玉帶가 더 있다. 이는 모두 법복으로서의 상징성을 갖는 것으로 진연 시에는 갖추지 않는다. 그러니 혜경궁 홍씨가 진연 때 입은 적의라면 규, 패옥, 옥대 세 가지가 빠진 것을 입어야 한다.

적의를 착용한 영친왕비의 모습을 보자. 이는 영친왕비가 순종을 알현하기 위해 착용한 적의 일습으로 규를 손에 들고 패옥을 옆구리에 차고 허리에 옥대를 둘렀으므로 법복으로서의 적의를 입은 모습이다. 적의 일습도를 보면 규, 패옥, 옥대가 포함되어 있다.

다만 『상방정례』의 적의와 영친왕비가 입은 적의에서 다른 점은 별의와 내의가 적의의 받침옷에 해당되는 중단 하나로 바뀌었다는 것이다.

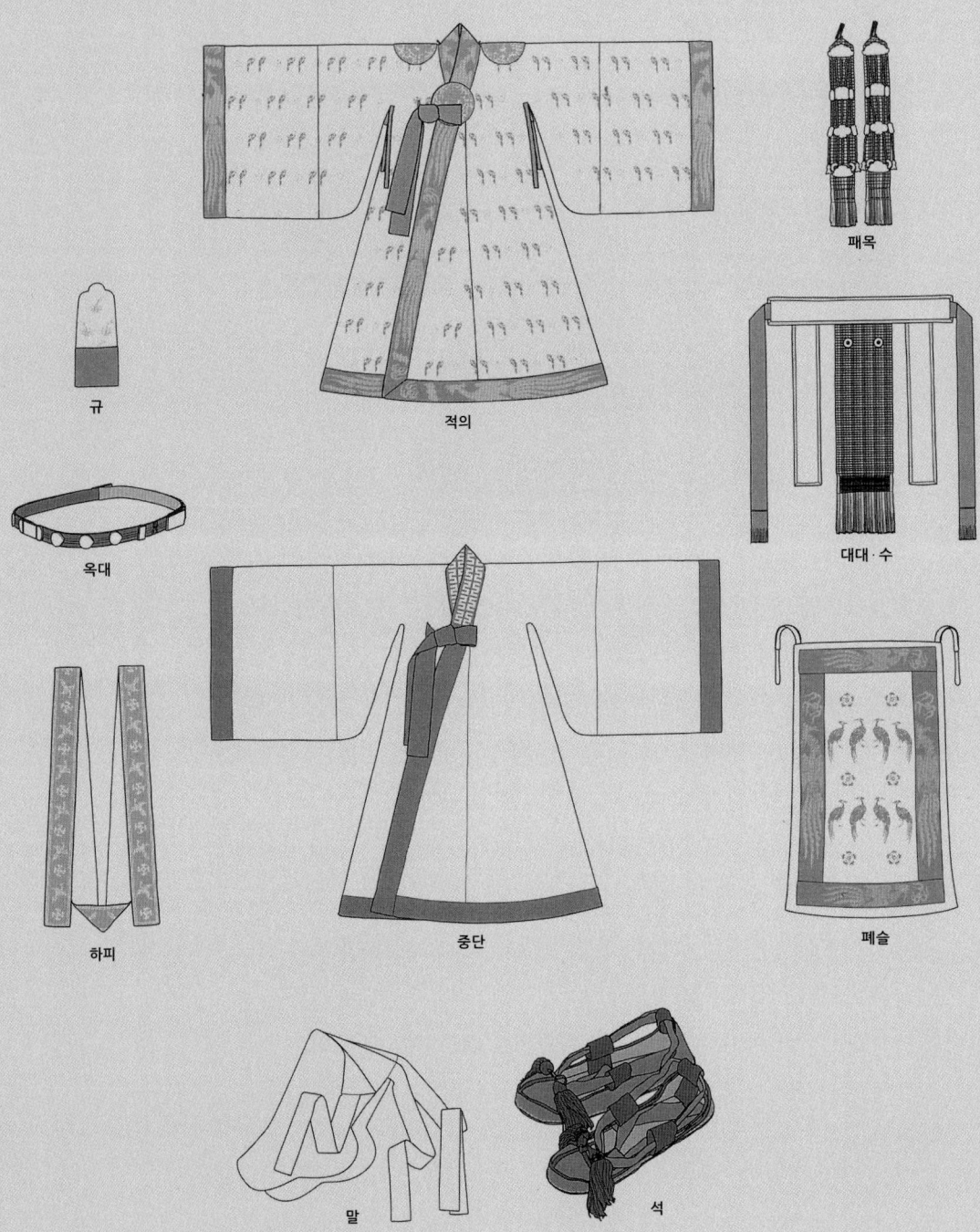

적의 일습도, 국립고궁박물관.

## 봉수당에서는 예복을 입으시다

『원행을묘정리의궤』를 보면 봉수당 진찬례에서는 '자궁께서 예복禮服을 갖추고 여관의 인도로 나오신다'[7]고 했으므로 과연 이 예복이 어떤 옷일까에 대한 여러 논란이 있다.

먼저 『국조속오례의보서례』는 왕비와 왕세자빈의 예복 제도를 실어놓았는데, 이때 예복은 적의 일습이다.[8] 그러나 봉수당에 가서 치렀던 잔치이므로 이때에도 적의를 입었을까 하는 의문이 든다. 그것은 정조 역시 봉수당까지는 시간이 오래 걸리므로 융복을 입고 가겠다고 한 데서 혜경궁의 복식 또한 적의보다는 간편한 복장이 아니었을까 추론할 수 있기 때문이다. 그렇다면 어떤 옷을 입었을까? 혹시 노의露衣는 아니었을까?

『조선왕조실록』에 노의에 대한 최초의 기록이 나온다. 즉 본조의 예복이 참람하고 사치하여 절도가 없을 뿐 아니라 노의, 오襖, 군裙, 입笠, 모帽는 높은 자의 옷인데 지금 장사치의 천한 여자까지 모두 입으니 높고 낮은 것이 분별이 없다고 하면서 이제부터는 4품 이상의 정처에게만 노의를 입을 수 있도록 하자[9]고 한 내용으로 미루어 신분의 구별 없이 당시 사람들에게 인기가 높았던 복식이었음을 알 수 있다. 이후 1460년(세조 6) 빈씨 집에 납징納徵을 보내는 물목에 명복命服으로 대홍단자노의大紅段子露衣 한 벌을 보냈다는 기록이 있어 적의에 버금가는 옷이 노의였음을 알 수 있다. 또한 노의의 형태와 쓰임새에 대해서는 부인들이 길을 갈 때 입는 겉옷으로 남자의 원령과 같이 지었으며, 크고 넉넉한데 묶는 대가 없다[10]고 했다. 이외에도 세조가 조카인 구성군이 아내를 얻을 때 상의원에 명하여 대홍단자 노의와 대홍단자 겹장삼袷長衫을 만들어주었으며,[11] 선조는 아들 의창군이 아내를 얻을 때에도 노의와 장삼을 만들어주라[12]고 명했다. 또한 『상방정례』의 의대衣襨 중 가장 먼저 나오는 옷이 중궁전은 흉배금원문노의胸背金圓紋露衣이고, 빈궁 역시 노의인 것으로 볼 때 노의는 가장 귀한 예복 중 하나였음에 틀림없다. 따라서 원행을 갈 때 입었던 옷이기도 하고 의대 물목 가운데 가장 먼저 나오는 예복이기도 한 노의가 봉수당 행차 때 자궁의 복식으로 가장 적합하지 않았을까 생각한다.

노의의 모양은 어떻게 생겼을까? 『인조장렬후가례도감의궤』에는 적의와 노의의 형태가 그려져 있다. 적의와의 비교를 통해 노의의 생김새를 살펴보자. 여기 제시된 그림을 보면 적의와 노의는

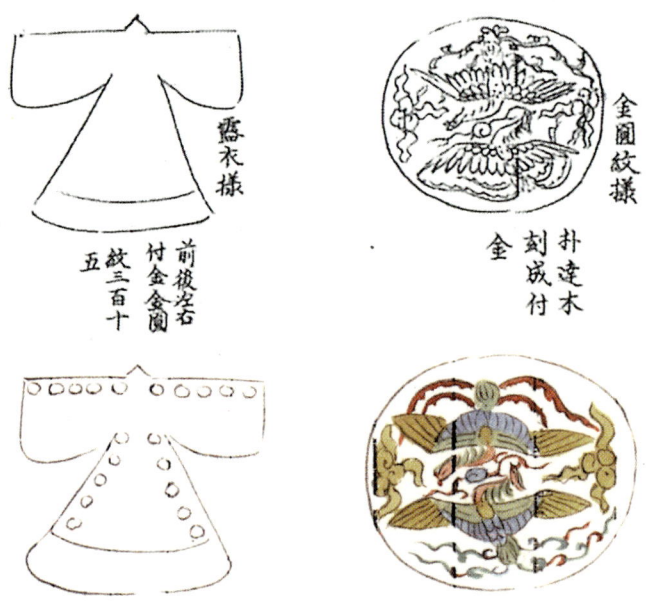

『인조장렬후가례도감의궤』에 실린 노의양(위 왼쪽)과 노의에 붙이는 금원문양(위 오른쪽), 적의양(아래 왼쪽)과 적의에 붙이는 운봉문(아래 오른쪽).

기본적으로 형태상 구조가 같다.

먼저 길이를 보면 뒷길이가 앞길이보다 1자尺[13] 더 길고 대체로 크며 넉넉한 포 형태다. 적의와 노의에는 각각 문양이 있는데, 적의에는 운봉문을 앞길과 뒷길에 36개 붙였으며 노의에는 금원문을 315개 붙였으므로, 옷의 크기로 볼 때 노의에 붙이는 금원문이 적의에 비해 작았을 것이다. 크기는 비록 달랐지만 적의에 붙이는 운봉문과 노의의 금원문의 무늬는 같다. 결국 노의도 적의처럼 운봉문이 있는 포 형태임을 알 수 있다.

다음은 노의를 만드는 데 들어가는 옷감 및 부속물에 대해 알아보자. 먼저 겉감으로 대홍필단 1필, 안감으로 대홍정주 1필과 함께 끝동에 해당되는 태수에 원문圓紋이 들어간 남필단 3자 6치가 필요하다. 또 노의대를 만들기 위해서는 자적라紫的羅 6자 7치가 필요하다. 여기에 금원문을 붙이기 위한 금金이 3속束 3첩貼 3장張 들며, 금박을 올린 대를 만드는 데에도 금 7첩이 있어야 한다.[14] 적의를 만드는 데에는 겉감으로 대홍향직 35자와 안단으로 대홍향직 5자 5치가 들어갔으며, 적계翟雞를 그리는 데 니금 5전이 필요한 것으로 보아 오히려 노의를 만드는 데 더 많은 옷감과 금이 들었음을 알 수 있다.

특히 노의는 각 신분에 따라 노원문과 흉배의 유무 및 옷감에서 차이가 있을 뿐 왕실 여성의 가장 귀한 옷이었음은 분명하다. 신분별 차이를 간단히 살펴보면 [표 2]와 같다.

• 표 2 • 신분별 노의의 옷감 및 소요량

|  | 중궁전 | 빈궁 | 숙의 | 부인 | 공주 |
|---|---|---|---|---|---|
| 겉감 | 흉배금원문노의 대홍향직 1필 | 노의 대홍향직 23자 6치 | 단(單)노의 대홍광적 1필 | 단노의 대홍광적 1필 | 단노의 대홍광적 1필 |
| 내공 | 대홍주 1필 | 남숙초 24자 | 대홍정주 32자 5치 | 자적토주 1필 3자 | 자적토주 35자 |
| 태수 | 남향직 4자 | 원문圓紋 남향직 3자 6치 | 남광적 4자 | 남광적 4자 | 남광적 4자 |
| 대 | 자적라 6자 7치 금 7첩 | 자적라 장4자 광8치 | 자적라 장4자 광8치 |  |  |
| 봉작 | 대홍진사 2전 6푼 | 대홍진사 8푼 | 대홍진사 2전 | 대홍진사 2전 8푼 | 대홍진사 8푼 |
|  |  | 남진사 8푼 |  | 자적진사 2전 8푼 | 자적진사 8푼 |
| 후첩금 | 2속 8첩 3장 | 2속 6첩 3장 |  |  |  |
| 흉배 | 2쌍 |  |  |  |  |

청연군주 노의,
뒷길이 150.0cm,
화장 105.5cm, 뒤품 35.0cm,
18세기 후반~19세기 전반,
국립중앙박물관.

뒷면

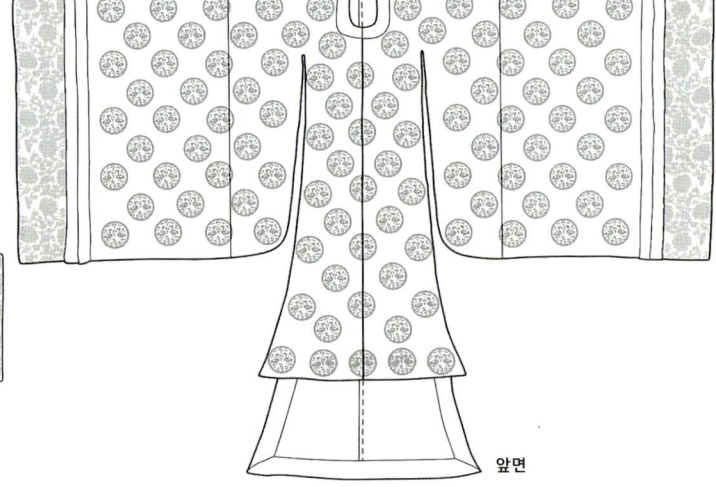
앞면

왼쪽에 제시된 그림은 청연군주의 '노의'다. 그녀는 혜경궁 홍씨의 딸이면서 정조의 동생으로 실제 회갑연에 참석했던 인물이다. 그녀가 회갑연 때 입었던 노의인지는 알 수 없으나 현전하는 노의로서 몸판 전체에 215개의 금원문을 부금했다.

## 정조, 군복과 곤룡포를 번갈아 입은 까닭

정례定例에 정해진 임금의 진연 시 복식은 익선관에 대홍색의 용포이고, 능행을 할 때는 마미두면에 용포를 입었다.[15] 그러나 정조는 멀리 현륭원까지 찾아가야 하고 행사 기간이 길어지므로 용포가 아닌 평융복이나 군복을 입겠다는 하교를 내렸다.

옛날 온천에 행차할 때도 여러 날이 걸리기 때문에 평융복을 입기도 하고 군복을 입기도 했다. 앞으로 현륭원에 행차할 때의 복장도 이를 따라야겠다. 어가를 따르는 모든 신하는 머리에는 호수, 공작우, 영우, 방우를 꽂고 허리에는 화살통과 환도를 차니 젊은 사람도 주체하기 힘들 텐데 하물며 늙은 사람이겠는가. 호수의 제도는 그 유래가 오래되지 않았다. 온천에 행차할 때 보리농사가 잘되었기 때문에 기뻐하는 뜻으로 곁에 있는 신하들에게 하나씩 꽂게 한 것인데 그 뒤에 호수로 보리이삭을 대신하게 하였으니 이것이 군복 차림과 무슨 관계가 있겠는가. 문관 재상이 찼던 화살통은 온천에 행차할 때 과천에 이르면 임시로 벗도록 하며, 머리에 쓰는 것과 허리에 차는 것 가운데 생략해서 벗을 수 있는 것을 대신들이 의논하여 아뢰라.[16]

원행을묘 시 왕의 복식을 『원행을묘정리의궤』에서 보면 출발할 때인 을묘년 윤2월 9일에서 돌아오는 날인 윤2월 16일까지 임금은 의식에 따라 복식을 여러 번 바꿔 입었다. 먼저 9일 묘시 정각이 되어 행군을 시작하는 삼엄을 알리자 임금께서는 곤룡衮龍철릭帖裏을 입고, 궁궐을 나와 오시 초2각初二刻에 군복으로 갈아입은 뒤 자궁의 어가를 모시고 출발했다. 10일에도 역시 군복을 입고 화성에 이르러 하룻밤을 유숙했다. 11일에는 화성 성묘에 전배했는데, 거둥할 때에는 군복을 입었으나 성묘 안으로 들어가 봉심할 때에는 면복으로 바꿔 입었다. 이후 명륜당에 환어하고 난 뒤에는 다시 군복으로 갈아입었으며, 진시에 낙남헌에 임어하여서는 다시 융복을 입고 자리에 올랐다. 12일에도 군복을 입고 출발해 현륭원에 도착해서는 참포黲袍에 오서대烏犀帶를 갖추고 원園에 나아갔다. 행궁으로 환어할 때에는 다시 군복으로 갈아입었다. 13일 진찬할 때가 되자 임금은 융복을 갖추고 배위拜位로 나아갔다. 14일에는 임금이 융복을 입고 화성 행궁의 정문인 신풍루에 나아가 쌀을 사여했고, 낙남헌을 거쳐 득중정으로 가실 때에는 군복을 입었다. 15일에는 군복을 입고 화성 행궁을 출발해 16일 환궁하실 때에도 군복을 갖추었다.[17]

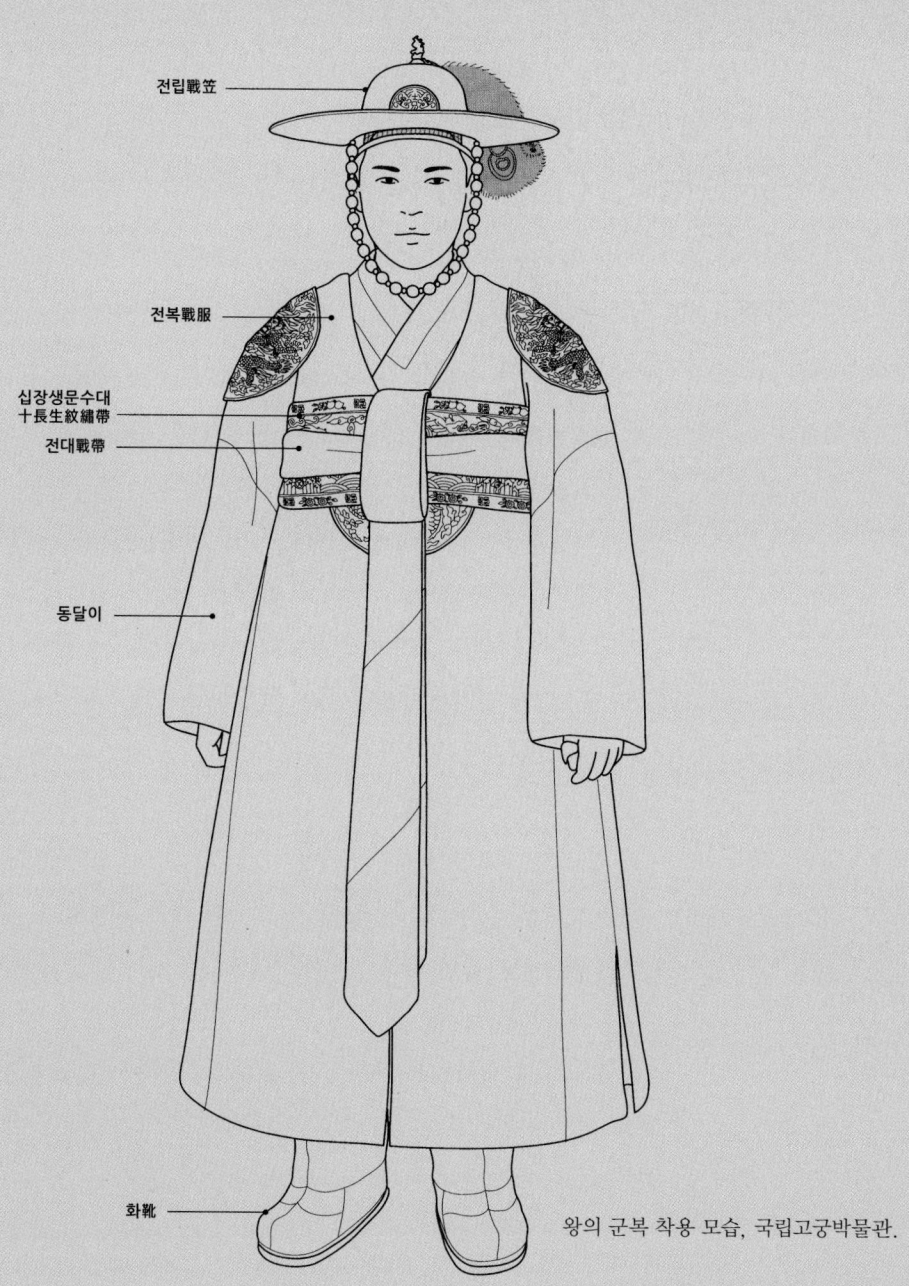

왕의 군복 착용 모습, 국립고궁박물관.

여드레 동안 화성에 머무르면서 임금이 착용한 옷은 가슴, 등, 양어깨에 보가 달린 곤룡철릭인 융복과 군복이었으며, 특별한 행사가 있는 날에는 의식에 맞춰 면복이나 참포를 입었다. 화성에서 진행된 대부분의 행사에서는 융복을 착용했으며, 이동할 때에는 항상 군복을 입었다.

### 융복으로 자궁의 진찬례에 참석하다

융복은 철릭을 말한다. 앞서 이야기했듯이 곤룡철릭과 융복을 같은 철릭으로 본다면, 곤룡철릭은 평융복에 곤룡을 합친 것이다. 곤룡포란 용금흉배龍金胸背가 있는 포를 뜻하는 것으로, 곤룡철릭 역시 가슴과 등, 양어깨에 보가 붙어 있는 철릭임을 알 수 있다.

철릭의 형태를 보면 상의와 하상을 연결해 허리에서 주름을 잡아 꿰맨 옷이다. 소매는 팔꿈치를 돌릴 수 있다고 했으니 넉넉한 옷으로, 대개 심의에 융戎의 뜻이 있기 때문에 융복이라고 했다. 더욱이 옛날에는 이 철릭을 모포帽袍 속에 입었기에 첩리帖裡라고도 했다. 또 철릭을 입고 그 위에 도포道袍를 입으면 조회에 나갈 수 있고, 도포를 벗으면 군대에 나갈 수 있다고 했으니 편안할 때 위태로움을 잊지 않을뿐더러 간소하고도 편리한 것이 고제古制와 같다[18]고 하여 철릭을 간편한 복장으로 여겼다.

그렇지만 융복인 철릭이 반드시 간편하지만은 않았다. 이는 융복 제도를 개혁하자는 상소가 끊임없이 올라온 것을 보면 알 수 있다. 1793년(정조 17) 병조판서 임제원은 우리나라에 복장의 종류가 지나치게 많은데 군대 복장 역시 융복과 군복 두 가지가 있으므로 복색 제도를 개혁하자고 아뢰었다.

> 융은 군과 그 의미가 같은데도 굳이 구별을 두어 그 제도를 다르게 하고 이름을 융복이라고 하는 것은 전혀 의의가 없습니다. 북포 온 필의 비단을 재단하여 대략 상고시대의 의상처럼 만들고 또 절풍건에는 짙붉은 채색을 정교하게 칠해놓아 넓은 소매에 넓은 채양이 이미 선명하고 아름다운데 또 치자물을 들여 장식하고 밀랍을 발라 꾸미니 모두 겉꾸밈만 하는 것입니다. 이 때문에 이 갓을 쓰고는 세찬 비바람에 견디지 못하고 이 옷을 입고는 말 타고 달리기에 편리하지 못해 실제 사용하는 데에는 온갖 방해만 있고 조금도 편리한 점이 없습니다. 이 제도가 『대전속록』에 처음으로 보이는데 어느 시대에 시작되었는지는 알 수 없으나 일찍이 『임진기문』 가운데에서 고 장신 이일이 철릭과 종립을 빌려 입고 썼던 일이 있었음을 알았습니다. 그것을 보면 의주 파천 당시 호위 신하들의 복색을 알 만한데, 그때를 상상해보면 진흙길에 엎어지고 넘어지면서 갈 때에도 오히려 남색의 철릭을 입고 붉은 전립을 쓴 채 바람에 쭈그러지고 비에 젖어 늘어졌을 것이니, 만일 불행히도 갑자기 적과 만났더라면 그 복장으로 어떻게 이리 뛰고 저리 뛰고 할 수 있었겠습니까. 이는 평상시 군장을 제대로 갖추지 못했다가 갑자기 전쟁을 만나 미처 변통하지 못했기 때문입니다.[19]

결국 병조판서는 편리한 점이 전혀 없다는 이유를 들어 융복을 없애자고 했다. 그러나 임금은 쉽게 허락하지 않았다. 그 뒤에도 판중추부사 박종악은 융복을 없애고 군복을 착용하는 것은 자못 등급을 밝히는 뜻에 어긋난다면서도 군복과 융복을 함께 두면 그 폐단이 심하고 비용이 많이 든다고 했다.[20] 그러나 이에 대해서도 바로 답변을 내리지 않자 비변사에서는 다시 군복의 개혁에 대한 논의를 아뢰었다.

> 군복과 융복이 모두 시위에 쓰이는 복장인데 한 반열 안에서 누구는 군복을 입고 누구는 융복을 입는다는 것은 구별하는 데에도 전혀 의의가 없고 의장만 번잡할 뿐입니다. 더구나 전립과 협수를 배위하는 반열이 이미 시험삼아 착용했던 전례도 있으니 의리에 어긋나지만 않고 쓰기에 편리하다면 변경하는 일이라는 데 구애받을 필요는 없습니다. 순전히 군복만 착용하는 것으로 그 제도를 통일하는 것이 아마 번잡을 줄이고 편리함을 취하는 방법이 될 것입니다.[21]

이에 정조는 융복을 없애고 군복을 착용하는 것이 옳다고 여기지만, 전립과 철릭은 이미 옛 제도에 속하는 것이며 함흥 본궁에도 간수해둔 것이니 융복을 없앨 수는 없다고 했다. 여기서 정조의 치밀함이 또 한번 엿보인다. 결국 정조는 융복을 폐하려는 마음이 없었던 것이다. 따라서 융복에 대한 폐지 논란이 끊임없이 이뤄졌음에도 동서반은 위내衛內의 사람들과는 다르므로 지금까지 해오던 대로 융복을 착용[22]하게 했으며, 화성 행궁 때 융복과 군복을 통용하는 것으로 결정했다.

　결국 정조대에 능 행차가 있으면 시위 제신들은 모두 융복을 입고 대가를 따르게 했으며, 능과 원침을 동시에 배알할 때는 복장을 계속 갈아입기 곤란하므로 그냥 원침 행차 때의 복색으로 마련하자[23]고 함으로써 융복은 계속해서 통용되었다. 다만 융복에는 전립을 써야 하는데, 입쪽에는 반드시 말갈기 털을 맺어서 만들어야 하므로 그 비용이 많이 들고 꾸미는 일 또한 쓸데없이 번거로울뿐더러 더욱이 바람이 불면 괴로운 까닭에 앞으로는 말갈기를 쓰지 말고 꾸미는 것도 작우雀羽, 방우傍羽, 영우와 같은 것은 버려야 한다[24]고 하여 융복이 간소화되었음을 알 수 있다.

## 군복으로 화성에 가다

군복은 소매가 좁다 하여 협수포라고도 불렀다. 임금이 궐 밖으로 나갈 때 군복을 입은 것은 정묘조에 화성으로 행행할 때 입은 것으로, 화녕전에 모신 어진의 옷차림이 바로 군복 차림이었다. 화녕전은 정조의 어진을 보관하던 전각으로 부친 사도세자를 지극한 효성으로 받든 것을 본받고 기리기 위해 순조가 세웠다. 그러나 안타깝게도 정조가 군복을 착용하고 있는 어진은 전하지 않는다.

　다만 군복을 입고 있는 철종(1831~1863)의 어진이 창덕궁에 남아 전하므로 이를 통해 군복의 모습을 살펴보려 한다. 「철종어진」은 오른쪽 3분의 1이 소실되었지만 왼쪽 상단에 '내 나이 31세'라고 적혀 있는 것으로 보아 1861년(철종 12)에 도사된 것임을 알 수 있다. 정조가 군복을 입고 화성에 갔을 당시와는 불과 66년의 차이

「철종어진」, 이한철·조중묵·김하종 등, 비단에 채색, 202.2×93.0cm, 보물 제1492호, 1861, 국립고궁박물관.

「철종어진」중 협수포, 전복, 전대.

「철종어진」중 전립, 공작우, 옥로.

밖에 나지 않으므로 정조의 군복도 철종의 어진에서 보이는 군복과 거의 같았을 것이다.

철종의 군복을 살펴보면 황갈색 길에 주홍색 소매를 붙인 동다리인 협수포를 입고 그 위에 주홍색 안을 받친 현색 전복을 입고 있다. 협수포는 소매가 좁은 것이 특색이며, 협수포의 안감은 주홍색이다. 가슴과 등, 양어깨에 오조원룡보를 달았으며 그 위 가슴에는 십장생문이 수놓아진 십장생문수대十長生紋繡帶를 두르고 남전대藍戰帶를 띠었다.

전복은 답호·쾌자라고도 부르며 길만 있고 소매가 달려 있지 않다. 뒤는 등허리 밑으로 갈라져 있고 옆도 갈라져 있어 활동하기에 편리하다. 협수포 위에 덧입어서 경쾌한 느낌을 주는데 군인들이 주로 이렇게 입으므로 이를 전복戰服이라 한다. 전대는 전복 위에 매는 대이다.

전립戰笠은 전립氈笠이라고도 한다. 망건 위에 마미馬尾와 칠사漆絲로 만든 전립을 쓰고 있는데 전립 뒤쪽으로 공작미를 늘어뜨렸다. 정자頂子 위에는 옥로玉鷺가 장식되어 있으며, 전면에는 옥판을 장식했다. 갓끈은 패영貝纓으로 산호와 밀화 등의 보석으로 꾸몄다. 여기에 오피화를 신음으로써 완벽한 군복을 갖추었으니, 이를 '구군복具軍服'이라 한다.

### 연희당에서는 용포를 입으시다

궁궐 안에서 거행되는 진연 시 임금의 복식은 익선관을 쓰고 곤룡포를 입는 것이 정례定例다. 그러니 연희당에서 정조가 착용한 복

「영조어진」
조석진·채용신 등, 비단에 채색, 110.5×61.0cm, 보물 제932호, 1900, 국립고궁박물관.
익선관에 곤룡포를 입고 옥대를 두른 모습이다.

식은 왕의 상복에 해당되는 익선관과 곤룡포다.

익선관에 곤룡포 차림은 왕의 시사복視事服이다. 즉 왕이 정사를 돌볼 때 착용하는 곤룡포는 자신의 역할을 대변하는 것으로, 부모를 위해 벌이는 잔치 역시 왕의 업무 중 하나임을 드러내는 것이다.

먼저 익선관을 보자. 익선관은 모라毛羅로 만들며 모정 부분은 2단으로 이루어져 있고, 양 대각 뒤에는 양 소각이 덧붙여진 형태다. 곤룡포는 시대에 따라 둥근 원 안에 꿈틀거리며 올라가는 비룡飛龍·행룡行龍 또는 정면을 향해 있는 정룡正龍의 모습을 앞가슴과 등 뒤, 양 어깨에 장식한다. 이는 둥근 원 안에 용을 그린 것으로 발톱의 수에

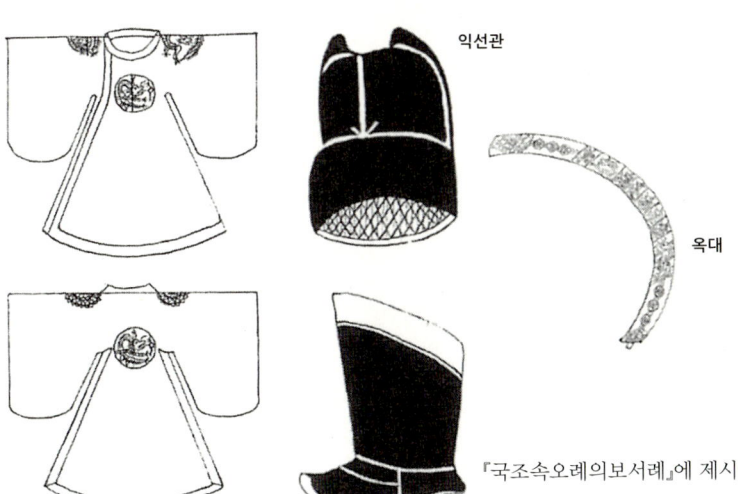

고종 곤룡포
길이 127.0cm,
화장 95.0cm,
뒤품 54.0cm, 20세기 초,
세종대 박물관.

익선관

옥대

곤룡포

화

『국조속오례의보서례』에 제시된 전하의 시사복도설.

따라 임금은 오조원룡보五爪圓龍補, 왕세자는 사조원룡보를 한다. 왕세손은 네모난 방형에 3개의 발톱을 가진 용을 가슴과 등에만 다는데 흉배라 하지 않고 삼조방룡보三爪方龍補라 한다. 『국조속오례의보서례』에는 전하의 시사복으로 옥대와 화가 익선관, 곤룡포와 함께 그려져 있다. 「영조어진」에서 영조가 홍색의 곤룡포를 입고 익선관을 쓰고 옥대를 두르고 있는 모습을 확인할 수 있다. 그러나 황제위에 오른 고종은 홍색이 아닌 황색 곤룡포를 입었다. 황곤룡포의 특징은 조원룡보 안에 해를 상징하는 붉은 여의주가 있는 오조원룡일문보五爪圓龍日紋補가 앞가슴과 오른쪽 어깨에 있으며, 달을 상징하는 하얀색 여의주가 있는 오조원룡월문보五爪圓龍月紋補가 등과 왼쪽 어깨에 있다는 것이다.

## 진찬에 초대받은 내외빈의 다양한 복식

봉수당 진찬례에 자리를 함께한 내외빈은 82명이었다. 모두 임금 어머니의 동성同姓 8촌 친척과 이성異姓 6촌 친척 이상으로, 외명부에 속하는 사람이 13명이었다. 다음으로 외빈은 동성 8촌이 37명, 이성 4촌이 7명, 이성 5촌이 14명, 이성 6촌이 4명, 그 외 7명을 포함해 69명이었으므로 모두 합하면 82명이 된다.

「봉수당진찬도」는 위쪽에 그려진 봉수당으로부터 중양문을 지나 아래쪽 좌익문을 연결하는 행각과 담장으로 구획되었고, 그 안에 진찬의 모습을 묘사했다. 이 그림은 크게 세 공간으로 나누어 파악할 수 있다. 첫 번째 공간은 봉수당 온돌과 전퇴(집채 앞쪽으로 나와 있는 물림)로 혜경궁 홍씨와 정조의 어좌가 마련된 곳이다. 봉수당 온돌 앞에는 거북 무늬의 주렴이 쳐져 있으며 그 안으로 혜경궁 홍씨와 내외명부가 자리하고 있다.[25] 보계 왼쪽 전퇴에 병풍을 뒤로하여 호피를 깔아놓은 곳에는 정조의 시연위를 마련했다. 저 궁의 자리 오른쪽에는 헌선도 연희를 마친 세 명의 연희자가 선도를 담은 은반을 둘러싸고 있다.

둘째 공간은 봉수당 앞 계단에서 뜰에 이르기까지 임시로 덧마루를 설치하고 백목장을 둘러 구분지은 곳이다. 여기에는 융복 차림의 의빈과 척신들이 하사받은 꽃이 놓인 찬탁을 앞에 놓고 좌우로 나뉘어 앉아 있다. 보계 한가운데서는 여령이 무고와 선유락을 보이고 있다. 보계 아래쪽에는 전악과 악생, 악공들이 앉아 있다.

셋째 공간은 중양문 밖이다. 여기에는 어가를 호위하며 따라온 배종백관들이 있으며, 앞에 놓인 찬탁 위에는 술잔과 함께 하사받은 꽃이 꽂혀 있다.[26] 이들 문무백관 뒤로는 의장수들이 동서로 나뉘어 겹줄로 서 있으며, 그 뒤로 시위관들의 모습이 겹줄로 보인다. 각 신분의 복식을 살펴보자.

## 원삼을 입은 내외명부

『원행을묘정리의궤』에는 내외명부가 2각 전에 각기 예복을 갖추고 외위로 나간다고 했다.[27] 원삼은 조선시대의 여자 예복으로 궁중에서 일반 서민에 이르기까지 널리 입었다. 이 옷은 통일신라시대 중

이단하 부인 초록 직금원삼,
앞길이 120cm, 뒷길이 130cm,
화장 106cm, 품 48cm, 개인.

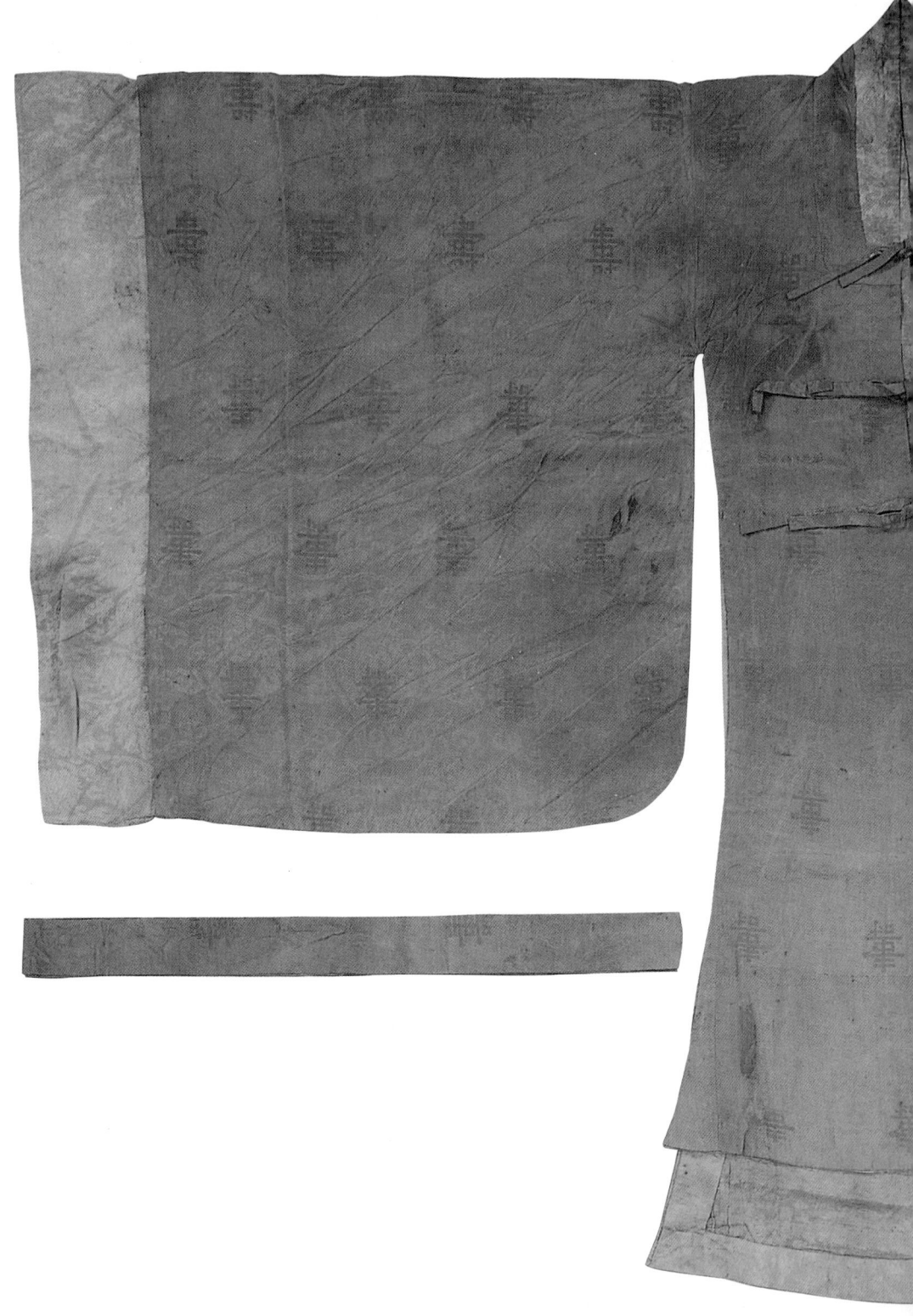

안동 권씨 원삼, 길이 141cm, 18세기, 경기도박물관.

국에서 전해져 고려시대를 거쳐 조선시대 여자 예복으로 자리잡았으며,[28] 명나라에서 내려준 관복 중 단삼團衫을 원삼의 형태로 보는 견해도 있다.[29]

『사례편람四禮便覽』에는 '원삼이란 가례의 대수이고 일반이 입는 원삼은 깃이 겹치지 않고 마주보며 뒤가 길고 앞이 짧다. 또 소매 단에는 여러 색으로 여러 층의 옷감을 이어 댄다'고 했다. 『거가잡복고居家雜服考』에는 '그 제도는 녹색으로 하고 옷깃은 길고 소매는 넓으며 겨드랑이 아래는 봉하지 않는다. 소매에는 약 1촌 넓이의 홍색, 백색, 황색을 이어 소매 끝에 잇는다'고 했으므로 원삼은 앞길이 마주보는 대금형이고, 옆 자락은 겨드랑이 아래부터 트임이 있으며 대부분 앞길의 길이가 뒷길보다 짧고 소매에는 두 줄 이상의 색동과 한삼이 달린 형태다. 다만 길의 옆선에서 시대에 따른 변화를 읽을 수 있는데, 진찬례에 참여한 내외명부들의 원삼은 이단하(1649~1689) 부인의 것과 의원군 배위 안동 권씨(1664~1722)의 원삼처럼 날렵하고 세련된 곡선의 옆선을 만들어 사용했을 것으로 여겨진다.

이단하 부인의 원삼에는 수놓은 봉황흉배가 달려 있는 반면 안동 권씨의 유물에는 흉배가 없는 것이 다를 뿐, 둘 모두 원삼의 전형적인 특징을 갖춰 봉수당진찬례에 참여한 내외명부들이 입은 예복은 바로 이들 형태와 유사할 듯하다. 내외명부는 연희당에서도 같은 예복 차림이었다.

원삼을 뒷받침하는 또 다른 기록은 1848년(헌종 14) 무신년 봄 경빈慶嬪의 진연 및 치사 의복으로 가슴과 등, 양어깨에 금체봉金軆

鳳을 장식한 자적인화문사직금원삼紫的鱗花紋紗織金元衫을 올린 것으로 보아 내명부가 진찬례에 참여했을 때 예복은 원삼이었음을 알 수 있다.

### 융복을 입은 의빈·척신

봉수당에 참석한 의빈·척신의 복식은 융복이다. 그러나 「봉수당진찬도」에는 융복과 군복의 모습이 같이 보인다. 이는 앞서 정조의 복식에서 살펴본 것처럼 융복을 폐지하지 못하게 함으로써 계속 통용되었기 때문이다.

「봉수당진찬도」를 보면 군복을 입은 이들은 협수포 위에 전복을 입고 채화를 꽂은 전립을 썼으며 동개를 찬 구군복 차림이다. 군복이란 모름지기 가볍고 날렵한 쪽을 따라야 하므로 옷소매는 팔이 겨우 들어갈 정도다.[30] 그러나 융복을 입은 사람들은 소매가 넓은 홍색과 청색의 철릭에 공작우를 꽂은 전립을 쓰고 있다. 융복은 철릭, 광다회, 목화, 동개, 입, 환도, 병부주머니로 구성된다. 이 옷은 문관이나 무관이 몸을 가뿐하고 날쌔게 할 때와 왕의 행차를 수행할 때, 외국에 사신으로 파견될 때, 국난을 당했을 때 입는다. 『속대전續大典』에는 품계에 따라 당상관은 자립紫笠에 패영을 하고 남색 철릭을 입도록 했으며, 당하관은 흑립에 정영을 하고 청현색 철릭을 입도록 했다. 한편 왕이 교외로 나갈 때는 홍색을 착용[31]케 해 국가의 위상을 한껏 드러냈다.

의원군 이혁(1661~1722)의 철릭을 보자. 운보문단으로 만든 연갈색 홑철릭인데, 출토되었을 때 좌측 치마 안쪽에 흉배 자국이 있

철릭, 길이 117.0cm,
하남시 춘궁동 의원군
이혁(1661~1722)의 묘 출토,
18세기, 경기도박물관.

었으며, 흉배의 금사에서 떨어진 금가루가 묻어 있었고, 초록빛의 철릭색이 남아 있었다.[32]

### 연희당에서는 의빈·척신도 상복을 입다

연희당에서 베풀어진 「연희당진찬도」를 보자. 윤6월 18일이므로 한참 더운 날씨에 치러진 진찬례에서 의빈과 척신은 모두 오사모를 쓰고 흑단령을 입었으며, 대를 띠고 목이 긴 화를 신었다. 이날 임금이 익선관에 곤룡포를 착용했으므로 신하들도 상복을 착용한 것이다.

『경국대전』「의장」조에 제시된 상복의 특징은 신분에 따라 흉배를 다는 것이다. 즉 대군大君은 기린麒麟, 왕자군은 백택白澤, 1품의 문관은 공작孔雀, 무관은 호표虎豹이며, 2품의 문관은 운안雲雁이고 대사헌은 해치獬豸이며, 무관은 호표다. 3품은 당상관만 흉배

『원행정리의궤도』 중 '봉수당진찬도'
종이에 채색, 62.2×47.3cm, 19세기, 국립중앙박물관. 군복과 융복을 입고 있는 의빈과 척신의 모습이 보인다.

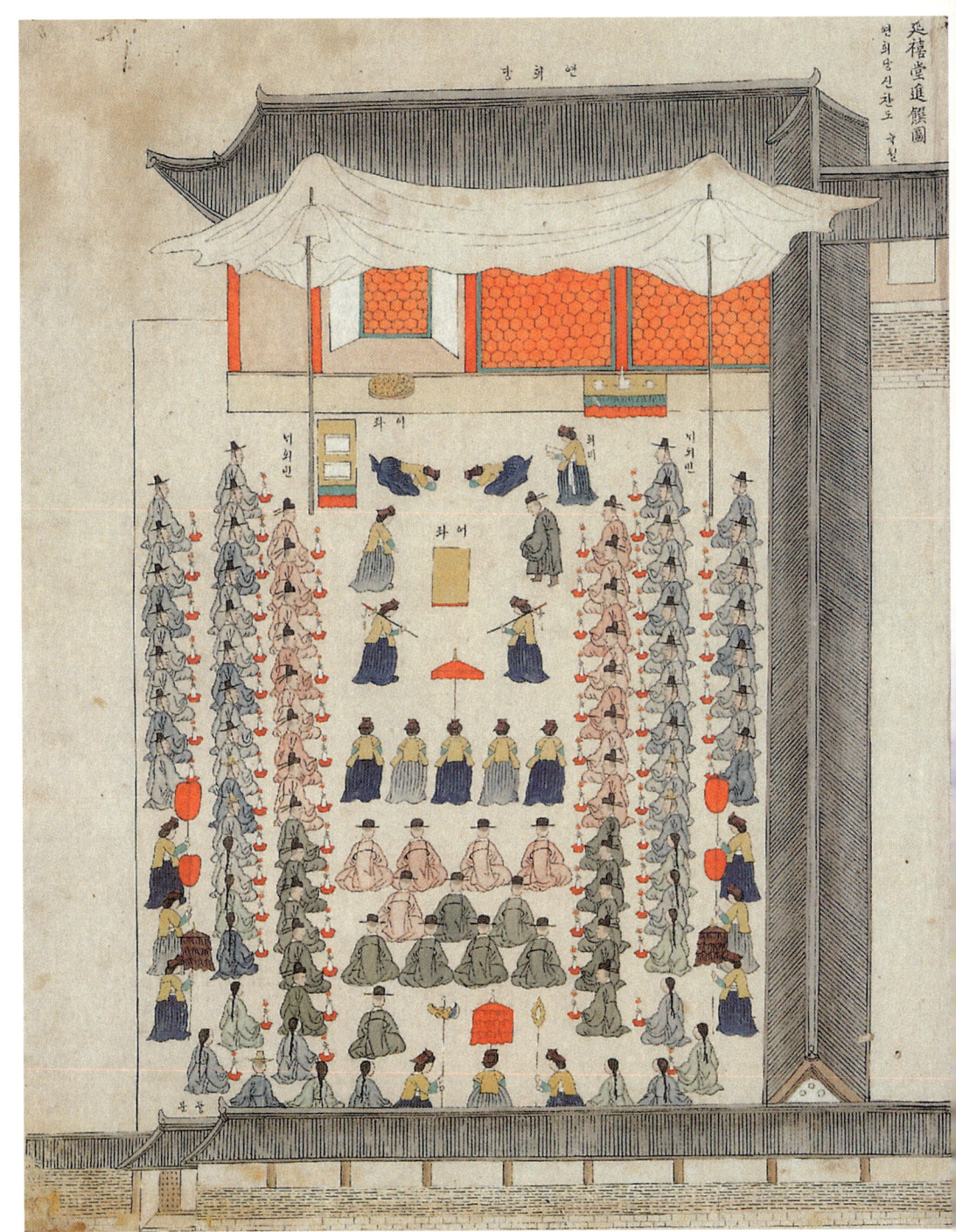

'연희당진찬도', 종이에 채색, 62.2×47.3cm, 19세기, 국립중앙박물관.

를 달되 문관은 백한이고 무관은 웅비다. 다음 4품에서 9품까지는 흉배를 달지 않아 공복과 상복을 통용하므로 공복에는 복두를 쓰고 상복에는 사모를 쓰는 것으로 구분했다. 또한 복색을 4품에서 6품까지는 청색으로 하고 7품에서 9품까지는 녹색으로 해 신분을 구분지었다.[33]

그러나 『속대전』에는 흉배에 대해 정해놓은 제도가 없고[34] 심지어 무신이 학흉배를 달기도 했으므로,[35] 1745년(영조 21)에 문관 당상은 학, 당하는 백한, 왕자와 대군은 기린, 무신은 호표와 웅비로 할 것을 건의하자 임금이 이를 옳게 여겼다.[36] 이런 가운데서도 여전히 흉배의 제도는 문란해 결국 조선총독부의 『예복』에 문관 당상관은 쌍학, 당하관은 단학으로 하고, 무관 당상관은 쌍호, 당하관은 단호로 한다고 규정해놓았다. 「연희당진찬도」에는 옅은 홍색과 녹색의 단령을 입은 내외빈의 모습이 보인다. 그러나 흉배가 없어 그림으로 신분을 구분짓기는 어렵다. 복색 역시 신분을 나누는 기준으로 삼기에는 한계가 있다. 1758년(영조 34) 당하관의 흑단령은 흉배가 있으며, 흉배가 없는 옷을 시복時服이라 했다.[37] 그러나 흑단령의 복색도 녹색이나 청색으로 분별할 필요가 없다고 했으므로 실제 복색은 중요한 의미를 띠지 않았던 듯하다. 따라서 연희당에서 의빈과 척신이 착용한 옷은 상복인 흑단령이며 흉배의 유무나 복색으로 신분을 판단하는 데에는 한계가 있다.

## 청금복을 입은 유생

유생들의 복식은 『경국대전』 제학생도의 기록에서 보듯이 치포건緇

布巾과 청금靑衿이다.³⁸

『경국대전』 횡간도橫看圖에 '제학생도諸學生徒는 단령團領을 입는다'고 했는데, 주註에 이르기를 '유학儒學은 청금을 입는다'고 하였습니다. 유학이란 유생이고, 청금은 혹 그것이 푸른 옷靑衣인가 의심하기도 하고, 혹은 옷은 붉은데 옷깃을 푸르게 한 것이라고도 했으며, 『시경詩經』의 주 및 자서字書에 이르기를 '금衿이란 영領이다'라고 했으니, 이로써 살펴보건대 혹 붉은 옷에 푸른 깃을 말하는 듯합니다. 무릇 복색은 청색과 흑색을 함께 쓰지만, 흑단령은 홍단령에 비해 더 중하므로, 중한 곳에는 흑단령을 입고 경한 곳에는 홍단령을 입으니, 조신뿐만 아니라 유사도 그렇게 하였습니다.³⁹

위의 글을 보면 청금의 형태는 단령이며 깃이 청색으로 되어 있다고 했으나, 실제 유생들은 단령이 아닌 직령을 입었으며, 복색은 청색을 좀더 귀한 색으로 인식했다.

우리나라 국초에는 유생들이 사사로이 출입할 때에도 홍직령을 입었습니다. 그러니 홍의는 반드시 조종조의 옛 제도일 것입니다. 조사복으로 말하자면 중요한 곳에서는 흑의를, 가벼운 곳에서는 홍의를 입었습니다. 무릇 유생이 성묘聖廟에 들어갈 때에는 청의를 입었고, 식당이나 재齋에 있을 때에는 홍의를 입었습니다.⁴⁰

「왕세자입학도첩」 중 '작헌의도'
종이에 채색, 33.8×45.2cm, 1817, 국립문화재연구소. 유생이 청금복을 입은 모습이 보인다.

『원행정리의궤도』 중 '근장군사' 부분, 종이에 채색, 62.2×47.3cm, 19세기, 국립중앙박물관.
근장군사는 전립에 검은색 호의 차림이다.

따라서 유생들은 치포건을 쓰고 직령으로 된 청의나 홍의를 착용했음을 알 수 있다.[41]

## 군사는 호의를 입고 시위하다

호의는 초관이나 협련군, 창검군, 기수 등이 착용하는 옷으로 「원행을묘정리의궤반차도」에 보이는 근장군사는 전립에 검은색 호의를 입었고, 영기를 들고 있는 기수는 검은색 포에 하늘색 호의를 착용했으며 붉은 상모가 달린 전립을 썼다. 한편 「봉수당진찬도」에 보이는 의장수는 흑의에 물색 호의를 입고 전립을 썼다. 전립에는 빨간색 상모를 달고 있다. 이들 시위하는 사람은 모두 소매가 좁은 포를 입고 그 위에 호의를 입었다.

## 전악은 녹초삼, 악공은 홍주의를 입다

중앙문 안쪽으로 보계 위에 자리하고 있는 악공의 복식은 크게 전악과 악공으로 나눠 살펴볼 수 있다. 『종묘의궤』에 제시된 것을 보

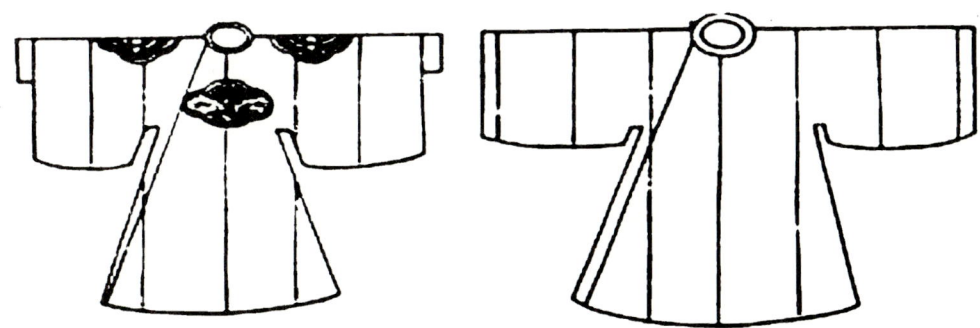

『악학궤범』에 실린 악공의 복식인 비난삼(왼쪽)과 홍주의(오른쪽).

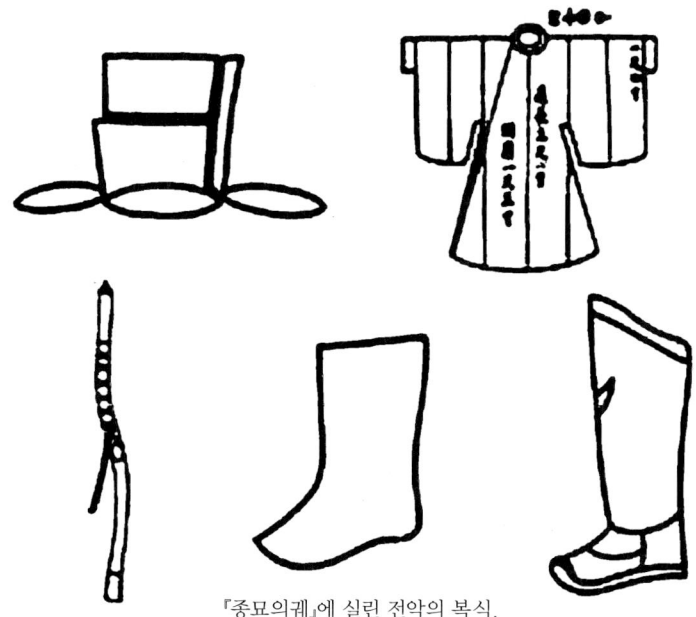

『종묘의궤』에 실린 전악의 복식.

면, 전악은 복두에 녹초삼을 입고 오정대를 띠었으며 흑화자를 신었다. 전악이 입은 녹사의綠紗衣는 녹초삼 또는 청삼이라고도 했는데, 본래 7품에서 9품까지 입었던 녹색 공복, 즉 녹포에서 비롯된 것이다.[42]

악공은 복두에 홍주의를 입고 오정대를 띠며 흑화자를 신었다. 1433년(세종 15) 제향 때 악공은 난삼흉배를 착용했으나,[43] 『악학궤범』에는 홍주삼 또는 홍주의를 입는다고 기록되어 있다. 또 1624년(인조 2)에는 악공의 복식으로 융복을 입히도록 했으며,[44] 「봉수당진찬도」에는 홍주의의 모습만 보일 뿐 흉배는 나타나지 않는다. 악공의 복식은 시대 흐름에 따라 복식이 바뀌기도 하고 흉배가 없어지기도 했다.

『원행정리의궤도』중 '헌선도'
국립중앙박물관.

### 헌선도를 추는 여령

봉수당에서 혜경궁을 위해 베푼 연회의 첫 번째 잔을 올릴 때 '선도를 올린다'는 정재를 시작으로 금척, 포구락, 무고, 아박, 향발, 학무, 연화대, 수연장, 처용무, 첨수무를 마지막으로 정재가 끝났다.[45] 『원행을묘정리의궤』에는 헌선도를 올리는 모습이 그려져 있다. 여령은 화관을 쓰고 상의로는 황초삼黃綃衫을, 하의로는 홍초상紅綃裳을 입었으며, 소매 끝에는 색동으로 된 한삼을 하고 수대繡帶를 했다. 「봉수당진찬도」 속 여령의 모습에서 녹색 저고리에 자주색 회장을 달고 남치마 위에 홍색의 웃치마를 두른 뒤 황초삼을 입은 모습을 확인할 수 있다.

이외에 동기들의 복식도가 『원행을묘정리의궤』에는 실려 있으나 「봉수당진찬도」에서는 그들의 모습을 확인할 수 없다.

## 한눈으로 보는 진연례 복식

정례에 규정된 왕의 복식이나 자궁의 복식을 비롯해 의빈 척신의 진연 때의 복식은 실제 화성 행궁의 봉수당에서 치러진 진연 때의 복식과는 차이가 있다. 이는 정조가 화성 행궁까지 가는 데 오랜 시간이 걸리므로 간편한 복장 차림으로 가려 한 데서 비롯되었다. 그리하여 왕은 용포가 아닌 융복 또는 군복을 입고 잔치에 참석했으며 자궁은 적의가 아닌 예복을 입었다고 했고, 잔치에 초대받은 내외빈들도 남자는 융복을, 내외명부는 예복을 입는다고 했다. 이에 각 신분의 복식이 장소에 따라 어떻게 변했는지 살펴봤으며, 이를 한눈에 알아보기 쉽게 정리했다. 또한 잔치의 흥을 돋우는 데 꼭 필요한 전악, 악공, 여령, 동기 등의 복식도 자세히 적혀 있지 않지만『악학궤범』이나『종묘의궤』 등과 봉수당의 그림을 통해 추정해보았다. 봉수당 진찬례에 참여한 신분들의 복식을 정리하면 [표 3]과 같다.

• 표 3 • 봉수당과 연희당 진찬례 참여자들의 신분별 복식

| 참여자 | 연희당진찬례 | 봉수당진찬례 | 봉수당진찬도 ||||| 
| | | | 관모 | 의복 | 대 | 신발 | 기타 |
|---|---|---|---|---|---|---|---|
| 자궁 | 천청색 적의 | 예복 | 수식 | 노의 | 대대 | 온혜 | |
| 정조 | 익선관·곤룡포 | 융복 | 전립 | 융복 | 남전대 | 흑화자 | |
| 내외명부 | 예복 | 예복 | 수식 | 원삼 | 대대 | 온혜 | |
| 의빈·척신 | 상복 | 융복 | 전립 | 홍철릭 군복 | 전대 | 흑피화 | 공작우 |
| 유생 | 청금복 | 청금복 | 치포건 | 직령포 | 세조대 | 흑피화 | |
| 정리대신 이하 시위군사 | | 융복 군복 호의 | 전립 | 철릭 동다리 호의 | 전대 | 흑화자 | 궁시 동개 등채 |
| 전악 | | | 복두 | 녹초삼 | 오정대 | 흑화자 | |
| 악공 | | | 복두 | 홍주의 | 오정대 | 흑화자 | |
| 여령 | | | 화관 | 황초삼 | 수대 | | 한삼 |
| 동기 | | | 합립 | 단의 홍라상 | 금화라대 | 혜 | 유소 |

제7장 | 절용의 미덕과
예를 갖춘
상차림

궁 중 연 향 과 음 식

**김상보** 대전보건대 전통조리과 교수

조선왕조는 예禮¹와 악樂²이란 천지에 순응하고 음양을 조화시키는 것이라 인식했다. 이러한 예악관으로 인해 『의례儀禮』에 견주어 1474년(성종 5)에 『국조오례의國朝五禮儀』가 편찬되었는데, 이는 연향을 포함한 국가 행사의 기본이 되었다.

『국조오례의』를 현실에 펼쳐낸 조선 전기 궁중 연향에는 풍정연豊呈宴·회례연會禮宴·양로연養老宴·진연進宴 등이 있었지만 임진왜란과 병자호란의 혼란기를 겪으면서 해이해진 예제의 재정비 작업에 들어간다. 1686년(숙종 12) 예제를 가다듬어 행한 진연을 1728년(영조 4) 자전께 올린 진연에서 채택했으며, 이를 바탕으로 1744년(영조 20)에 나온 것이 『국조속오례의國朝續五禮儀』「대왕대비께 진연하는 의식」이고, 1706년(숙종 32)에 행한 「인정전 외진연」은 『국조속오례의』에 「진연하는 의식」으로 반영되었다.

1744년에 거행된 영조의 기로소 입소를 축하하는 「숭정전 외진연」은 1710년(숙종 36) 숙종이 50세가 됨을 축하하는 외연이었던 「숭정전 외진연」에서의 거의 모든 부분을 채택했는데, 이때의 외진연은 1706년의 「인정전 외진연」을 기본으로 했음은 물론이다.

임진왜란과 병자호란 이후 이처럼 재정비를 하게 된 것은 검소와 절용의 미덕을 이어받아 될 수 있으면 예연을 간소하게 치른다는 취지 때문이었다. 원래 진연은 왕세자와 세자빈께 올리는 연회로 한정했다. 이러한 간소한 연회가 숙종 이후에는 '진연' 하면 왕의 등극 주년과 왕실 어른의 생신을 축하하는 예연으로 규정되었다. 조선왕조 연향은 이처럼 크게 왜란 전과 후로 나뉘어 그 규모가 점차 줄어드는 시대를 맞았다.³

「숭정전진연도」부분, 종이에 채색, 162.0×125.9cm, 1710, 국립중앙박물관.
1744년 숭정전 외진연은 1710년 숭정전 진연의 거의 모든 부분을 차락했다.

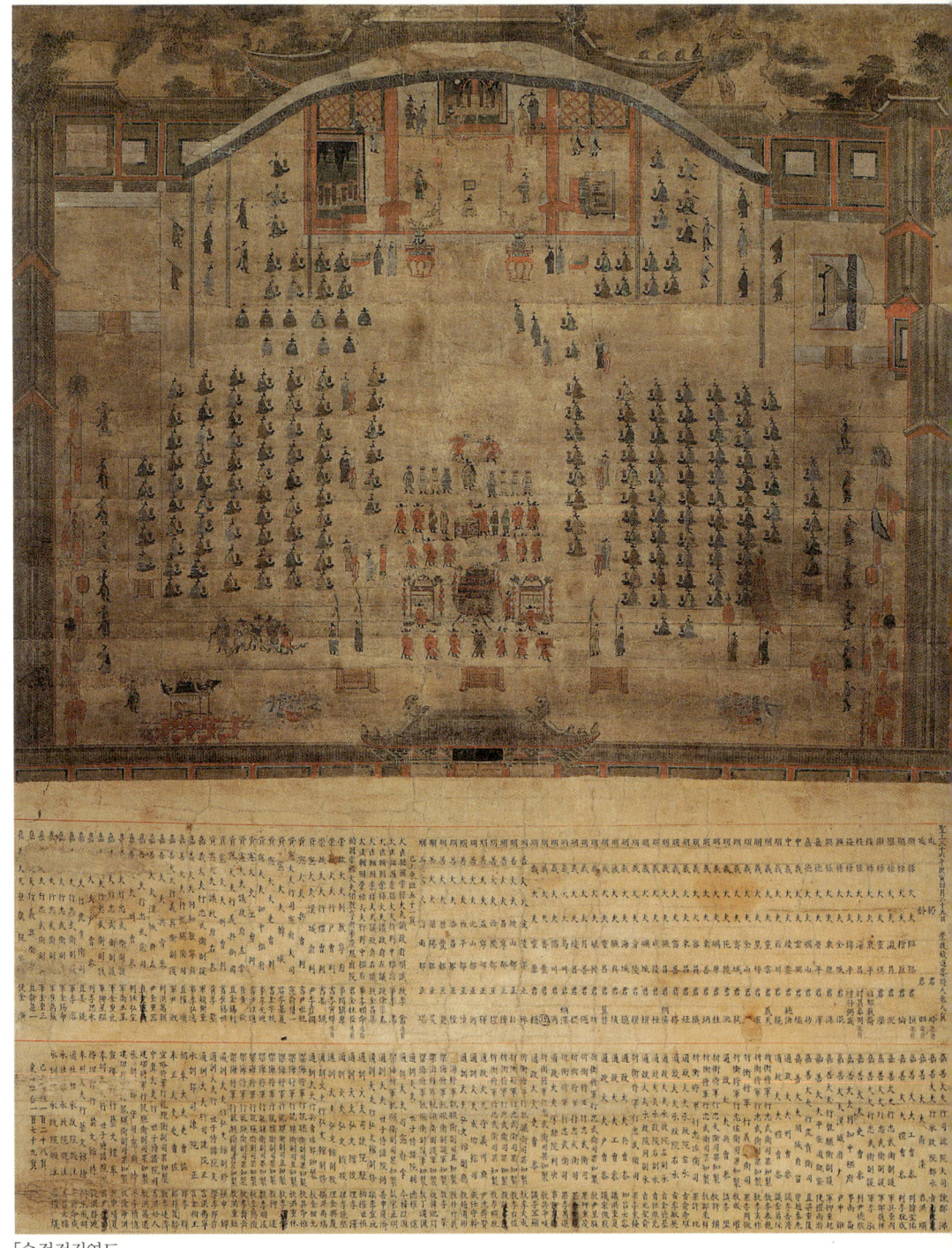

「숭정전진연도」

풍정연이든 진연이든 모두 연향이다. 연향宴享은 달리 燕享이 기도 한데, 연燕은 함께 어울려 마시는 합음合飮을 뜻하고 향享은 헌獻, 즉 바친다奉上는 의미다. 연으로 자혜를 나타내 보이고 향으로 공검恭儉의 뜻을 드러낸다. 그리하여 술, 술안주, 풍악을 준비해 대왕대비·왕·왕비께 봉상하고 군신 및 빈객과는 접대를 통해 합음하는 것이다.

이러한 연향에는 엄격한 내외의 궁중 법도가 지켜졌다. 내연內宴에는 대왕대비·왕대비·왕비를 포함한 가족과 내외명부가 참여했고, 외연外宴은 왕과 백관이 함께했다.[4]

1744년에 거행된 영조의 기로소 입소를 축하하는 외연과, 겸하여 열린 자전慈殿[5]을 위한 내연은 물론 『국조속오례의』에 나타난 「진연하는 의식」과 「대왕대비께 진연하는 의식」을 기준으로 삼아 치렀다. 이때의 진연은 조선왕조 후기 궁중 연향에 막대한 영향을 미치는데, 마지막 왕인 고종대의 연향에까지 이어졌으므로,[6] 영조 20년의 진연을 중심으로 살펴본다면 영조 이후의 궁중 연향을 꿰뚫을 수 있을 것이다.

## 두려움과 성실함으로 상차림을 절약하다

진연을 위해서 진휼청賑恤廳[7]의 쌀 800섬石을 쓰도록 하고, 각 도에 아래의 물목을 복정卜定[8]케 했다. 진연을 치른 시기가 음력 10월 초

『기사경회첩』 중 '숭정전진하전도', 비단에 채색, 43.5×67.8cm, 1744년경, 국립중앙박물관.

『기사경회첩』중 '본소사연도', 비단에 채색, 43.5×67.8cm, 1744년경, 국립중앙박물관.

겨울임에도 불구하고 생물인 생전복은 고을을 지날 때마다 얼음을 새로 담아서 상납하게 했다.[9]

각 도 복정

백청白淸 2말: 강원도

꿀 7섬: 강원도 2섬, 평안도 3섬, 황해도 2섬

생복生鰒 3250개: 경상도 200개·좌병영 400개·좌수영 300개, 통영 600개, 전라병영 300개·좌수영 300개·우수영 300개, 공홍수영 550개, 황해감영 300개

석류 900개: 전라도 600개, 경상도 300개

유자 1200개: 전라도 800개, 경상도 400개

봉전복鳳全鰒 3첩貼: 전라도 1첩·병영 1첩, 통영 1첩

대전복 37첩: 경상병영 6첩·좌병영 7첩·우수영 5첩, 통영 10첩, 전라병영 3첩·좌수영 3첩·우수영 3첩

영조의 기로소 입소를 축하하는 외연과 더불어 자전을 위한 내연을 열기로 했지만 영조는 시기가 시기인 만큼 화려한 연향을 펼치기 힘들다고 보았다. 그래서 내연에서는 어머니께 올리는 대탁·찬안·대선·소선으로 구성된 상차림, 찬품 수·그릇 수 등은 1710년의 예에 따라 그대로 실행해 계절에 맞지 않는 것만 다른 것으로 대체하도록 했다. 그러나 두려워하고 성실한 마음으로 절약해야 하기에 찬안饌案에 들어가는 인삼정과人蔘正果는 놓지 말도록 했다. 같은 맥락에서 임금과 중궁전에게 올리는 대탁·대선, 세자·세

자빈께 올리는 대탁·대선·소선은 차리지 말도록 하고, 외연에서도 임금과 왕세자를 위한 대탁·대선·소선 또한 올리지 못하게 했다.

각종 연향에서 상화床花로 인한 낭비도 극심하다고 판단했다. 이리하여 사화봉絲花鳳[10] 대신 종이로 만든 지화紙花로 쓸 것을 명했다. 이것은 이후 법으로 규정해 조선왕조가 무너질 때까지 사화봉은 가례·진연·진찬 등의 각종 연향에 올리지 못했다.[11]

## 외진연

10월 7일 진시辰時[12]에 숭정전崇政殿[13]에서 영조 임금을 위한 진연을 열었다. 이날은 일관日官이 길일로 점친 날이었다. 1710년의 「반차도」를 근거삼아 연향을 치렀다. 음식 준비를 위해 내탕고[14] 근처에 임시로 숙설소熟設所를 만들어 외연 음식 대부분을 이곳에서 마련했다.

대왕대비·대전·중궁전·세자궁 등에는 각각 사옹원에 소속된 수라간이 물론 있지만 숭정전과는 거리가 무척 멀고 또 협소했던 탓에 외진연의 효율성을 위해 숭정전 가까운 곳에 마련해 임시로 찬품 숙설청으로 삼은 것이다.

임금과 왕세자께 올리는 찬안상은 내자시에서(도 1-1), 별행과와 미수는 사옹원에서(도 1-1과 1-2), 향온주는 내주방에서 담당하고, 제신에게 내리는 미수味數는 내자시에서 맡았으므로(도 2, 3), 이들 음식 장만을 위해 1710년의 예에 따라 각색장各色掌[15]을 뽑았다.

외진연이 열리는 날 전상殿上에는 필률공인觱篥工人 8명, 대금大

쏯공인 5명, 당적唐笛공인 2명, 통소洞簫공인 1명, 장고杖鼓공인 4명, 교방고敎坊鼓공인 1명, 해금奚琴공인 2명, 방향方響공인 1명, 가동歌童 4명, 아쟁牙箏공인 2명, 현금玄琴공인 2명, 가야금伽倻琴공인 2명, 비파琵琶공인 2명, 권착權着공인 2명, 무동舞童 10명이 자리잡았다. 또 전정殿庭에는 필률공인 7명, 대금공인 6명, 당적공인 3명, 통소공인 1명, 해금공인 2명, 비파공인 2명, 장고공인 4명, 가차비歌差備 3명, 건고建鼓공인 1명, 응고應鼓공인 1명, 삭고朔鼓공인 1명, 축祝공인 1명, 어敔공인 1명, 방향공인 2명, 조족照燭공인 1명, 편종編鍾공인 2명, 편경編磬공인 2명이 배치되었으며, 전후殿後에는 필률공인 3명, 대금공인 3명, 당적공인 2명, 통소공인 1명, 해금공인 2명, 비파공인 2명, 방향공인 1명, 장고공인 2명, 교방고 2명, 대오필자隊伍筆者 1명이 자리잡았다.

전상·전정·전후에는 또 박拍을 잡아 치는 집박전악執拍典樂이 각각 1명씩 배정되었다.

음식을 외진연 장소인 숭정전에까지 가져와 올리는 사람은 남성으로, 특별히 뽑아 썼다. 대전 진지大殿進止는 사옹원 제조가, 왕세자 진지는 사옹원 부제조가, 정2품 이상 참연제신 진지는 녹사錄事가, 종2품 이하 참연제신 진지는 서리書吏가 맡도록 했다. 녹사는 사역원에서 30명, 관상감에서 15명, 전의감에서 15명, 산청算廳에서 15명, 혜민서에서 15명 합하여 90명을 차출하고, 서리는 호조에서 30명, 예조에서 5명, 병조에서 30명, 형조에서 30명, 공조에서 10명, 한성부에서 30명, 성균관에서 5명, 장례원에서 2명, 교서관에서 3명 합하여 150명을 차출했다. 이들은 모두 두건頭巾을 쓰고 흑단령黑團領을 입게 했으며, 신발은 흑화자黑靴子를 신었다.

　　외진연 하루 전날 전殿 북쪽에 남쪽을 향하여 어좌와 보안寶案을 설치하고, 향안香案·편차便次, 헌현軒懸·협률랑協律郎의 자리, 왕세자의 막차幕次·소차小次, 왕세자의 자리, 종친 의빈 2품 이상의 자리, 문무관 2품 이상의 자리, 승지와 사관史官의 자리, 종친 당상 3품의 자리, 문무관 당상 3품의 자리, 시신侍臣 당하 3품 이하의 자리, 전殿에 오르지 못하는 사람의 자리, 왕세자의 절하는 자리, 문관 1품 이하의 절하는 자리, 종친과 무관 1품 이하의 절하는 자리, 계단 위에 전의典儀의 자리, 좌우통례의 자리, 계단 아래에 전의의 자리, 대치사관代致詞官의 자리, 찬의贊儀와 인의引儀의 자리를 마련해놓았다.

　　또 사옹원 제조는 전하의 수주정壽酒亭을 전 안 남쪽 가까이에 북쪽을 향하도록 놓고 점坫[16]에 작爵[17]을 얹어놓았다. 사옹원부제조는 왕세자의 주탁酒卓을 전 밖 동쪽 가까이에 놓고, 사옹원의 관원은 반수班首의 주탁을 전 밖 서쪽 가까이에, 전에 오르는 사람들의 주탁을 전 밖 동과 서의 북쪽 가까이에, 계단 위와 뜰에 있는 사람의 주탁을 매품每品 앞에 설치했다.

〈찬안상 상화〉
간화看花 11송이
중지화中紙花 5송이
수파련水波蓮 1송이

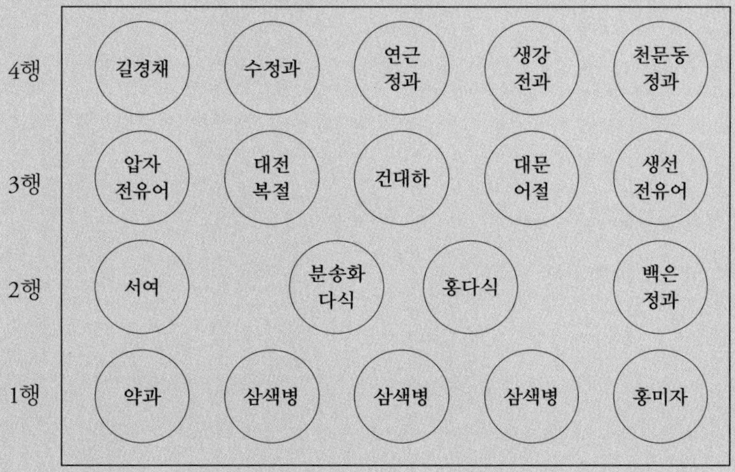

4행: 길경채 | 수정과 | 연근정과 | 생강전과 | 천문동정과
3행: 압자전유어 | 대전복절 | 건대하 | 대문어절 | 생선전유어
2행: 서여 | 분송화다식 | 홍다식 | | 백은정과
1행: 약과 | 삼색병 | 삼색병 | 삼색병 | 홍미자

〈찬안상〉

〈별행과 상화〉
중지화 9송이
수파련 2송이

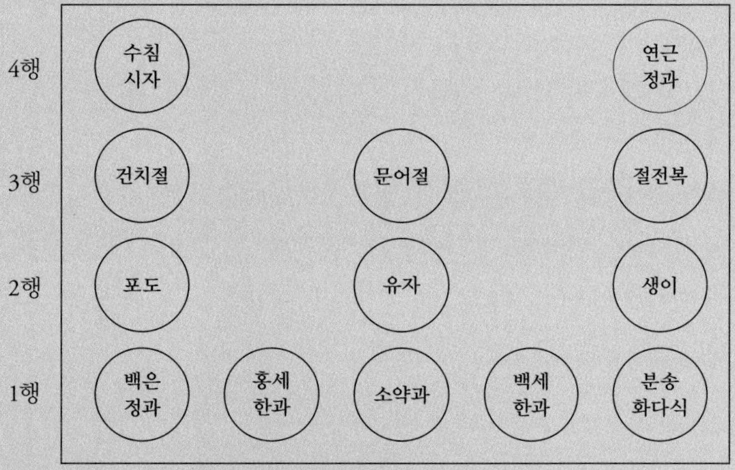

4행: 수침시자 | | | | 연근정과
3행: 건치절 | | 문어절 | | 절전복
2행: 포도 | | 유자 | | 생이
1행: 백은정과 | 홍세한과 | 소약과 | 백세한과 | 분송화다식

〈별행과〉

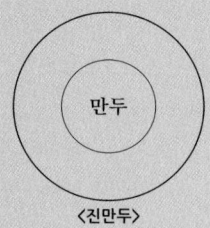

만두

〈진만두〉

• 도1-1 • 1744년 대전과 왕세자게 올린 찬안상·별행과·만두(외연), 『진연의궤』(1744)와 『수작의궤』(1765)

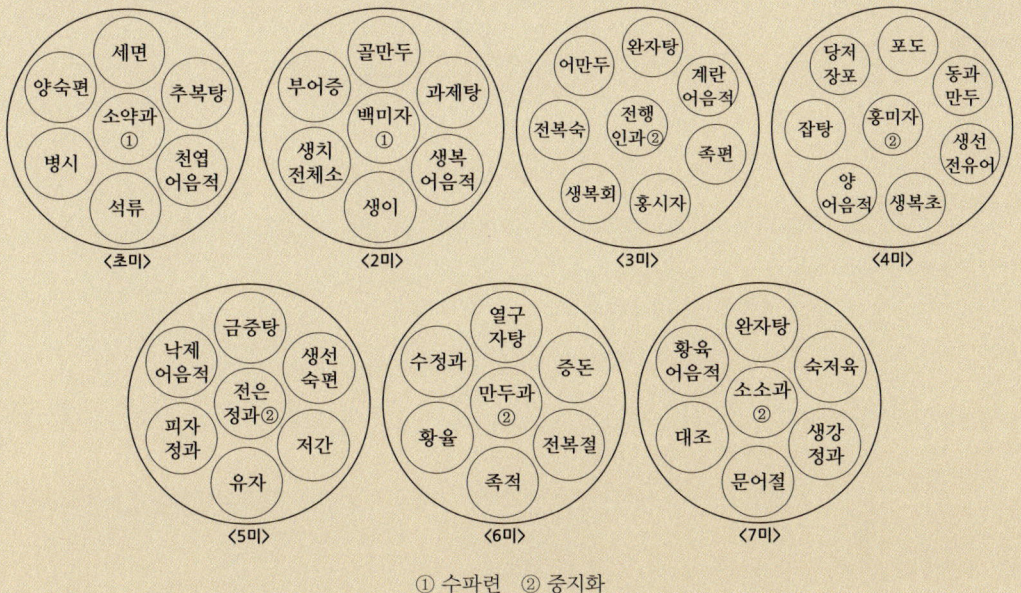

① 수파련  ② 중지화

• 도1-2 • 1744년 대전과 왕세자께 올린 미수(외연), 『진연의궤』(1744)와 『진연의궤』(1719)

① 수파련  ② 매화간화

• 도 2 • 1744년 외선상 172상(외연)[대반大盤], 『진연의궤』(1744)와 『수작의궤』(1765)

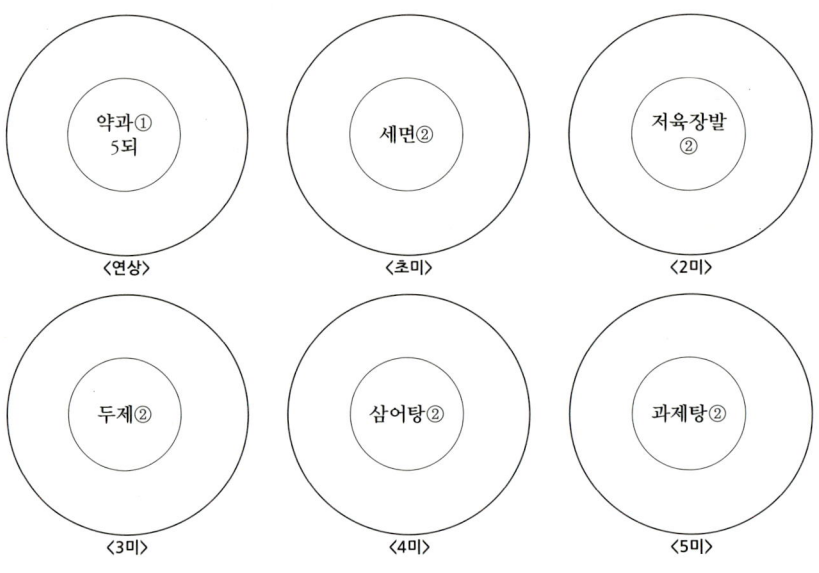

• 도 3 • 1744년 외선상(불계전자상) 63상(외연)[대반],
『진연의궤』(1744)와 『수작의궤』(1765)

　외진연이 있는 날 초엄初嚴이 울리자 노부鹵簿와 의장儀仗은 중앙 계단과 뜰의 동쪽과 서쪽에 서고 군사軍士들도 자리를 잡았다.
　이엄二嚴이 울리자 연향에 참석하는 관원 모두가 상복常服 차림으로 문밖 자리에 가서 서고, 익선관翼善冠을 쓰고 곤룡포袞龍袍를 입은 왕세자는 문밖 막차에 들어갔으며, 기복器服을 입은 호위하는 관원과 사금司禁은 합문閤門 밖에서 대기했다.
　삼엄三嚴이 울리자 집사관, 종친, 문무 3품 이하, 마땅히 참석해야만 하는 관원, 왕세자 순으로 각자 자리에 가서 서고, 고취鼓吹

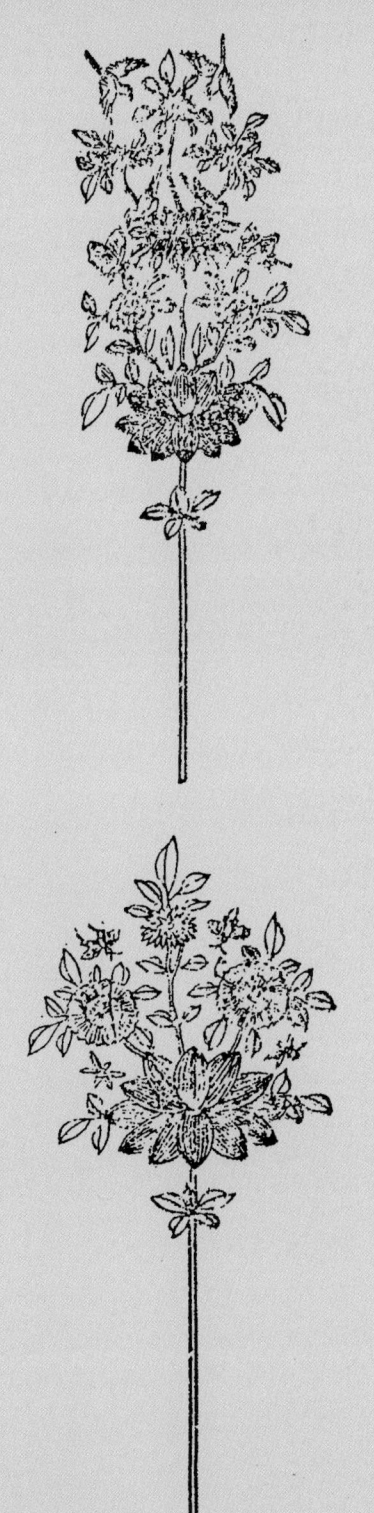

『고종임인진연의궤』에 그려진 대·중·소 수파련.

가 울리는 가운데 좌우 통례가 인도하면서 임금이 여輿를 타고 나왔다. 임금이 전문殿門을 막 들어서려 할 때 여민락만與民樂慢을 연주했다. 여에서 내려 어좌에 오르실 때에는 향로에서 향이 피어오르고 보寶를 받들어 안案에 올려놓았다.

호위하는 관원·승지·사관·사금이 각자의 자리로 가 서고, 왕세자·종친, 문무 2품 이상 등이 순서대로 절하는 자리로 가서 네 번 절했다.

여민락령與民樂令이 연주되는 가운데 사옹원 제조가 영조에게 주기酒器·휘건함揮巾函·찬안饌案·별행과別行果·화반花盤을 올렸다. 그리고는 존숭악장尊崇樂章을 외치고 유성지곡維聖之曲이 연주되면서 선창先唱하였다.

제1작은 왕세자가 헌작했다. 이때 여민락만이 연주되었다. 사옹원 제조가 임금의 수주정에 담긴 술을 작에 따라서 왕세자에게 올리고 왕세자는 작을 받아 다시 사옹원 제조에게 주어 임금께 올리도록 했다. 사옹원 제조는 중간 전달 역할을 하는 자다. 술잔 올리는 일을 마치면 대치사관이 왕세자가 올리는 송덕의 글인 치사致詞를 읽었다. 이후 임금께서 술을 마시면 사옹원 제조가 왕에게 만두를 올렸다.

제2작은 영의정(반수)이 헌작했다. 여민락만이 연주되는 가운데 사옹원 제조가 임금의 수주정에 담긴 술을 작에 따라서 영의정에게 주었다. 영의정은 작을 받아 다시 사옹원 제조에게 주고 사옹원 제조는 이 작을 임금에게 올렸다. 대치사관이 영의정이 올리는 치사를 읽고 임금은 술을 마셨다.

사옹원 부제조가 왕세자에게 찬안과 별행과를 올리고, 보덕이 꽃을 올렸다. 집사자(녹사와 서리)는 종친과 문무관에게 꽃을 나누어주었다.

천년만세千年萬歲가 연주되는 가운데 사옹원 제조가 임금에게 초미初味를 올리고, 사옹원 부제조는 왕세자에게, 집사자는 종친과 문무관에게 초미를 올렸다.

제3작은 행판중추부사行判中樞府事 김흥경金興慶이 헌작했다. 사옹원 제조가 임금의 수주정에 담긴 술을 작에 따라 김흥경에게 주었다. 김흥경은 작을 받아 다시 사옹원 제조에게 주고 사옹원 제조는 이 작을 받아 임금에게 올렸다. 임금은 술을 마시고 빈 작을 사옹원 제조를 통해 김흥경에게 주었다. 사옹원 제조가 제신의 주탁에 담긴 술을 작에 따라 김흥경에게 주자, 김흥경은 작을 받아 사옹원 제조를 통해 임금에게 올렸다. 임금은 작을 받고는 그 술을 마시지 않고 사옹원 제조를 통해 다시 김흥경에게 주었다. 김흥경이 작의 술을 마셨다. 사옹원 부제조가 왕세자에게 술을 돌리고, 집사자는 종친과 문·무관에게 차례로 술을 돌렸다. 오운개서조五雲開瑞朝가 연주되고 무동舞童이 들어와 초무初舞를 추었다.

청악곡清樂曲이 연주되는 가운데 사옹원 제조가 임금에게 이미二味를 올렸다. 사옹원 부제조는 왕세자에게, 집사자는 종친과 문·무관에게 이미를 올렸다.

제4작은 서평군西平君 요橈가 헌작했다. 술 올리고 행주하는 것은 제3작과 같이 했다. 정읍만기井邑慢機가 연주되는 가운데 무동이 들어와 아박牙拍을 추었다. 환환곡桓桓曲이 연주되고 사옹원 제조가 임금에게 삼미三味를 올렸다. 사옹원 부제조는 왕세자에게, 집사자는 종친과 문·무관에게 삼미를 올렸다.

제5작은 금평위錦平尉 박필성朴弼成이 헌작했다. 술 올리고 행주하는 것은 제3작과 같이 했다. 보허자령步虛子令이 연주되고 무동이 들어와 향발響鈸을 추었다.

하운봉夏雲峯이 연주되고 사옹원 제조가 임금에게 사미四味를 올렸다. 사옹원 부제조는 왕세자에게, 집사는 종친과 문·무관에게 사미를 올렸다.

제6작은 월성위月城尉 김한신金漢藎이 헌작했다. 술 올리고 행주하는 것은 제3작과 같이 했다. 여민락만이 연주되고 무동이 들어와 무고를 추었다.

낙양춘洛陽春이 연주되고 사옹원 제조가 임금에게 오미五味를 올렸다. 사옹원 부제조는 왕세자에게, 집사자는 종친과 문·무관에게 오미를 올렸다.

제7작은 금성위錦城尉 박명원朴明源이 헌작했다. 술 올리고 행주하는 것은 제3작과 같이 했다. 보허자령이 연주되고 무동이 들어와 광수廣袖를 추었다.

유황곡維皇曲이 연주되고 사옹원 제조가 임금에게 육미六味를 올렸다. 사옹원 부제조는 왕세자에게, 집사자는 종친과 문·무관에게 육미를 올렸다.

제8작은 호조판서戶曹判書 김약로金若魯가 헌작했다. 술 올리고 행주하는 것은 제3작과 같이 했다. 여민락령이 연주되고 무동이 들어와 향발을 추었다.

정동방지곡靖東方之曲이 연주되고 사옹원 제조가 임금에게 칠미七味를 올렸다. 사옹원 부제조는 왕세자에게, 집사자는 종친과 문·무관에게 칠미를 올렸다.

제9작은 영성위永城尉 신광수申光綏가 헌작했다. 술 올리고 행주하는 것은 제3작과 같이 했다. 보허자령이 연주되고 무동이 들어와 광수를 추었다.

제9작으로 연향이 끝나고 사옹원 제조는 임금의 찬안을, 사옹원 부제조는 왕세자의 찬안을 치우며, 집사자는 종친과 문무관의 탁을 치우는데, 종친 이하는 기름종이와 격지隔紙로 남은 음식을 싸서 다시 청색 보자기에 담아 가는 노끈으로 묶었다. 집에 돌아갈 때 가지고 가기 위해서다.

왕세자·종친·문관·무관이 모두 차례로 절하는 자리로 가서 풍악이 울리는 가운데 네 번 절했다.

임금이 어좌에서 내려와 여에 오르고 내전으로 환어했다.

왕세자·종친·문관·무관도 이어서 전을 떠났다.[18]

## 내진연

10월 4일 묘시卯時[19]에 광명전光明殿에서 자전을 위한 내진연을 열었다. 이날은 일관이 길일로 점친 날이다. 의례와 음식 등 대부분은 1710년의 예에 따랐다. 다만 찬안에 올라가는 인삼정과는 넣지 않고 절기에 맞지 않는 것만 다른 재료로 대체했다.

음식 준비를 위해 전설사와 빈청문賓廳門 안팎 그리고 사복시의 담장 안팎, 삼사三司[20]에 분배해 임시로 숙설소를 만들어 역시 임시로 뽑은 각색장을 고용했다.

대왕대비의 연상은 내자시에서, 대왕대비·임금·중궁전·왕세자·세자빈·현빈궁께 올리는 찬안상 역시 내자시에서, 별행과와 미수는 사옹원에서, 향온주는 내주방에서, 대선과 소선은 사축서에서 담당하고, 외명부에게 내리는 미수는 내자시가 맡았다.

내진연이 열리는 날의 악은 풍물차비기생風物差備妓生과 관현맹인管絃盲人이 맡았다. 풍물차비란 풍물을 담당한 차비이니, 풍물차비기생은 풍물을 담당하는 차비기생이란 뜻이다. 풍물은 현금玄琴·장고杖鼓·방향方響·교방고敎坊鼓·가야금伽倻琴으로 구성되어 현금 1명, 장고 2명, 방향 1명, 교방고 1명, 가야금 1명이 배정되었다.

관현맹인이란 향악鄕樂과 당악唐樂을 익힌 눈이 보이지 않는 소경이다. 내연에서 악을 연주하는 자를 일컬었다. 이들이 담당한 악기는 필률觱篥·대금大笒·해금奚琴·현금玄琴·비파琵琶·초적草笛으로 구성되었으며, 필률 5명, 대금 2명, 해금 2명, 현금 1명, 비파 2명, 초적 1명이 배정되었다.

악기를 다루는 자가 여자여야 하고 여자가 아닐 때는 부득불 앞을 보지 못하는 맹인이어야 했듯이 음식을 나르는 일도 여자가 맡도록 했다. 숙수熟手가 진연청에 내진연을 위한 각종 찬품을 갖다놓으면 각사의 비자婢子[21] 20명이 이들을 연회 장소에 들여놓았다.

내연 하루 전에 대왕대비의 좌석(광명전 북쪽에 남쪽으로 향하도록 함)·보안·소차·향안을 설치하고, 임금의 좌석·보안·소차, 중궁전의 좌석·보안·소차, 왕세자의 자리·편차, 세자빈의 자리·편차, 명부의 자리, 임금의 절하는 자리, 중궁전의 절하는 자리, 왕세자

「선묘조제재경수연도」, 19세기 말, 국립문화재연구소.
음식을 만드는 조선조의 모습을 잘 묘사한 그림으로 손님을 치를 때
음식 준비로 분답하는 모습과 숙수와 지종드는 이들의 움직임을
잘 보여준다. 여기서 궁중의 숙설소를 짐작할 수 있다.

의 절하는 자리, 세자빈과 현빈궁의 절하는 자리, 명부들의 절하는 자리, 전빈典賓의 자리, 전언典言과 전찬典贊의 자리, 여령女伶과 여집사의 자리를 배설하고, 계단 위와 뜰에 악기와 의장儀仗을 벌여놓았다.

또 상식은 대왕대비의 수주정을 전 안 중앙에 북쪽으로 향하도록 놓고 임금과 중궁전의 주정을 설치했다. 전찬은 왕세자와 세자빈의 주탁, 명부의 주탁도 각각 설치했다.

내진연이 있는 날 명부·현빈궁·세자빈은 각각 예복을 갖춰 입고 자리에 나와 섰으며, 왕세자는 익선관을 쓰고 곤룡포를 갖추어 나왔다. 중엄을 아뢰자 중궁전은 적의翟衣에 수식首飾을 갖추고 임금은 익선관에 곤룡포를 갖추며, 대왕대비는 적의에 수식을 갖추고 나왔다. 여민락만이 연주되는 가운데 대왕대비가 좌석에 오르자 향로에서는 향이 피어오르고 보를 받들어 안에 올려놓았다.

임금·중궁전·왕세자·세자빈·현빈궁·명부가 차례로 절하는 자리로 가서 대왕대비에게 네 번 절했다. 임금과 중궁전이 자리에 앉고 왕세자·세자빈·현빈궁·명부는 임금과 중궁전께도 네 번 절했다.

여민락령이 연주되고 상식이 대왕대비·임금·중궁전에게 휘건함·연상(과상으로 대왕대비께만 올림)·찬안·별행과·화반·염수·소선을 올리고, 여령 두 사람이 서쪽 계단으로부터 중앙으로 올라 동서로 나뉘어 북쪽으로 향해 서서 존숭악장을 외치고는 어현곡於顯曲이 연주되는 가운데 선창했다. 선창곡의 가사는 영조 임금이 직접 지었다.

궤장几杖을 받았으니
보각寶閣에 우러러 절합니다
예연禮宴을 크게 열어
기쁨으로 받들고 영원히 즐기고저 합니다
만수배萬壽杯를 올려
장수를 기원하옵니다

　제1작은 임금이 헌작했다. 여민락만이 연주되고 상식이 대왕대비의 수주정에 담긴 술을 작에 따라서 임금에게 올렸다. 임금은 작을 받아 다시 상식에게 주고 상식은 이 작을 대왕대비에게 올렸다. 대치사관이 임금이 대왕대비께 올리는 송덕의 글인 치사를 읽고 나자 대왕대비가 술을 마셨다. 상식이 대왕대비·임금·중궁전께 소선에 담긴 고기를 썰어 올리고²² 또 만두를 올렸다.

　제2작은 중궁전이 헌작했다. 여민락만이 연주되고 상식이 대왕대비의 수주정에 담긴 술을 작에 따라서 중궁전에게 올렸다. 중궁전은 작을 받아 다시 상식에게 주고 상식은 이 작을 대왕대비에게 올렸다. 대치사관이 중궁전이 대왕대비께 올리는 송덕의 글인 치사를 읽고 나서 대왕대비가 술을 마셨다.

　전찬이 왕세자와 세자빈 그리고 현빈궁에게 찬안과 별행과를 올리고, 명부 이하에게 약과를 내리며 꽃을 나누어주었다.

　상식이 대왕대비·임금·중궁전에게 초미를 올렸다. 전찬은 왕세자·세자빈·현빈궁·명부에게 초미를 올렸다.

　제1의 잔은 왕세자가 헌작했다. 상식이 대왕대비의 수주정에 담긴 술을 잔에 따라서 왕세자에게 올리고, 왕세자는 잔을 받아 다시 상식에게 주었다. 상식은 이 잔을 받아 대왕대비에게 올렸다. 대왕대비는 술을 마시고 빈 잔을 상식을 통해 왕세자에게 주었다. 상식이 왕세자의 주탁에 담긴 술을 잔에 따라 왕세자에게 주면, 왕세자는 잔을 받아 상식을 통해 대왕대비에게 올렸다. 대왕대비는 잔을 받고 그 술을 마시지 않고 다시 왕세자에게 주었다. 왕세자가 작의 술을 마시자 상식이 전하·왕비에게 술을 돌리고, 전찬이 세자빈·현빈궁·명부들에게 순서에 맞게 술을 돌렸다. 정재기생呈才妓生 6명으로 구성된 무용단이 헌선도獻仙桃를 추면서 창하였다.

상식이 대왕대비·임금·중궁전에게 이미를 올리고([도 4-2] [도 5-2]의 이미), 전찬이 왕세자·세자빈·현빈궁·명부에게 이미([도 6-2] [도 7]의 이미)를 올렸다.

제2의 잔은 세자빈이 헌작했다. 상식이 대왕대비의 수주정에 담긴 술을 잔에 따라서 세자빈에게 올리고, 세자빈은 잔을 받아 다시 상식에게 주었다. 상식은 이 잔을 받아 대왕대비에게 올렸다. 대왕대비는 술을 마시고 빈 잔을 상식을 통해 세자빈에게 주었다. 상식이 세자빈의 주탁에 담긴 술을 잔에 따라 세자빈에게 주면 세자빈은 잔을 받아 상식을 통해 대왕대비에게 올렸다. 대왕대비는 잔을 받고 그 술을 마시지 않은 채 다시 세자빈에게 주었다. 세자빈이 작의 술을 마시자 상식이 전하·왕비에게 술을 돌리고 전찬이 왕세자·현빈궁·명부들에게 순차적으로 술을 돌렸다. 정재기생 18명으로 구성된 무용단이 포구락拋毬樂을 추면서 창하였다.

상식이 대왕대비·임금·중궁전에게 삼미를 올리고([도 4-2] [도

5-2]의 삼미), 전찬이 왕세자·세자빈·현빈궁·명부에게 삼미를 올렸다([도 6-2] [도 7]의 삼미).

제3의 잔은 명부의 반수인 화순옹주和順翁主가 헌작했다. 술 올리고 행주하는 것은 제2의 잔과 같이 하고 정재기생 4명으로 구성된 무용단이 연화대蓮花臺를 추면서 창하였다.

상식이 대왕대비·임금·중궁전에게 사미를 올리고([도 4-2] [도 5-2]의 사미), 전찬이 왕세자·세자빈·현빈궁·명부에게 사미를 올렸다([도 6-2] [도 7]의 사미).

제4의 잔은 명부 대표가 헌작했다. 술 올리고 행주하는 것은 제2의 잔과 같이 하고 정재기생 17명으로 구성된 무용단이 금척金尺을 추면서 창하였다.

상식이 대왕대비·임금·중궁전에게 오미를 올리고([도 4-2] [도 5-2]의 오미), 전찬이 왕세자·세자빈·현빈궁·명부에게 오미를 올렸다([도 6-2] [도 7]의 오미).

제5의 잔은 명부 대표가 헌작했다. 술 올리고 행주하는 것은 제2의 잔과 같이 하고 정재기생 2명으로 구성된 무용단이 아박牙拍을 추면서 창하였다.

상식이 대왕대비·임금·중궁전에게 육미를 올리고([도 4-2] [도 5-2]의 육미), 전찬이 왕세자·세자빈·현빈궁·명부에게 육미를 올렸다([도 6-2] [도 7]의 육미).

제6의 잔은 명부 대표가 헌작했다. 술 올리고 행주하는 것은 제2의 잔과 같이 하고 정재기생 8명으로 구성된 무용단이 향발響鈸을 추면서 창하였다.

상식이 대왕대비·임금·중궁전에게 칠미를 올리고([도 4-2] [도 5-2]의 칠미), 전찬이 왕세자·세자빈·현빈궁·명부에게 칠미를 올렸다([도 6-2] [도 7]의 칠미).

제7의 잔은 명부 대표가 헌작했다. 술 올리고 행주하는 것은 제2의 잔과 같이 하고 정재기생 10명으로 구성된 무용단이 하황은 荷皇恩을 추면서 창하였다.

행주가 끝나고 태평지악太平之樂이 울리는 가운데 상식이 소선을 물리고 대왕대비에게 대선을 올렸다([도 4-1]의 대선). 여민악이 연주되고 정재기생 5명으로 구성된 무용단이 처용무處容舞를 추었다.

연향은 이로써 끝나고 상식이 대왕대비·임금·중궁전의 찬안을, 전찬이 왕세자·세자빈·현빈궁·명부의 찬탁을 치웠다.

임금·중궁전·왕세자·세자빈·현빈궁·명부 모두 차례로 절하는 자리에 가서 풍악이 울리는 가운데 네 번 절하였다.

대왕대비께서 자리에서 내려와 내전으로 환어하였다.

임금·중궁전·왕세자·세자빈·현빈궁·명부들도 이어서 전을 떠났다.[23]

## 합음의 뜻을 펼치다

이 글에서는 1744년에 열린 영조의 기로소 입소를 축하하는 외진연과 겸하여 열린 자전을 위한 내진연을 술·술안주·악(춤)을 중심으로 검토해보았다.

외연이든 내연이든 2헌의 헌수주獻壽酒로 봉상奉上함을 보이고 7잔의 행주行酒로 신하들과 외명부에게 접대하여 합음을 통해 자혜의 뜻을 드러내 보이고자 했다. 이는 곧 연향의 본뜻이기도 하다.

헌수주가 진행되고 치사가, 행주가 진행되는 동안에는 정재가 공연되었는데, 이 역시 헌수주와 행주의 성격을 분명히 하는 것이다. 즉 정재 공연은 연향의 주인공을 위한 것이 아니라 내빈과 함께 하고자 하는 합음을 더욱 의미 있게 하려는 데 그 뜻이 있었다.

외진연에서는 찬안상 19기·별행과 13기·진만두 1기·초미 7기·이미 7기·삼미 8기·사미 8기·오미 7기·육미 7기·칠미 7기로 구성된 것을 임금과 왕세자에게 올리고, 약과 1기·초미 3기·이미 3기·삼미 3기·사미 3기·오미 3기·육미 3기·칠미 3기로 구성된 것을 계단 위에 오르는 172명의 신하에게 외선상外宣床이란 이름으로 올렸으며, 약과 1기·초미 1기·이미 1기·삼미 1기·사미 1기·오미 1기로 구성된 것을 계단 위에 오르지 못하는 63명의 신하에게 외선상이란 이름으로 올렸다. 이들 상에는 물론 종이로 만든 상화가 음식 위에 계급에 따라 규모를 달리하여 꽂혔다.

내진연에서는 연상(과상, 대탁) 25기·찬안상 19기·대선 3기·소선 3기·진염수 1기·진만두 1기·별행과 13기·초미 7기·이미 7기·삼미 8기·사미 8기·오미 7기·육미 7기·칠미 7기로 구성된 것을 대왕대비에게 올리고, 찬안상 19기·소선 3기·진염수 1기·진만두 1기·별행과 13기·초미 7기·이미 7기·삼미 8기·사미 8기·오미

7기·육미 7기·칠미 7기로 구성된 것을 대전과 중궁전에게 각각 올렸으며, 찬안상 19기·진만두 1기·별행과 13기·초미 7기·이미 7기·삼미 8기·사미 8기·오미 7기·육미 7기·칠미 7기로 구성된 것을 왕세자·세자빈·현빈궁에게 각각 올렸다. 또 화순옹주를 포함한 외명부 50인에게는 약과 1기·초미 7기·이미 7기·삼미 8기·사미 8기·오미 7기·육미 7기·칠미 7기를 올렸는데 이들을 내선상內宣床이라고 하였다. 이들 상에는 외진연과 마찬가지로 종이로 만든 상화가 음식 위에 계급에 따라 규모를 달리하여 꽂혔다.

　이처럼 상차림 숫자만 보더라도, 외진연에 참석한 사람은 임금·왕세자·신하 235인 합하여 237인이고, 내진연에 참석한 사람은 대왕대비·임금·중궁전·왕세자·세자빈·현빈궁·외명부 50인 합하여 56인이다. 이들은 다만 접대를 받는 사람들이고 무동·진지를 나르는 녹사와 서리·악공·의장을 든 사람, 정재기생·진지를 나르는 비자·풍물차비·관현맹인·의장을 든 비자 등도 함께했으므로 연향 장소는 상당히 번잡했을 것이다.

　연향이 끝나면 외진연이든 내진연이든 금군장·수문장·시위군병·악공·무동·정재기생·의장을 든 군인과 비자·풍물차비·각 차비관 등 연향에 참석하여 뒤에서 고생한 사람들에게 산과상散果床을 포함해 술과 안주로 구성된 음식을 내려 사찬賜饌하였다.

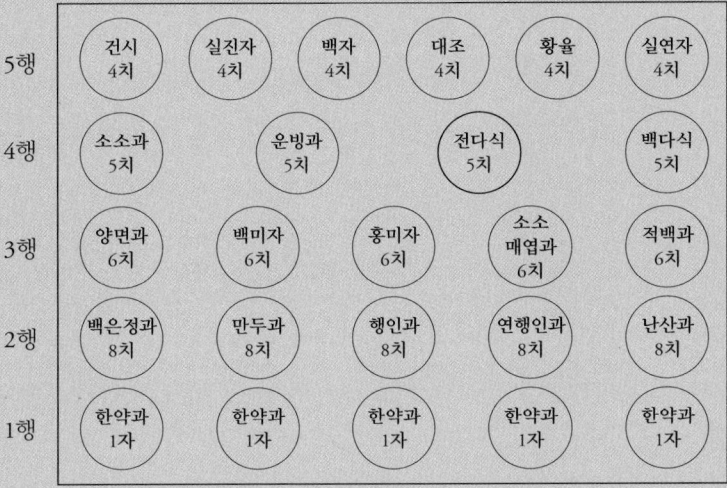

〈연상, 대탁〉

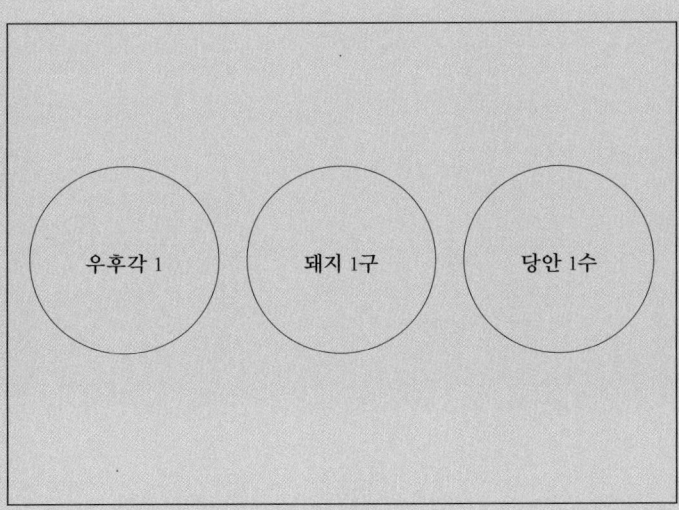

〈대선〉

〈연상 상화〉
간화 13송이
중지화 6송이
대지화 5송이
수파련 1송이

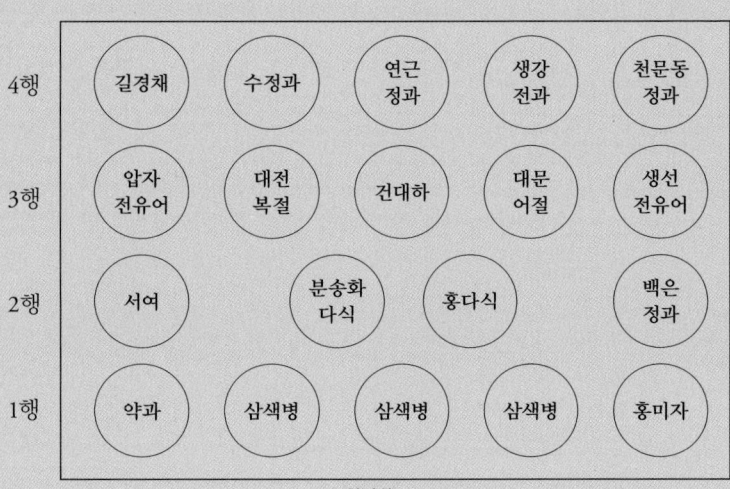

〈찬안상〉

4행: 길경채, 수정과, 연근정과, 생강전과, 천문동정과
3행: 압자전유어, 대전복절, 건대하, 대문어절, 생선전유어
2행: 서여, 분송화다식, 홍다식, 백은정과
1행: 약과, 삼색병, 삼색병, 삼색병, 홍미자

〈찬안상 상화〉
간화 5송이
절화節花 5송이
중지화 2송이
대지화 5송이

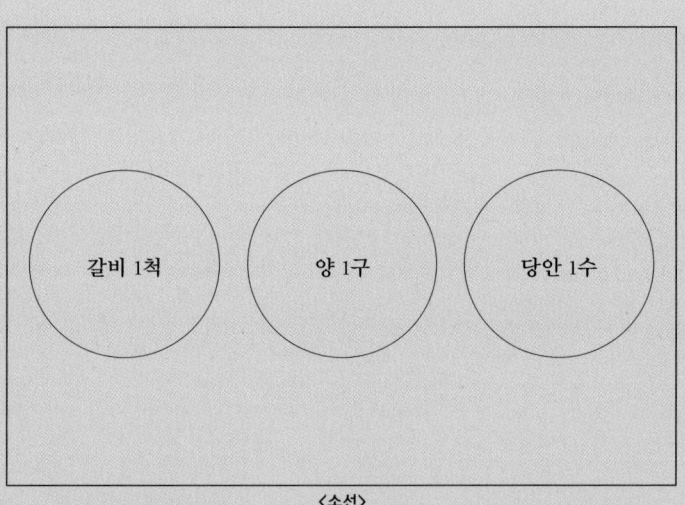

〈소선〉

갈비 1척, 양 1구, 당안 1수

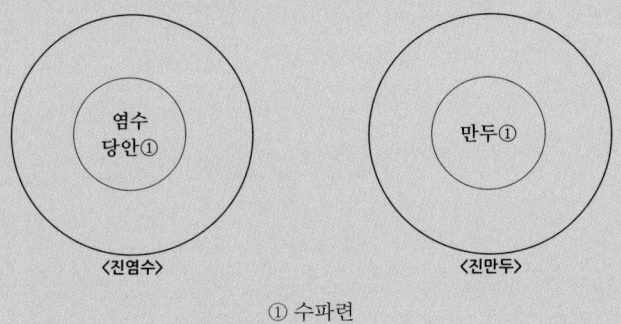

① 수파련

• 도 4-1 • 1744년 대왕대비께 올린 과상(연상)·찬안상·대선·소선·염수·만두·별행과(내연), 『진연의궤』(1744)와 『수작의궤』(1765)(*과상(연상·대탁)은 2상을 홍사紅絲로 연결함)

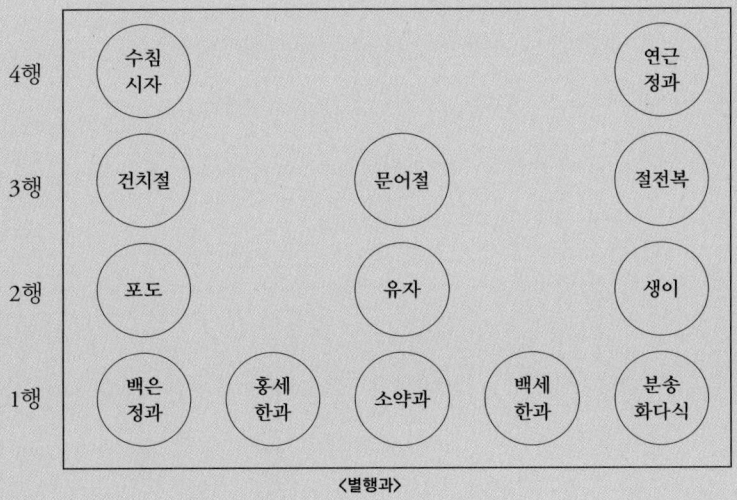

〈별행과 상화〉
중지화 9송이
대지화 2송이

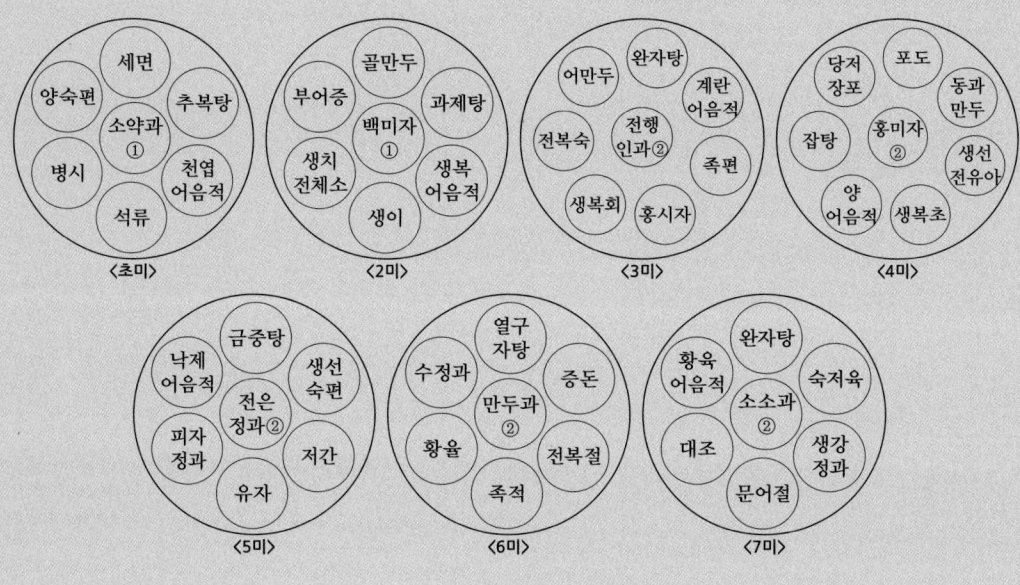

① 수파련  ② 중지화

• 도 4-2 • 1744년 대왕대비께 올린 별행과·미수(내연), 『진연의궤』(1744)와 『진연의궤』(1719)

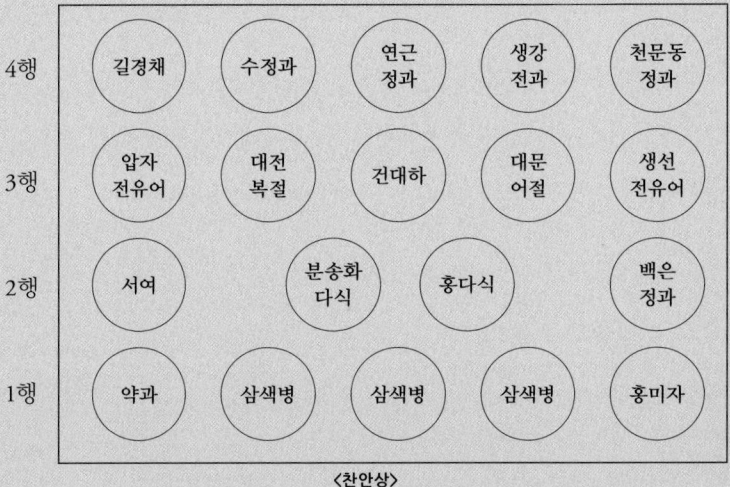

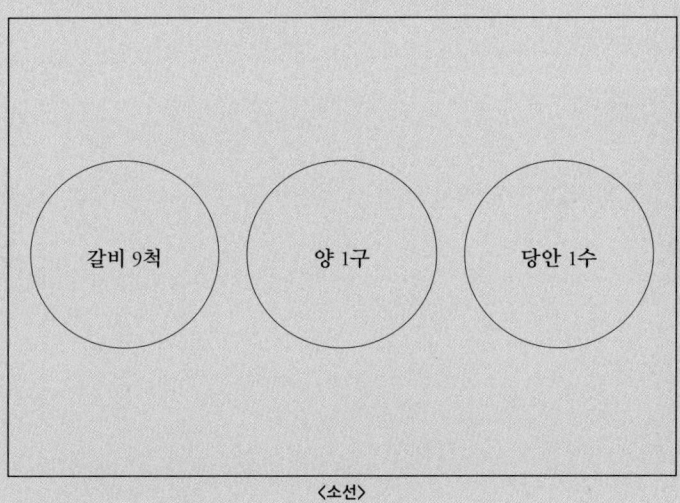

• 도 5-1 • 1744년 대전과 중궁전께 올린 찬안·소선·별행과·염수·만두(내연), 『진연의궤』(1744)와 『수작의궤』(1765)

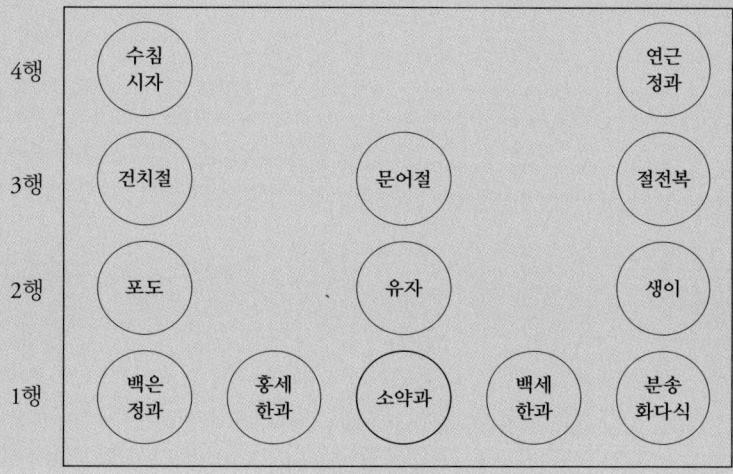

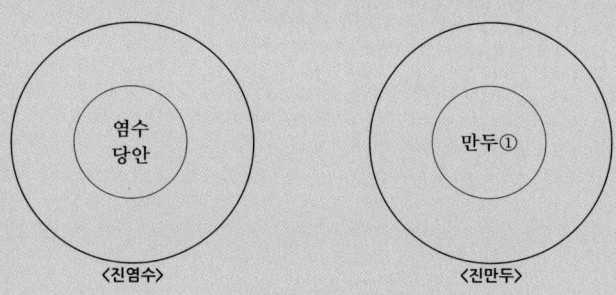

① 수파련

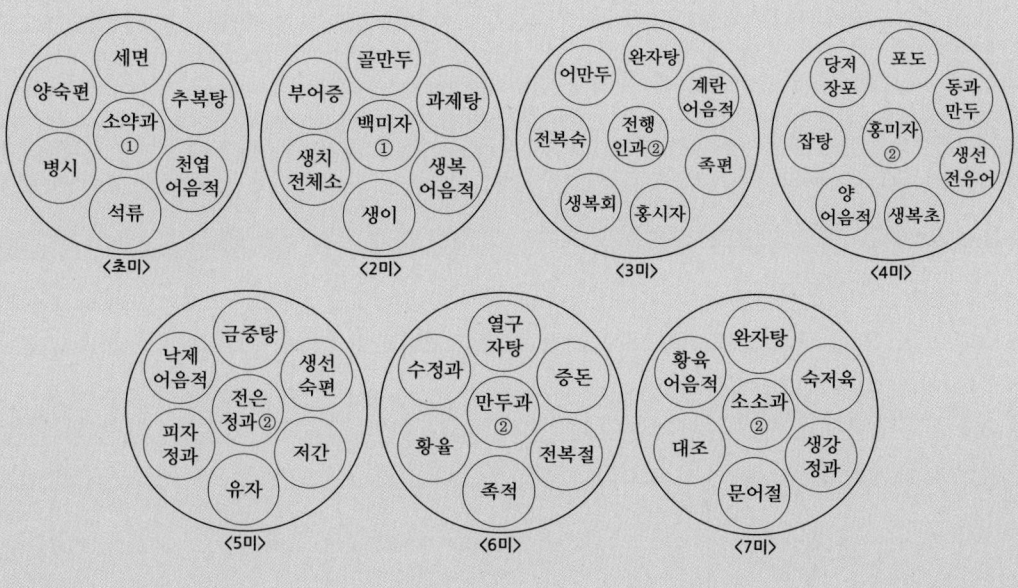

① 수파련　② 중지화

• 도 5-2 • 1744년 대전과 중궁전께 올린 별행과·미수(내연), 『진연의궤』(1744)와 『진연의궤』(1719)

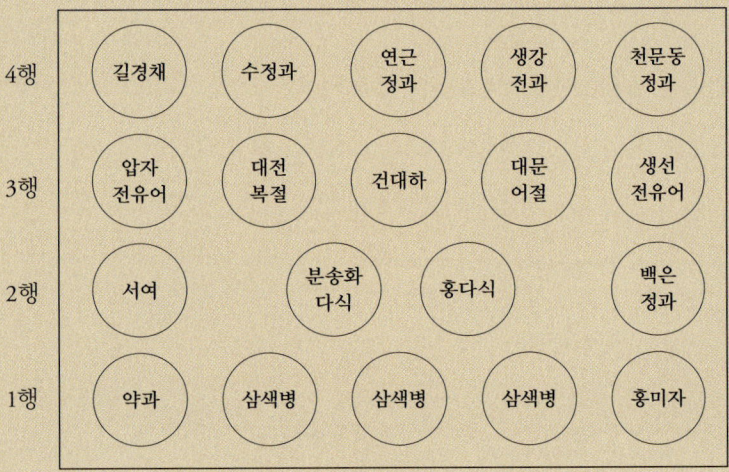

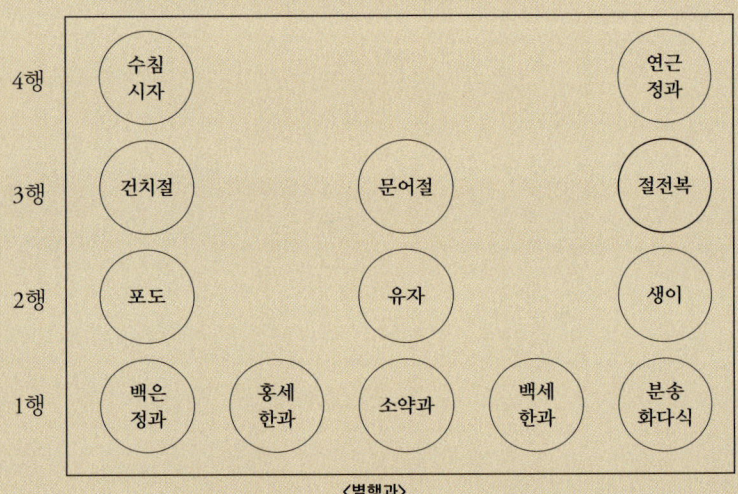

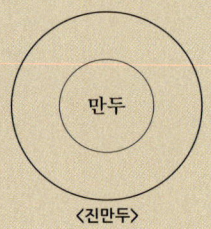

• 도 6-1 • 1744년 왕세자·세자빈·현빈궁께 올린 찬안·만두·별행과(내연),
『진연의궤』(1744)와 『진연의궤』(1719)

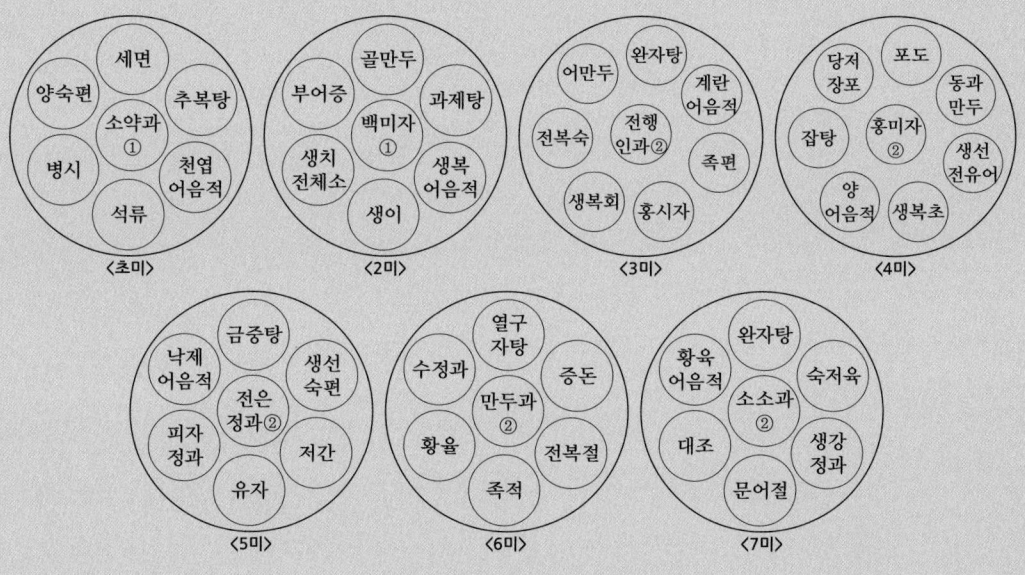

① 수파련 ② 중지화

• 도 6-2 • 1744년 왕세자·세자빈·현빈궁께 올린 별행과·미수(내연),
『진연의궤』(1744)와 『진연의궤』(1719)

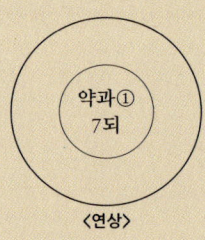

<연상>

① 수파련 1송이

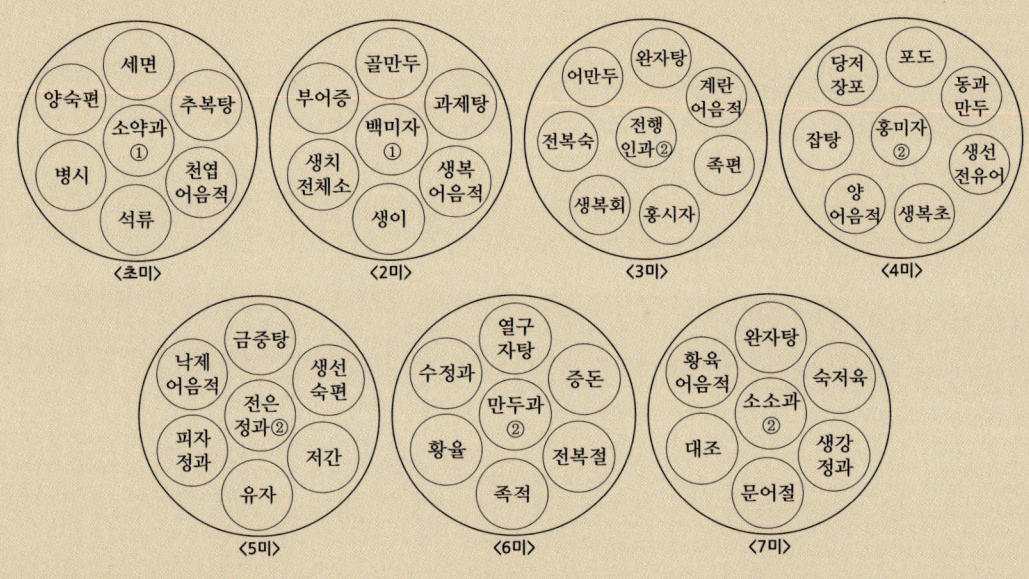

① 수파련  ② 중지화

• 도 7 • 1744년 내선상 55상(50床+예비상 5상). 이 가운데 12상만 미수를 갖춤(대반), 『진연의궤』(1744)와 『진연의궤』(1719)(내연)

제8장

# 정재,
# 철학과 예술의
# 극치를 담다

궁 중 연 향 과 춤

**박은영** 한국예술종합학교 전통예술원 무용과 교수

## 실록에 '정재'가 등장하다

궁중 무용을 '정재呈才'라 하는데, 정재는 원래 대궐 잔치 때 행했던 모든 재예才藝를 일컬었다. 정재의 어원을 살펴보면 '헌기獻技' 즉 춤뿐 아니라 '모든 재예를 드린다'는 것을 뜻한다. 김천홍은 정재란 역대 우리 왕실의 연회에서 추던 무용의 총칭 곧 궁중 무용을 말하며, 정재의 자구 뜻을 살펴보면 '정呈' 자의 뜻이 '드러내 보이는 것', 즉 '올려 바치다'로 풀이된다고 했다.

궁중 정재는 국가 기관 아래 두어져 오랜 세월에 걸쳐 발달한 무용으로 나라의 경사나 궁중 향연, 외국 국빈을 위한 연희와 왕후 재상들이 즐기며 감상하는 잔치에 올리던 재예였으며, 규모에서 차이가 났지만 지방 관아에까지 널리 퍼져 향유되었던 것이다. 궁중 연향은 목적에 따라 회례연會禮宴, 양로연養老宴, 진연進宴, 사객연使客宴 등이 베풀어졌다.

회례연은 임금과 신하가 화합하여 일체가 되는 것을 지향하는 군신통연君臣通宴으로 위아래의 정情을 통해 두터움을 쌓기 위한 것이었다. 양로연은 노인에 대한 공경을 드러내 백성이 감화되어 덕을 도탑게 하고 효양을 행하게 하기 위한 것이었으며, 사객연은 예를 갖추어 사신에게 베푸는 연향이고, 진연은 진풍정進豊呈, 진찬進饌, 진작進爵 등을 통칭하며, 한집안 사람과 같은 친근한 관계로 군부君父와 신자臣子로서 펼치는 궁중 향연이었다.

한편 궁중 정재의 성격을 창사唱詞 내용으로 분류해보면, 첫째 왕의 수복壽福을 기리기 위한 것, 둘째 왕의 재위 돌을 축하하기 위한 것, 셋째 조종의 공덕을 칭송하는 내용, 넷째 왕업의 선정善政과 선치善治를 크게 나타내 보이고 선양하는 내용, 다섯째 왕실의 번영을 송축하는 내용, 여섯째 국가의 평안함과 태평함을 기원하는 내용, 일곱째 자연과 예술적 아름다움을 찬미하는 내용 등으로 나눠볼 수 있다.

『고려사』「악지」에는 '정재'라는 용어가 나오지 않고, 중국계의 곡조·악기·춤은 모두 당악唐樂이라 했으며, 우리나라의 곡조·악기·춤은 향악鄕樂이라 했다. 그러다가 『태종실록』 2년(1402) 6월조에 '오양선정재五羊仙呈才' '포구락정재抛毬樂呈才' '아박정재牙拍呈才' '무고정재舞鼓呈才' '수보록정재受寶籙呈才' '몽금척정재夢金尺呈才'라 하여 정재란 용어가 본격적으로 쓰이기 시작했다.

궁중 연향은 수준 높은 동양 기록문화의 전통 속에 '의궤儀軌'에 기록됨으로써 어떤 잔치에서 무슨 춤을 추었는지, 나아가 공연 당일의 프로그램 순서까지 상세히 알 수 있다. 조선왕조의 의궤 편찬은 구한말까지 이어졌고, 장악원이 이왕직 아악부로 축소된 일제강점기에도 의궤는 편찬되었다. 하지만 임진왜란 이전의 의궤는 모두 소실되었고, 1601년(선조 34)에 편찬된 의인왕후 국장 관련 의궤가 가장 오래된 것으로 전해진다. 궁중 정재는 이러한 의궤나 홀기 등 각종 문헌에 실려 있으므로, 그 공연의 전모와 역사적인 전승 과정을 탐색해볼 수 있다.

# 철학과 사유를 품은
# 궁중 정재의 역사

우리 문화예술이 낳은 궁중 정재의 내면에는 시대마다 유유히 흘렀던 당대의 이념과 철학 사상이 품어져 있다. 그 무형 예술이 함의한 사유 체계들은 시대 흐름에 따라 의미도 달라졌을 것이며, 추구했던 철학이나 그 안에서 표출되는 미의식 역시 시기별로 구별되어 저마다의 독자적 특성을 띠고 있다.

원시시대의 춤은 인류 역사가 움틀 때 이 땅에서 살아온 선조들의 자주적이며 창조적인 생활 속에서 자연발생적으로 싹텄다. 이 시대 춤의 특징은 춤·노래·기악이 혼합된 악樂·가歌·무舞 일체의 형태였을 것이며, 원시공동체 사회에서 창조자와 향유자가 분리되지 않은, 즉 공동체 성원이 함께 즐겨 춘 춤이라는 데 특징이 있다. 한국 춤과 음악의 기원은 하늘 춤과 음악, 그리고 땅의 인간 춤과 인간 음악의 조화로 이어져왔다.

우리 역사 발전 단계에서 씨족 또는 부족사회가 국가를 형성하고, 고대사회의 정치 체제가 만들어져 군왕을 중심으로 문화가 제도화될 때, 즉 왕권정치 체제가 성립한 삼국시대 이후 국가의 각종 행사나 의식, 궁중 연례宴禮 등에 춤이 쓰이면서부터 궁중 무용은 그 형식적 형태가 비로소 마련되었을 것이다.

고조선의 춤은 중국에 춤을 전해줄 정도로 문화가 발달했는데, 지모무持矛舞와 같은 창춤, 칼춤, 활춤 등 전쟁에서의 용맹성을 과시하기 위한 춤이나 영선무迎仙舞 등과 같은 춤이 이 시기에 이미

성립되어 다양하게 변화한 것으로 생각된다. 고조선에서는 인간 중심의 건국 이념이나 사회·정치·경제·과학·문화를 통해 볼 때, 통일된 체제 속에서 각종 의례가 행해졌고, 가무음곡을 동반한 토속 신앙적 제천의식에서 가무가 시작되었으며, 그 내용도 대부분 선민의식에 바탕을 둔 하늘과 관련된 의미들로 형상화되었을 것으로 추정된다.

부여의 제천행사와 관련된 의례는 '영고迎鼓'라 하는데, '북춤' '수렵 의례춤' 등과 전쟁 때 하늘에 제사를 지내면서 추는 '출정 의례 춤' 등은 큰 소매 달린 도포를 입고 행했다고 전하는데, 남녀노소가 며칠씩 노래 부르고 춤추는 축제적 문화가 형성되어 있었던 듯하다.

고구려에는 10월에 행하는 제천 행사인 '동맹東盟'이 있었다. 동맹은 온 나라 백성이 함께하는 국중대회國中大會로 기록되었으며, 제사 때에는 하늘을 대상으로 종묘를 세우고 사직이나 영성靈星 또는 수신隧神을 섬겼고, 부여의 수렵 의례와는 달리 농경 의례와 종교 의례 제사로서의 성격도 띠었던 것으로 보인다.

동예의 풍속은 고구려와 비슷하며, 동예의 제천 행사 '무천舞天'은 이름 그대로 곧 '하늘 춤' '하늘 음악'이었으며, '하늘 춤 음악'은 모두 의례에 적용되어 분화·발전했을 것이다. 동예 또한 국중대회를 열어 거국적인 행사를 치렀고, 제천 행사를 주관하는 천군天君을 세우고, 별도의 장소에 소도蘇塗를 성역화해 그곳에 방울과 북이 매달린 솟대를 세워, 그들이 하늘 춤 음악의 주관자로 존재하게끔 했다. 이 시대에는 수렵과 농경사회의 특징인 우주 현상을 극복

하고 자연 질서에 부응하기 위한 음악과 춤, 하늘과 땅을 거룩하게 생각하는 음악과 춤이 주종을 이뤘을 것이다.

삼한의 춤이나 음악 역시 하늘 춤과 음악으로 통일되었다. 마한은 씨뿌리기가 끝난 5월과 농사가 끝난 10월에 가무와 음주로 밤낮을 쉬지 않고 즐겁게 놀았다고 한다. 기록에 그 춤이 "춤을 출 때는 수십 명이 줄을 서서 땅을 밟으며 장단을 맞추고 땅을 밟고 구부렸다 치켜들었다 하면서 손발로 장단을 맞추는 것이 중국의 큰 방울을 손에 들고 추는 탁무鐸舞와 비슷하다"고 하였다. 진한과 변한 사람들도 가무를 즐겼다. 이들은 무도舞蹈할 때 중국의 가야금과 같은 현악기인 축筑을 썼다고 한다. 또한 변한 사람들은 장사지낼 때 큰 새의 깃털을 사용했는데, 그것은 죽은 자가 새처럼 날아다니라는 뜻이며, 춤 역시 새처럼, 하늘의 천신처럼 날아오르는 모양새를 취했을 것으로 여겨진다.

부족국가 단계에서 벗어나 고구려, 백제, 신라가 국가 단위로 성장하던 삼국시대의 사정은 좀 더 구체적이다. 고구려는 지리상 중국과 서역 가까이 접했기에 일찍이 대륙 문화를 받아들이고 강력한 왕권국가로 발돋움해 강력한 힘을 지녔다. 그리하여 고구려는 광활한 지역을 지배했고, 사람들은 용맹성과 활발함을 띠어, 백제나 신라보다 일찍이 독특한 대륙적 예술 형태를 일궜다. 고구려의 노래와 춤은 '고려악高麗樂'이란 이름으로 중국 수隋나라의 구부기九部伎에서도 사용될 만큼 발전했다. 이외에 지서무芝栖舞, 호선무胡旋舞, 고구려무高句麗舞가 중국 당나라 궁중 연회에 사용되었다. 또한 고구려 벽화에서도 당시 각종 음악·무용·교예巧藝 등을 엿볼 만

고구려 고분벽화에 묘사된 악기들.
① 메는 북과 종, 안악 3호분(357년) ② 메는 북, 덕흥리 고분(408년) ③ 메는 북, 덕흥리 고분(408년)
④ 메는 북, 수산리 고분(5세기) ⑤ 요고, 오회분 5호묘.

한 자료가 상당수 발견되는 등 고구려 예술의 발달상을 집약적으로 파악할 수 있다. 특히 무용총의 「무용도舞踊圖」에서는 고구려인의 강건한 기질과 강력한 국력을 과시하는 듯한 활달한 춤이 잘 나타나 있는데, 소매 속에 손을 집어넣고 직각으로 춤추는 모습에서 고구려인의 강한 기질과 활발한 기상이 엿보인다.

백제는 부여족인 고구려에서 갈려나와 남하한 민족이 마한 땅에 세운 나라로, 중국 남조 문화를 흡수하고, 일본 규슈 지방까지 진출해 아스카 문화에 영향을 주는 등 뛰어난 문화적 역량을 보여주었다. 백제의 무용사에서 가장 두드러진 흔적은 7세기 초 무왕武王 13년(612)에 백제인 미마지味摩之가 남중국 오나라에서 기악무伎樂舞를 배워 우리나라와 일본에 전한 것이다. 기악이란 불교의 악樂을 일컬으며, 부처님을 공양하기 위한 가무를 뜻한다. 이는 포교를 목적으로 했기에 일본 상류층 자제들에게 가르쳤으며, 내용은 권선징악을 띠는 교훈극 성격이었을 것으로 추정된다. 이 기악무는 오늘날 산대도감山臺都監놀이나 봉산탈춤 등 가면무와 관련이 깊은 것으로 알려져 있다.

신라는 668년(문무왕 8)에 삼국을 통일하면서, 고구려·백제 문화를 융합했으며, 당나라와의 교류를 통해 정치·문화적으로 높은 수준의 국가를 발전시켜나갔다. 춤에 대한 수준도 높아 왕명으로 악무를 가르치고, 전문적인 연주인에 의해 가歌·무舞·악樂이 분리되었다. 무용 또한 통일 후에는 더욱 발전해 무복舞服이 화려해지고, 춤의 내용과 종류도 다양해졌다. 신라시대에는 통일 이전의 춤인 혜성가무彗星歌舞, 가야지무伽倻之舞, 상염무霜髥舞, 검무劍舞 등과 통일신라 이후의 춤인 처용무處容舞, 무애무無㝵舞, 선유락船遊樂 등과 같이 규모가 크고 무원의 수가 많은 격식 있는 무용이 있었다. 또한 최치원의 『향악잡영』 5수에서는 신라 말엽에 연희되었던 가면무인 금환·월전·대면·산예·속독 등의 오기五技를 묘사하고 있다. 이러한 당대의 춤들은 통일 체제 아래 꾸준한 발전을 이뤘다.

이와 같은 춤의 발전 속에서 삼국시대에는 처용 설화에 기원을 둔 처용무處容舞, 황창랑의 검기무劍器舞, 원효 스님의 무애무無㝵舞 등 설화가 발생하던 가운데 궁중 무용의 근원이 함께 마련되었다. 사상적으로 통일신라를 거쳐 고려시대에까지 유·불·도 사상이 어우러져 발전했으며, 특히 불교 사상이 눈부신 빛을 발했다. 통일신라를 전후한 때에 고승 원효는 당시 불교계의 2대 지주였던 중관사상中觀思想 간의 대립을 화쟁론和諍論으로 융화해 당대 사상계가 맞닥뜨린 최대 과제를 해결했으며, 의상義湘은 화엄사상에 정토신앙을 결부시켜, 중국적이고 귀족적인 화엄종을 민중 지향적인 종교로 발전시킴으로써 한국적인 특색을 드러냈다.

고려는 정치·군사적 혼란기였던 후삼국을 통일해 정치적으로는 새로운 나라를 세웠으나, 문화와 문물제도는 대체로 신라 것을 이어받았다. 국교는 불교를 내세웠으나 전통적 유불선 사상과 도참 사상을 함께 수용했다. 그리하여 연등회燃燈會·팔관회八關會·인왕회仁王會 등 국중대제전國中大祭典 형식의 다채로운 행사를 이어나갔다. 특히 신라의 풍류도가 스며든 팔관회를 계승한 고려의 팔관회(11월 5일)에는 전국적으로 하례賀禮가 진행되었고, 외국 사절이나 상인에 이르기까지 방물方物을 진상하고 하례한 것으로 보아, 팔관회가 정통 불교 행사였던 연등회보다 훨씬 대규모로 치러졌음을 알 수 있다.

고려시대의 춤으로는 놀이 중심의 무고舞鼓, 동동牙拍舞, 향발무響鈸舞, 왕모대가무王母隊歌舞 등 향악무 4종이 만들어졌고, 송나라로부터 헌선도獻仙桃, 수연장壽延長, 오양선五羊仙, 포구락抛毬樂, 연화대무蓮花臺舞 등 당악정재 5종을 들여왔다. 이 시기 지배적 사상은 불교 사상으로 고려 전기의 의천은 교관겸수敎觀兼修를 이상으로 하여 교선합일敎禪合一을 주창했고, 후기의 지눌은 정혜쌍수定慧雙修를 제창함으로써 통일신라 말기 이래 지속되었던 교敎와 선禪의 양립관계를 지양함으로써 총화불교로서의 특징을 여실히 보여주었다. 이 시대 말기에 이르면 무신정변과 몽고의 침입 등으로 정치·사회 혼란과 함께 불교의 시대적 폐해가 심각했는데, 당시 새로운 지성인들은 유학을 근본학문으로 삼아 주자학을 받아들여 국가의 면모를 새롭게 하려 했다.

고려시대의 궁중 무용은 이러한 철학적·문화적 배경에서 성장했는데, 앞서 말했듯이 1073년(문종 27)에는 포구락, 구장기별기九張機別伎, 왕모대가무 등을 연등회와 팔관회에서 공연했다. 또한 중국과의 교류가 활발해 문화와 문물이 들어오면서 궁중의 악무 또한 기록된 5종 이상 많은 종목이 유입·수용되었을 것으로 추정된다. 예종(재위 1105~1122) 때에는 송나라의 신악과 대성아악이 수입되었으며, 1068년(문종 22)에는 송나라에서 박판(박), 저(대금), 피리 등을 들여와 음악과 무용의 활발한 교류가 이뤄졌다. 동양의 무용은 가·무·악이 혼합된 형태이므로, 악樂의 전래에는 음악뿐만 아니라 악기와 기물, 복식 및 무용이 반드시 함께 수용되는 것으로 짐작된다.

　조선 왕조는 새로운 유가 이념에 기반한 예악질서를 확립하려는 왕조의 노력으로 궁중악이 크게 정비되고, 새로운 정재가 여럿 창작되었다. 특히 새롭게 만들어진 정재는 조선 창건의 의미를 드높이고, 왕조의 권위를 드러내며, 조선 왕조 창업의 정당성을 표명하는 등의 내용을 담곤 했다. 조선 전기는 건국 초부터 억불숭유 정책을 국시로 삼아 불교가 크게 쇠퇴하고 유교에 기초한 사상·문화·예술·풍속 등이 태어났는데, 치국治國의 정신은 항상 예禮와 악樂에 기초를 두었다. 즉 예로써 기강을 바로 세우고, 악으로 그 긴장을 푸는 예악의 조화로운 운영 원리는 조선조를 통틀어 가장 확고한 문화적 이념으로 작동했다. 세종대에 박연 등이 중국 문헌을 참고해 아악을 정리했으며, 이때 팔음八音을 구비하고 아악보를 갖춰 주나라의 제도와 가장 흡사하게 정비되었을 뿐 아니라, 본고장인 중국보다도 오히려 악학의 체계를 완벽하게 갖췄다. 이처럼 조선 초기에 정리된 음악이 오늘날까지 전하는 한국 전통 음악의 기초가 되었으며, 여러 음악이 창제·정비됨으로써 이에 맞춰 추는 화려하고 우아한 궁중 정재가 고안되었다. 1437년(세종 19)에는 궁중 연희에 쓰이던 무동舞童, 여기女技, 악공樂工이 530여 명에 이르렀다(『세종실록』 권76). 이 시기를 한국 궁중 무용의 최전성기라 할 수 있는데, 이때 전해지거나 생겨난 궁중 무용이 30여 종에 달했으며, 이는 조선 후기까지 춤춰진 정재 총 55종과 견주더라도 큰 비중을 차지한다. 궁중 정재의 황금기라 불리는 조선 전기는 예악적인 궁

『원행을묘정리의궤도』 중 '몽금척', 국립중앙박물관.

夢金尺
몽금척

중 무용으로 학무鶴舞, 문덕곡文德曲, 봉래의鳳來儀 3종의 향악과 몽금척夢金尺, 수보록受寶籙, 근천정覲天庭, 수명명受明命, 하성명賀聖明, 하황은賀皇恩, 성택聖澤, 육화대六花隊, 곡파曲破 등 9종의 당악정재가 만들어졌다. 조선 중후기에 접어들면서 궁중 정재에도 눈에 띄는 변화가 나타났다. 궁중 정재가 지녔던 예식적인 정형성과 규범성이 점차 엷어지고 미적·예술적 향유물로 그 모습을 바꿔갔던 것이다. 조선 왕조의 건국 이후 왕권의 안정기를 거친 뒤 문화의 극점을 이루었던 선조조에 왕조의 정신적 이념이었던 성리학이 제 기능을 발휘하지 못하자 사회는 흔들렸으며, 임진왜란과 병자호란의 소용돌이 속에서 왕조의 정신적 지주였던 성리학은 관념화되고 탄력성을 잃었다. 이에 새로운 세계관을 세우고자 하는 철학사상적 고민이 여러 방면에서 일어났다. 크게 보아 이기철학이 주리론에서 주기론으로 전화하는 추세도 현실주의적 합리성의 측면에서 일어난 것이고, 실학의 발생이나 천주학에의 관심, 동학의 창도 등도 새로운 세계관에 대한 모색의 하나였다. 18~19세기에는 서울을 중심으로 상업화·도시화가 진행되어 이후 사회·문화 전반에 걸쳐 점차 성리학적 이념에서 탈피하려는 경향이 나타난다. 궁중 정재도 이러한 흐름에 발맞춰 변하는데, 순조조에 효명세자와 전악 김창하가 주도한 새로운 정재 창작은 예술성이 고조된 아름다운 춤사위와 작품세계를 구현하고 있었다. 이는 곧 궁중 정재가 의식적 규범성에서 벗어나 예술적·미적인 순수 예술물로 전환하는 방향을 극명하게 보여준다. 물론 이 시기 궁중 정재도 창작 배경과 제도에서는 성리학적 예악 사상에 기반을 두고 있지만, 예술성을 크게 떨쳐 일으켜 춤사위의 세련성과 정재 공연 레퍼토리의 완결성(순조조 무자년 진작을 지향)을 보여준다. 순조 때 효명세자에 의해 미적인 궁중 무용으로 춘앵전春鶯囀을 비롯한 20여 종의 향악정재가 만들어지고, 당악정재 형식을 끌어들인 것으로 장생보연지무長生寶宴之舞, 연백복지무演百福之舞, 제수창帝壽昌, 최화무催花舞 등이 창작되었다.

순조조에 새롭게 창제된 궁중 정재는 대부분 향악정재에 속하는데, 이는 단순히 과거 궁중 연향에서 펼쳐진 것을 모방하거나 변모시킨 것이 아니라, 조선 후기 순수 예술을 지향하는 흐름에 맞춰 변화된 문화적 기반 위에서 새로 창작된 것이다. 군무群舞 중심, 예악 사상 중심, 왕조와 군왕에 대한 찬송 중심이었던 전통적 궁중 정재에서 화려한 춤사위와 복식 그리고 순수 예술체로서 아름다움을 추구하는 독무獨舞들이 생겨난 것도 개성에 눈을 떠가는 조선 후기 철학적 흐름의 변화를 반영하는 뚜렷한 징표가 된다.

마지막으로 조선 후기에는 지방에서 잡극雜劇으로 추어졌던 사자무獅子舞와 항장무項莊舞가 궁중에서 선보이고, 광수무廣袖舞, 초무招舞, 첨수무尖袖舞, 관동무關東舞 등의 향악정재가 만들어졌다. 궁중 무용의 유래와 문헌에 기록된 시기별 궁중 정재의 종목을 분류하면 [표 1]과 같다.

이러한 정재들은 『고려사』「악지」, 『악학궤범』, 『정재무도홀기』 등에 춤 순서가 자세히 기록되어 있다. 그리고 오늘날 국립국악원에서는 고故 김천흥 선생이 이왕직 아악부의 무동 때 배운 것을 바탕으로 1980년대에 진행한 궁중 무용 재현 작업의 결과물들이 전해지면서 궁중 정재의 명맥을 잇고 있다.

•표 1• 유래와 문헌 기록을 통해 본 궁중 무용의 분류

| 구분 | 신라시대 | 고려시대 | | 조선 전기 | | 순조조 | | 조선 후기 | |
|---|---|---|---|---|---|---|---|---|---|
| | 유래 | 유래 | 문헌 | 유래 | 문헌 | 유래 | 문헌 | 유래 | 문헌 |
| 당악 정재 | | 헌선도 수연장 오양선 포구락 연화대 왕모대가무 | 헌선도 수연장 오양선 포구락 연화대 왕모대가무 | 몽금척 수보록 근천정 수명명 하성명 하황은 성택 육화대 곡파 | 몽금척 수보록 근천정 수명명 하성명 하황은 성택 육화대 곡파 | 장생보연지무 연백복지무 제수창 최화무 | 장생보연지무 연백복지무 제수창 최화무 | | |
| 향악 정재 | 검무 처용무 무애무 사선무 선유락 | 무고 동동 (아박무) 향발무 | 무고 동동 (아박무) 향발무 무애무 | 학무 문덕곡 봉래의 | 학무 문덕곡 봉래의 처용무 | 춘앵전 심향춘 보상무 첩승무 향령무 고구려무 박접무 춘광호 공막무 가인전목단 무산향 헌천화 춘대옥촉 영지무 망선문 경풍도 연화무 만수무 아박무 | 춘앵전 심향춘 보상무 첩승무 향령무 고구려무 박접무 춘광호 공막무 가인전목단 무산향 헌천화 춘대옥촉 영지무 망선문 경풍도 연화무 만수무 아박무 사선무 | 광수무 초무 첨수무 사자무 항장무 관동무 | 광수무 초무 첨수무 사자무 항장무 관동무 검기무 선유락 |
| 총 55종 | · | · | 10 | · | 13 | · | 24 | · | 8 |

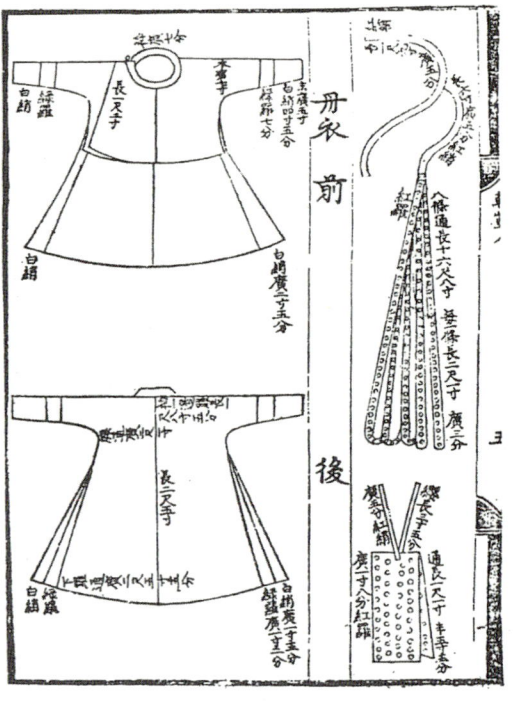

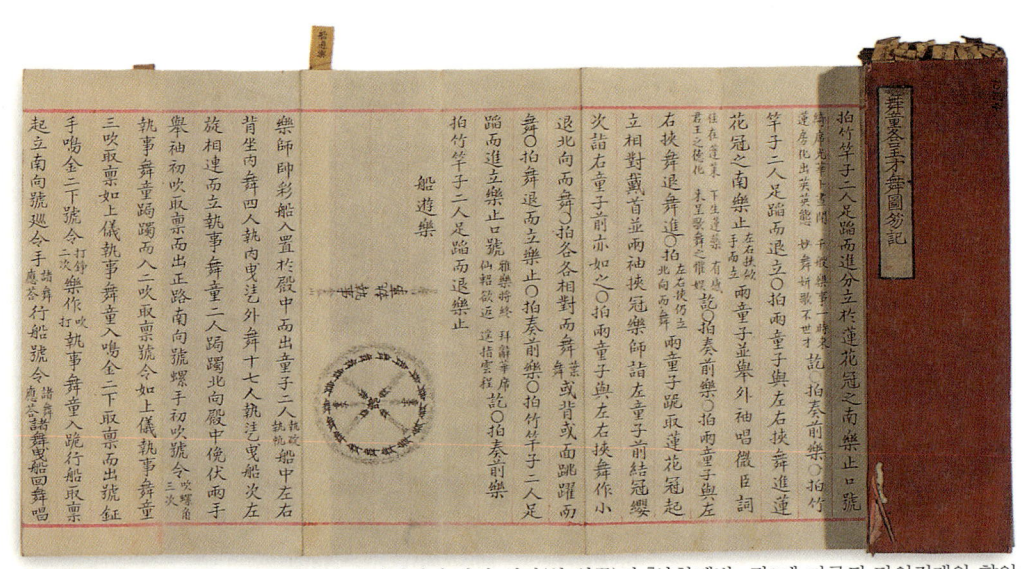

『고려사』「악지」에 전하는 당악정재와 속악정재에 관한 설명(위 왼쪽)과 『악학궤범』권8에 기록된 당악정재와 향악정재에 쓰이는 도구 및 복식. 아래는 『무동각정재무도홀기』, 24.5×7.5cm, 연대미상, 국립중앙박물관. 정재 행사에서 무동의 정재 연습을 돕기 위한 기록이다.

# 정재, 왕실 번영 기원과 미적 극치 구현

궁중 정재는 우선 그것이 만들어진 배경과 음악적 성격에 따라 당악정재唐樂呈才와 향악정재鄕樂呈才로 나뉜다. 당악정재는 송대에 전래된 아악雅樂을 제외한 중국에서 들여온 모든 정재를 가리키며, 향악정재는 고대로부터 내려온 우리 고유의 음악과 수隋나라 이전에 중국에서 들여온 음악이 우리 음악과 융화되면서 토착화된 악무를 가리킨다.

## 당악정재와 향악정재의 특징

당악정재의 특징을 살펴보면, 죽간자竹竿子, 구호口號, 치어致語가 수반되고, 당악 반주에 맞춰 한문 가사를 노래하며, 무대 좌우에 인인장引人仗, 정절旌節, 봉선鳳扇, 용선龍扇, 작선雀扇, 미선尾扇을 든 의장대가 죽 늘어서 위의威儀를 갖춘 점이 특징이다. 대표적인 정재 종목으로는 헌선도, 수연장壽延長, 오양선五羊仙, 포구락抛毬樂, 연화대蓮花臺 등이 있다.

향악정재는 죽간자, 구호, 치어가 없고 우리말로 된 노래를 부르는 것이 특징이며, 무고, 동동動動, 학무鶴舞, 봉래의鳳來儀, 가인전목단佳人剪牧丹, 춘앵전春鶯囀, 경풍도慶豐圖, 만수무萬壽舞 등이 있다.

위에서 제시되었듯이 궁중 정재 55종을 『고려사』「악지」, 『악학궤범』, 『정재무도홀기』 등에 전하는 자료를 중심으로 당악정재와 향악정재를 분류해보면 [표 2]와 같다.

• 표 2 • 궁중 정재 분류표

| 신라시대 4종 | 향악정재(4) | 검무, 처용무, 무애무, 선유락 |
|---|---|---|
| 고려시대 9종 | 향악정재(3) | 무고, 동동, 향발무 |
| | 당악정재(6) | 헌선도, 수연장, 오양선, 포구락, 연화대무, 왕모대가무 |
| 조선 전기 12종 | 향악정재(3) | 학무, 문덕곡, 봉래의 |
| | 당악정재(9) | 몽금척, 수보록, 근천정, 수명명, 하성명, 하황은, 성택, 육화대, 곡파 |
| 순조조 24종 | 향악정재(20) | 춘앵전, 심향춘, 보상무, 첩승무, 향령무, 고구려무, 박접무, 춘광호, 공막무, 가인전목단, 무산향, 헌천화, 춘대옥촉, 영지무, 망선문, 경풍도, 연화무, 만수무, 아박무, 사선무 |
| | 당악정재 형식을 도입한 정재(4) | 장생보연지무, 연백복지무, 제수창, 최화무 |
| 조선 후기 6종 | 향악정재(6) | 광수무, 초무, 첨수무, 사자무, 항장무, 관동무 |

한편 우리 궁중 정재의 가장 큰 특징을 꼽자면 조선조에 들어와 유교의 예악성을 배경으로 전성기를 이루었다는 점이다. 따라서 궁중 정재는 유교의 바탕이 되는 음양오행 사상을 근거로 형성·발달해 의상·의물 및 무구舞具의 사용과 배치, 무복의 색상, 춤사위 등도 이에 따라 구성되었다.

궁중 정재의 표현을 보면 담담하고 유유한 장단에 춤가락이 우아하고 선이 고우며, 현실을 초월한 신비스런 멋이 있다. 또한 몸

『원행정리의궤도』 중 '학연화대무'
국립중앙박물관.

鶴舞
학무

『원행정리의궤도』 중 '무고'
국립중앙박물관.

「무신진찬도」에 그려진 '헌선도'와 '포구락'.

가짐이 바르고 동작의 수효가 적어 무게 있게 추어지며, 의상의 색채와 춤 구성의 기본은 음양오행설 등 동양 사상에 기초를 두는데, 화려하고도 단아한 멋이 있다. 개인적인 감정이나 개성적인 표현이 철저히 억제되며, 함께 어우러지는 음악과 장단이 일률적이고 유장해 마치 동양화처럼 여백의 미와 현미玄美를 감지시킨다. 반주되는 장단은 20·16·12·10·6박으로 분류한다.

### 궁중 무용의 특징

먼저 형식상의 특징을 살펴보면, 첫째 궁중에서 펼쳐지는 연향이다. 둘째 창사·치어·구호(선구호, 후구호) 등 노래로써 축수祝壽(장수하기를 빎), 성덕聖德(성인, 임금의 덕), 송축頌祝(경사스러움)을 기려 축하함으로써 춤의 내용을 설명한다. 셋째 장중하고 느린 장단 속에서 춤 동작이 우아하고 물결처럼 유연하며 구성이 아름답다. 넷째 의상이 화려하며 손목에 5색 한삼을 끼고 동양의 음양오행 사상을 상징적으로 내포하고 있다. 다섯째 의례 속에서 행해져 개인의 감정과 개성이 드러나지 않는다. 여섯째 음악은 연례악宴禮樂으로 수제천壽齊天, 장춘불로지곡長春不老之曲, 함녕지곡咸寧之曲, 염불念佛, 타령打令, 평조회상平調會相, 여민락與民樂, 길타령 등이 주로 쓰인다.

그렇다면 내용상의 특징은 어떠한가? 첫째 향악정재로 왕실의 번영을 송축하는 노래와 춤이 창작되었다. 둘째 당악정재로 외국에서 유입되었다. 셋째 향악정재로 명칭과 춤의 형식은 당악으로 창안되었다. 넷째 민간의 전설과 설화가 궁중으로 유입되었다. 다섯째 순조 때 효명세자에 의해 궁중 무용이 독창적으로 만들어졌다.

또한 궁중 무용은 우리 문화예술에서 배태한 것이기에 시대에 따라 사유 체계가 변화하면서 그 안에서 표출되는 미의식 역시 앞 시대나 뒤 시대와 구별된다.

삼국과 신라시대의 정재들은 신라 고유의 풍월도風月道 사상과 외래의 불교·도교 사상이 춤사위와 춤의 예술적 특성에도 스며있으며, 고려시대에 연원을 둔 정재들에서는 불교·도교적 특성이 춤을 형상화하는 데 많은 영향을 끼쳤다. 외부에서 전해진 새로운 철학 사상들은 우리 고유의 홍익인간 정신 및 풍월도 사상과 습합되어 전통예술의 사상적 기반을 이뤘으며, 궁중 무용도 이러한 기반에서 창제되어 전승·향유되어왔다.

특히 고려시대는 본격적인 궁중 무용이 펼쳐지고 사상적 기반을 둔 춤의 예술성을 확보했다는 점에서 그 의의가 있다. 동시에 흥취적·놀이적 성격이 강한 정재들도 볼 수 있다. 이는 당악정재가 유입된 내력에서 비롯된 듯하다. 조선시대에는 유가 사상이 반영된 예술적 특성을 볼 수 있는데, 전기에는 제도적으로 철저한 성리학적 예악 사상에 기반한 악무가 세워지고, 당악의 재정비 및 새로운 악의 창제 등 예술성보다는 이념성을 강조해 무용의 예술적 표현도 이를 반영했다. 그러나 후기로 접어들면서 국가가 안정을 되찾아 이념적 경직성에서 벗어나 예술 지향의 성향이 강하게 드러난다. 특히 순조조에 새롭게 만들어진 궁중 정재들에서는 화려한 춤사위와 유미적 성격으로 예술성이 한껏 고조되었다. 물론 이러한 시대적 특성은 정재 발생이나 형성의 배경을 통해 본 것이고, 큰 연향에서는 정재가 17종목으로 짜여 공연되었으므로, 궁중 정재는 종합적인 예술성과 철학성이 어우러진 공연으로 펼쳐졌다.

궁중 무용의 예술적 특성을 분류해 살펴보면 [표 3]과 같다.

· 표 3 · 궁중 무용의 예술적 특성 분류

| 구분 | | 작품 | 목적 | 내용 | 작품 특성 |
|---|---|---|---|---|---|
| 신라시대 | | 검무 | 조의, 추모, 놀이성, 상징성 | 화랑 관창을 추모하고 용맹을 기림, 칼춤 | 벽사진경, 유미적唯美的 춤사위(연풍대 동작) |
| | | 처용무 | 태평성대, 벽사진경 | 처용 설화에서 기인한 헌무 | 음양오행의 움직임 표현 |
| | | 무애무 | 장수, 태평성대, 거리낌 없는 부처의 자비 | 표주박 춤. 원효 설화에 창작 동인을 둠 | 윤회사상을 춤사위로 표출(동선) |
| | | 사선무 | 장수, 태평성대 | 태평성대 구가. 신라 사선의 '유오산수'에 연월을 둠 | 선풍仙風 및 도가적 특색(창사) |
| | | 선유락 | 사행에 오르는 것을 위로하기 위한 춤, 사신 접대 | 이선악가. 뱃길로 사행에 오르는 동작을 형상화 | 배를 끌며 뱃놀이 장면을 춤으로 형상화한 군무 |
| 고려시대 | 향악 | 무고 | 예술성, 놀이성 | 자연달, 구름, 바람과 더불어 춤추고 노래한다는 내용 | 북을 치고 어르며 춤으로 표현. 굉장미, 가장 기묘한 춤 |
| | | 아박무 | 송축, 예술성, 놀이성 | 송축. 신선의 말을 본뜬 속된 가사, 무희의 미를 표현 | 아박을 치면서 대무, 비대칭적인 춤사위 |
| | | 향발무 | 왕의 장수 기원, 놀이성 | 헌수 | 한삼 속에 수놓은 매듭장식의 소품을 들고 추는 춤 |
| | | 왕모대가무 | 왕 칭송, 태평성대, 놀이성 | 군왕 만세, 천하태평 | 무원 55인의 매스 게임 |
| | 당악 | 헌선도 | 군왕 송축 | 왕모가 선계에서 내려와 선도를 바침 | 선계적 송축성을 춤으로 형상화 (도교적 선계 형상) |
| | | 수연장 | 왕의 장수 기원 | 자연의 아름다움과 태평성대, 왕의 덕과 장수를 노래 | 대를 지어 계속 바꾸어 돌며 축수를 표현 |

| | | | | | |
|---|---|---|---|---|---|
| 조선전기 | | 오양선 | 군왕 송축 | 다섯 명의 신선이 군왕을 송축 (도교적 송축) | 오색 양을 탄 선인을 상징한 무원과 춤사위 |
| | | 포구락 | 놀이성, 군왕 장수 기원 무희의 미 | 노래하고 춤추며 포구문에 채구를 던져넣는 게임 | 놀이·흥취적인 춤, 상벌이 있어 놀이성 극대화 |
| | | 연화대무 | 태평성대 송축, 임금의 덕화 감동 | 신선의 수레 (도교적)+불교의 연꽃(불교적) | 연꽃 속 동녀의 신비감 |
| | 향악 | 학무 | 도학, 상징성 | 학(도가적 상징물)의 여러 동작을 형상화 | 인간의 동물화(의인화) |
| | | 문덕곡 | 국가 이념과 국시를 시가로 창작해 기강을 바로 세우고 번영을 도모 | 문치주의. 향악정재이지만 음악은 당악인 「소포구락령」을 씀 | 예악성, 송축성 |
| | | 봉래의 | 국가의 창업과 번영 | 문치주의. 향악정재이지만 음악은 당악인 「소포구락령」을 씀 | 용비어천가를 노래함, 예악성, 송축성 |
| | 당악 | 몽금척 | 건국을 축하 만수, 융성 | 도교적 예참에 기초함 (금척을 꿈꾼 것) | 소품의 상징성이 춤의 내용과 궤를 같이함, 예악성, 숭고미 구현 |
| | | 수보록 | 천세, 태평 | 도교적 예참, 왕조의 예찬 (잠저 때 지리산 벽돌 속에서 이상한 글을 얻은 일) | 숭고미 구현 |
| | | 근천정 | 장수, 덕을 기림 | 예악사상의 일면, 송축 | 사대사상 (황제로부터 예우를 받아 돌아오면 백성이 기뻐 노래함) |
| | | 수명명 | 장수, 덕을 기림 | 대국을 섬기자 천자가 밝은 명을 내림 | 사대사상에서 소중화 사상으로 전환 |
| | | 하성명 | 천자의 만복 | 황제 송축 | 사대사상에서 소중화 사상으로 전환 |

| | | | | |
|---|---|---|---|---|
| 조선전기 | 당악 | 하황은 | 덕을 칭송, 장수 기원 | 세종이 명나라 황제에게 왕의 인준을 받아 온 백성이 기뻐한다는 내용 | 사대사상과 예악사상 |
| | | 성택 | 황제의 장수 | 사신 위로함은 황제 때 덕을 흠모함 | 사대사상으로부터 소중화 사상으로 전환 |
| | | 육화대 | 놀이성, 즐거운 자리 | 궁궐의 풍경과 봄철의 꽃을 찬미함 | 무원과 동작 등이 예술성과 음향오행에 기초함 |
| | | 곡파 | 놀이성, 즐거운 놀이 | 연향의 종결부에 사용되던 곡인데, 예술성으로 전환 | 꽃과 놀이 |
| 순조조 | 향악 | 춘앵전 | 춤 묘사, 임금의 정 | 봄 달밤의 새소리와 가인(佳人)의 정취 | 독무로서 고도의 예술성 확보, 유미적 동선, 우아한 춤사위로 표출 |
| | | 심향춘 | 춤묘사 | 화병의 꽃, 봄 향기를 만끽하며 아름다운 아가씨 비유 | 봄과 꽃, 여인으로 예술성 표현 |
| | | 보상무 | 놀이성, 무희의 미 | 보상반, 농구 형식 | 놀이와 상, 벌 |
| | | 첩승무 | 춤 묘사 | 자연 소재의 아름다움 | 10회의 창사와 형태 변화, 노래 중심 |
| | | 향령무 | 만세를 기원 | 심미적. 도교적 신선 | 방울춤 |
| | | 고구려무 | 춤사위 묘사 | 도교적, 이태백 시 고구려의 기백을 회상 | 염무, 첨수무, 칼춤 활달함 |
| | | 박접무 | 주렴미인 | 나비가 봄 정경을 음미- 꽃과 나비와 여인 | 나비와 여인, 의상에 나비를 수놓음 |
| | | 춘광호 | 왕의 공덕을 찬양 | 날씨가 좋다고 노래하여 정치를 잘한 것을 찬미하는 내용 | 봄빛처럼 화사한 춤사위 묘사가 창사로 나타남 |
| | | 공막무 | 놀이성, 예술성 | 벽사진경 | 칼춤 |

| | | | | |
|---|---|---|---|---|
| 순조조 | 향악 | 가인전목단 | 놀이성, 자연의 미 | 모란꽃을 꺾으며 즐겁게 노니는 춤 | 화려미와 우아미 |
| | | 무산향 | 춤 묘사 | 군왕의 미소 | 독무로서 활달하며, 연풍대를 도는 등 힘 있고 기교적인 춤사위 |
| | | 헌천화 | 국가의 안태와 융성을 송축 | 화병, 집당. 헌선도와 유사 | 꽃을 들고 춤, 도교적 색채. 예술성 첨가 |
| | | 춘대옥촉 | 반주음악이 옥촉춘지곡으로 연주되는 것에 근거하여 기후가 고르고 날씨가 화창한 봄을 노래하므로 태평성대 기원을 목적으로 추측함 | 궁중생활의 아름다움 | 윤대 위에서의 우아미 |
| | | 영지무 | 춤 묘사 | 신선이 물결을 농하고 악무는 빙빙 돎 | 연못 속에서의 신비감을 드러냄. 예술성 |
| | | 망선문 | 태평성대를 이룩한 왕의 은덕을 칭송 | 무보가 없음 | 도교적, 선인이 내려오는 선문을 바라본다는 내용 |
| | | 경풍도 | 나라의 융성과 풍년을 기원 | 가화(태평세월에 난다는 상서로운 벼), 임금의 덕을 기리면서 풍년을 기원하는 경풍도를 헌상 | 상서로운 가화. 도교적 예찬 |
| | | 연화무 | 자연의 미 | 호수에 핀 연꽃을 여인에 비유하여 춤으로 형상화, 무리지어 있는 연꽃을 감상하는 즐거움을 표현, 꽃과 여인의 아름다움을 노래 | 꽃과 여인의 미. 불교적 숭고미 |
| | | 만수무 | 만수무강을 축원 | 나라의 평안, 왕업의 융성 | 송축적, 예악사상 |

| | | | | | |
|---|---|---|---|---|---|
| 순조조 | 당악 | 장생보연지무 | 군왕의 성수무강과 윤택을 하례, 나라와 백성이 평안하기를 기원 | 헌수, 송축, 예악 | 다양한 형태 구성 춤사위 |
| | | 연백복지무 | 순조 덕화의 융성함과 복록의 무강함을 기림, 태평성대 | 송축 | 구호, 치어 외에 창사가 7번이나 있어 비교적 노래가 많음 |
| | | 제수창 | 나라의 융성, 군왕의 만수무강, 태평성대 | 송축 | 예악사상의 실천 |
| | | 조당악 최화무 | 임금을 즐겁게 함, 꽃의 아름다움, 태평성대 | 봄을 즐김 | 즐거움과 아름다움 |
| 조선후기 | 향악 | 광수무 | 춤의 시작을 알리는 서무의 역할 | 무보가 없음 | 초무로 추었을 가능성이 높음. 소매가 넓은 옷을 입고 추는 춤 |
| | | 초무 | 국가 이념과 국시를 시가로 창작해 기강을 바로 세우고 번영을 도모 | 서막 춤으로서 기본 춤 | 가장 간단하고 내용이 빈약함 |
| | | 첨수무 | 예술성, 상징성 | 벽사진경, 유미적 | 칼춤에 연원을 둠 |
| | | 사자무 | 벽사진경에서 예술적 해학성 추구 | 사자의 여러 동작을 흉내 내어 추는 춤, 사자탈 | 평안남도 성천의 잡극인 사자무가 궁중에 유입 |
| | | 항장무 | 중국 고사의 극화 | 칼춤, 무용과 대사, 동작표현 등, 무용극, 메시지가 있음 | 한패공과 초항우를 무용극화, 장쾌함 |
| | | 관동무 | 금강산의 미, 도교성 | 금강산 동해의 절경을 읊은 「관동별곡」을 부르며 대무함, 무보가 없음 | 정철의 「관동별곡」을 노래하여 춤춘 것, 우아미 |

「무신진찬도병」에 표현된 '선유락', 비단에 채색, 각 폭 136.1×47.6cm, 1848, 국립중앙박물관.

「무신진찬도병」에 표현된 '향령', 비단에 채색, 각 폭 136.1×47.6cm, 1848, 국립중앙박물관.

「무신진찬도」에 표현된 '춘앵무'(위)와 '처용무'(아래).

「신축진연도병」에 표현된 '무고', 비단에 채색, 각 폭 149.5×48.5cm, 연세대박물관.

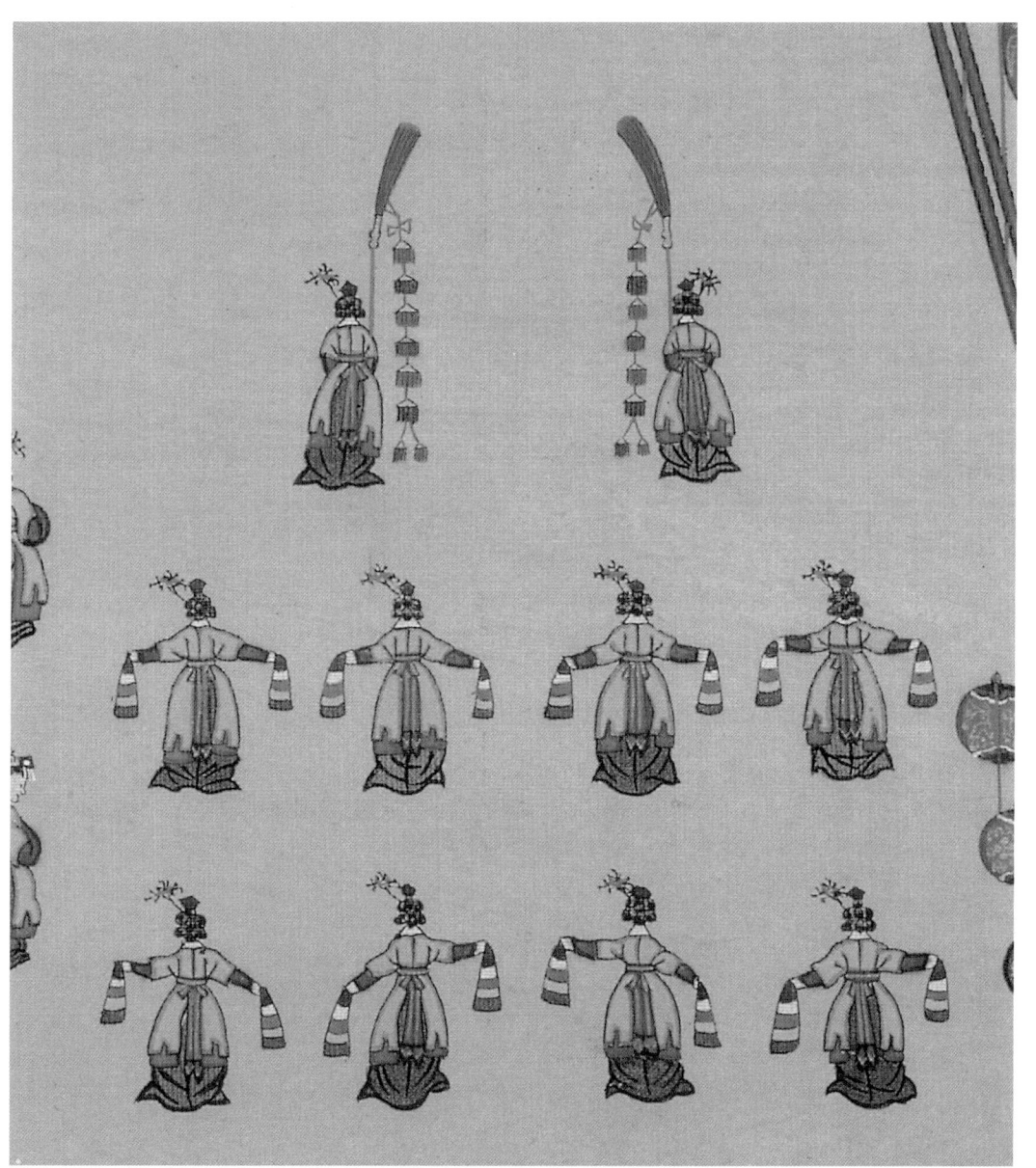

「신축진연도병」에 표현된 '봉래의', 비단에 채색, 각 폭 149.5×48.5cm, 연세대박물관.

「임인진연도병」에
표현된
'장생보연지무',
비단에 채색, 각 폭
162.3×59.8cm,
1902, 국립국악원.

## 굴절과 왜곡을 거친 정재의 현대화 작업

일제강점기 우리 민족의 역사적 전통의 단절과 왜곡의 역사를 거치면서 조선 최고의 음악기관이었던 장악원이 해체되어 이왕직 아악부로 축소되었고, 궁중 여악 담당층인 관기제도 폐지되었다. 더불어 기생의 공창화와 이에 따른 기생조합의 일본식 권번으로의 변질 등을 겪으면서 그들에 의해 전승되던 궁중 정재 역시 단절과 굴곡의 역사를 맞았다. 1897년 대한제국의 선포와 함께 장악원은 교방사敎坊司로 이름이 고쳐졌고, 이후 장악과掌樂課로 바뀌며, 1910년 일제강점기에 들어서서는 이왕직아악대李王職雅樂隊로 그 위상이 낮아졌다. 이와 더불어 기생 단속령에 따른 기생의 공창화公娼化까지 더해짐에 따라 우리 전통 무용은 참화를 맞은 것이나 다름없었다. 이 시기 국연國讌을 관장하던 장악원이 폐지되자 궁중 정재의 전승 체계는 한 순간에 무너졌으며, 이로써 모든 연향의 규모가 축소되고, 원형이 변질되는 위기를 맞게 된다. 관기 제도가 해체되면서 전승 주체가 사라졌으며, 궁중으로부터 민간으로 나온 기생들은 조합 및 권번을 이뤄 자신들이 익힌 전통예술의 명맥을 근근이 이어갔지만, 무원의 감소로 인한 대규모 무원이 필요한 군무群舞의 실질적 공연이 불가능해지고, 공연 공간이 축소되었으며, 체계적 교습과 지도 방식이 불가능해짐으로써 춤사위마저 변형될 수밖에 없었다. 특히 민간 기생으로서 궁중 무용이 생계 수단화되자 정재는 형식적 엄격성을 상실하고 예술의 상업화가 이뤄지는 등

심한 변화를 겪게 된다. 특히 군왕에게 올리는 예악적 상징성은 아예 사라지고 상업적·대중적 개념이 들어서면서 관객 구미에 맞는 춤과 춤사위만이 전해졌다.

그리하여 궁중 정재는 원래의 성격인 예악성禮樂性·송축성頌祝性이 제거된 채 단순한 대중 예술물로 자리잡는다. 궁중 정재의 본질이 예악적 성격에서 상업적·유흥적 성격으로 변모된 근현대 전승 과정은 정재 본래의 아정雅正하고 고차원적인 품격을 잃었다는 점에서 올바른 전승 과정으로 보기 어렵다. 그러나 이러한 현상은 다른 한편으로 궁중 무용의 근대·대중예술로의 시작과 이에 따른 예술 공연의 문화 기반 변모라는 측면에서 이러한 현상을 긍정적으로 해석될 수도 있다. 왜냐하면 왕실과 소수 상류층을 위해 공연되던 궁중 정재가 일반 대중을 위한 공연물로 바뀌었다는 것, 그리고 궁중 정재에 대한 시각이 성리학적 예악성을 기반으로 한 예식물禮式物의 성격에서 무용 자체를 순수 예술물로 바라보는 인식의 변화가 일어났다는 점 등에서 정재의 변화를 긍정적으로 파악하는 근거가 마련되기도 한다. 그러나 엄격히 말하자면 현재적 의미의 궁중 정재의 예술적 가치, 무대 공연적 성격을 인정한다 하더라도 과거의 의식성·상징성과는 거리가 먼, 일종의 볼거리로 제한된 안타까운 측면이 크다.

현재 궁중 정재는 이러한 과거 전승 과정의 굴절을 뒤로하고 국립국악원, 문화재청, 궁중 무용 춘앵전 보존회, 전통무용 연구회 등을 통해 다양한 재현 작업이 이루어지고 있다. 이에 함께 문헌의 면밀한 고증, 춤사위, 무대, 의장, 의물 등 궁중 문화 전반에 대한 정밀한 분석과 시대별 정재의 정형 마련 등에 힘을 쏟고 있다. 이러한 방향 정립에서 한 발 나아가 앞으로의 궁중 정재는 세밀한 기획을 통한 원형의 보존적 전승과 함께 현대적 생활철학과 미감에 맞는 창조적 정재의 재발견이 절실히 요구되고 있다.

• 주註 •

## 제1장 조선 궁궐의 잔치, 예와 즐거움이 어우러지다

1  『홍재전서』 권28.39a.

2  『현종실록』 6년 9월 5일(戊子).

3  『승정원일기』 정조 19년 6월 17일(丙申), 6월 18일(丁酉).

4  『원행을묘정리의궤』, 附編1.12a.

5  『철종실록』 8년 3월 15일(丁卯).

6  김종수, 『조선시대 궁중 연향과 여악연구』, 민속원, 2003(개정판), 108~113쪽.

7  『고종실록』 30년 2월 8일; 2월 12일; 3월 20일; 3월 22일.

8  『영조실록』 20년 10월 7일(庚戌) "上謂耆社諸臣曰, 宴訖, 當依昔年 賜宴例, 賜殿前樂, 其宜持餘饌, 回宴本司."

9  『영조실록』 45년 2월 17일(庚午); 2월 27일(庚辰).

10  『정조실록』 19년 6월 15일(甲午).

11  『정조실록』 15년 6월 18일(辛酉).

12  『정조실록』 19년(1795) 3월 7일(戊午).

13  『영조실록』 20년 10월 7일(庚戌).

14  『세종실록』 14년 8월 17일(癸卯).

15  의빈儀賓: 부마도위駙馬都尉(임금의 사위) 등과 같이 왕족의 신분이 아니면서 이와 통혼한 사람을 통칭한다.

16  척신戚臣: 임금과 외척관계에 있는 신하.

17 『단종실록』 2년 5월 28일(戊寅).

18 흔히 오늘날 집들이할 때 직장 동료와 친인척을 따로 불러 대접하는 것을 생각하면 쉽게 이해될 것이다.

19 김종수, 「외연外宴과 내연內宴의 의례구성과 특징 Ⅱ-19세기~20세기 초 의궤를 중심으로」 『韓國音樂史學報』 제30집, 한국음악사학회, 2003.6, 251~269쪽.

20 『壬辰進饌儀軌』 권2, 90b-91b.

## 제2장 치밀한 의궤 기록으로 그린 왕실 연향

1 조선 왕실의 잔치를 '연향宴享'이라 표현한 것은 『경국대전』의 조문條文에서 근거한 것이다. 『經國大典』 권1, 吏典, 正二品衙門, 「六曹」 "禮曹, 掌禮樂·祭祀·宴享·朝聘·學校·科擧之政. (…) 典享司, 掌宴享·祭祀·牲豆·醫藥等事."

2 『태종실록』 권3, 2년 2월 18일(辛未).

3 『세종실록』 권1, 즉위년 10월 11일(丁亥).

4 『세종실록』 권27, 7년 3월 19일(己丑).

5 『효종실록』 권19, 8년 10월 8일(丁丑).

6 『숙종실록』 권13, 8년 7월 21일(丙寅).

7 『자경전진작정례의궤』 권1, 筵說, 丁亥七月二十五日.

8 『자경전진작정례의궤』 권1, 筵說, 丁亥七月二十六日.

9 『영조실록』 권58, 19년 7월 17일(丁酉).

10 『영조실록』 권58, 19년 7월 18일(戊戌).

11 『숙종실록』 권63, 45년 4월 18일(庚申).

### 제3장 선율을 주도하여 잔치의 흥을 돋우다

1  Boots, J. L., "Korean Musical Instruments and an Introduction to Korean Music", *Transactions of he Korea Branch of the Royal Asiatic Society* 30, 1940, 1-31.

2  『고종임인진연의궤』 도설 62~66쪽.

3  국립국악원, 『조선시대연회도』의 도판 해설 214쪽에서는 맨 왼쪽의 악사가 부는 악기를 '초적'으로 보고 있다.

4  1848년(헌종 14) 이후로는 가의 지공이 6개로 표시되었다.

5  국립국악원, 『국악기의 문양과 장식』, 국립국악원, 2006.

6  『인조실록』 2년 4월 9일(임진).

7  풍정이란 국가에 경사가 있을 때 이를 축하하기 위해 왕실 등에서 음식 등을 바치는 잔치 의식이다.

8  『제기악기도감의궤』(1624)는 서울대 규장각에서 2002년 간행한 규장각 자료총서 의궤편에 속해 출판되었다.

9  신병주, 『제기악기도감의궤』 해제, 규장각, 2002; 송지원, 「규장각 소장 조선왕실의 악기제작의궤고찰」, 『국악원논문집』 제23집, 국립국악원, 2011.

10  화폐의 기준 전거는 신병주, 「신병주의 역사에서 길을 찾다-조선시대 화폐 이야기」(『세계일보』 2009.2.17)를 참고한 것으로 2009년 기준이다. 전반적인 예산을 추정해보고자 계산한 것으로 정확한 것은 아니다.

11  교방고 두대를 제작하는 데 들어간 비용은 모두 76냥 5전 4푼, 이를 1냥 7만 원으로 환산하면 535만7800원이다.

## 제4장 혜경궁 홍씨의 회갑잔치, 여민동락을 실천하다

1 『원행을묘정리의궤園幸乙卯整理儀軌』는 규장각에 소장되어 있으며 1994년에 규장각 자료총서로 영인되었다. 또한 1996년 화성 축성 200주년을 맞이해 수원시에서 간행한 『역주 원행을묘정리의궤』가 있다.

2 의궤는 연향 이외에 국혼國婚, 국장國葬, 책례冊禮, 선대의 왕이나 왕후에게 존호尊號나 익호諡號을 올리는 행사, 산릉山陵의 축조築造 등의 행사 때에도 작성되었다. 여기서 연향관련 의궤는 연향 의식을 기록한 『풍정도감의궤』『진연의궤』『진찬의궤』『진작의궤』 등을 말한다.

3 파리 국립도서관 소장. 1989년 국립국악원에서 『한국음악학자료총서』 13권으로 영인되었다.

4 1902년(광무 6)에 작성된 『고종임인진연의궤』는 두 종류가 있다. 둘 모두 서울대 규장각과 한국학중앙연구원 장서각에 소장되어 있는데, 고종의 기로소 입소를 기념한 것과 고종의 망륙을 기념한 잔치를 기록했다.

5 『원행을묘정리의궤』는 수권 1책, 본책 5권 5책, 부편 4권 2책의 총 8책으로 되어 있다. 수권과 본책은 택일擇日·좌목座目·도식圖式·전교傳敎·연설筵說·악장樂章·치사致詞·어제御製·어사御射·전령傳令·군령軍令·의주儀註·절목節目·계사啓辭·계목啓目·장계狀啓·이문移文·내관來關·수본手本·감결甘結·찬품饌品·기용器用·배설排設·의장儀仗·반전盤纏·장표掌標·주교舟橋·사복정례司僕定例·내외빈內外賓·배종陪從·공령工伶·당마塘馬·방목榜目·상전賞典·재용財用 등의 항목으로 구성되어 있다. 그리고 부편附編 1은 전교·연설·악장·치사·전문·의주·절목·계사·찬품·기용, 부편 2는 전교·연설·의주·절목·계사·상전, 부편 3은 전교·연설·어제·반교문頒敎文·의주·계사·장계, 부편 4는 전교·연

설·어제·계사·장계·상전으로 구성되어 있다.

6  정조 이전에 간행된 인조대의 『풍정도감의궤』, 숙종대의 『기해진연의궤』(규장각 14357), 영조대의 『갑자진연의궤』(규장각 14359)에는 도식이 없으며 항목의 구분도 없다.

7  端午秋夕行幸講武後 議政府 六曹 進宴王世子及 嬪生辰同, 每歲四仲朔 忠勳府 進宴, 每歲二度 宗親府 儀賓府 進宴, 每歲一度 忠翊府 進宴, 每歲正朝或冬至行會禮宴王妃宴于內宴, 每歲季秋 行養老宴大小員人 年八十以上者 赴宴 婦人卽王妃宴于內宴, 觀察使 節度使 赴京使隣國及進箋員 竝賜宴于本曹禮曹. 『經國大典』권3, 禮典 '宴享'.

8  『國朝五禮儀』'宴隣國使儀' 및 『樂學軌範』'正殿禮宴女妓樂工排立'.

9  중궁전에서도 명부들을 위한 회례연을 행했다. 『世宗實錄』「五禮」, 『國朝五禮儀』『春官通考』의 正至會儀 및 中宮正至會命婦儀.

10  회례연과 양로연은 고려조에 각각 원회의元會儀와 노인사설의老人賜設儀으로 행해졌다. 『고려사』「악지」 참조.

11  조선 전기에 진연은 정례적으로 행하던 연향을 일컫는 포괄적인 의미로 쓰였으나, 조선 후기에는 국가의 큰 경사를 맞아 특별히 설행되던 커다란 규모의 연향을 일컫는 것으로 한정된다. 인조대까지도 대규모의 연향을 진풍정進豊呈이라 했으나, 효종대에 이르러 진연이란 명칭이 쓰이면서 이후 진연은 진찬·진작과 함께 큰 규모의 연향을 가리키는 용어로 일반화된다.

12  『악학궤범』에 따르면 중국 사신을 위한 연향에는 여기女妓가 40인, 악공樂工이 30인 동원되지만, 일본 사신의 경우에는 여기가 12인, 악공이 10인 동원되었다. 또한 중국사신연에는 여기가 모두 단장丹粧을 입고, 수화首花·칠보잠七寶簪과 금비녀를 꽂고, 보로甫老치마와 홍대

紅帶를 두르지만, 일본사신연에서는 평상복을 입게 해 둘 사이에 차별을 두었음을 알 수 있다. 『악학궤범』 권2, 13a-15a. '正殿禮宴女妓樂工排立'.

13 『원행을묘정리의궤』 권1의 의주에는 제7작 이후에 검무와 선유락이 공연된 기록이 없으나, 권5의 공령 항목에는 이들 정재가 추어진 기록이 있다.

14 진표리는 왕대비의 주갑이나 존호를 올리고 난 뒤에 행하던 진연과 달리 정재가 연행되지 않는 점에서 연향과 구별된다.

15 송방송 편저, 『의궤 속의 우리춤과 음악을 찾아서』, 보고사, 2008, 147~148쪽의 [표 V-1]을 참조했다. 이 표에는 7작 이하에서 공연된 검무와 선유락이 누락되어 있다.

16 이 글에 실린 「봉수당진찬도」 그림에는 건고 연주자의 모습이 있으나, 『원행을묘정리의궤』 권5의 공령 항목에 기록된 차비공인 중에는 건고 연주자가 없다. 간혹 의궤 안에서 반차도·도식·공령 등의 기록이 일치하지 않는 것이 발견되는데, 이러한 차이가 있는 경우는 연주자의 이름까지 기록해놓은 공령 항목의 정확성이 더 높다고 판단된다. 이러한 이유로 필자는 봉수당 진찬에 건고가 쓰이지 않은 것으로 간주했다.

17 정조 당시 전정헌가는 아악기·당악기·향악기를 모두 사용하면서 현악기를 사용하지 않는 관악기 중심의 형태였고, 등가는 아악기를 일체 사용하지 않고 당악기와 향악기에 속한 악기들로 이루어진 관현합주 형태였다.

18 조선 후기 전정고취의 쓰임은 전기와 다소 차이가 있으나 연향에 그것이 쓰이지 않은 관행은 전기와 다름없다. 전정고취가 쓰인 의례는

전정헌가가 쓰인 의례보다 격이 낮았다. 예컨대 문무과 방방에는 전정헌가를 사용하고, 생진 방방에는 전정고취를 사용했다.

19 이와 같은 모습은 순조 9년 진찬에서도 드러난다. 즉 전정헌가와 등가에 의해 주악이 이뤄졌으나, 정재를 연행하지 않음으로써 대왕대비의 경우와 차등을 두었다.

20 선유락의 형성 과정과 궁중으로 전해진 바에 대해서는 임미선, 「선유락과 어부사」, 『문헌과해석』 8, 문헌과해석사, 1998 참조.

21 조경아, 「조선후기 의궤를 통해 본 정재 연구」, 한국학중앙연구원 박사학위 논문, 2009, 128쪽 참조.

22 1719년(숙종 45)에 기로소 입사를 경하하여 진연을 행할 때 양로연이 겸행된 사례가 그것이다.

23 송방송 편저, 앞의 책, 2008, 149쪽의 [표 V-2]를 참조했다.

24 송혜진, 「봉수당진찬의 무대와 공연 요소 분석」, 『공연문화연구』 제18집, 한국공연문화학회, 2009, 439~440쪽 및 『원행을묘정리의궤』 권1, 筵說. 癸丑正月十九日條.

25 연희당은 창경궁 양화당 앞쪽에 있었다.

26 『園幸乙卯整理儀軌』附編 1, '儀註'.

27 『儀註謄錄』(규12907)에 따르면, 대전과 중궁전의 탄신에는 왕세자와 백관이 진하하고 대왕대비의 탄신에는 국왕과 백관이 진하하는데, 이때 치사와 전문, 표리를 올리는 것이 관례였다.

28 『정조실록』 권42, 19년 6월 18일.

29 『정조실록』 권42, 19년 6월 18일.

30 『원행을묘정리의궤』 부편 1, '의주儀註'에 전하는 연희당진찬의에는 주악을 담당한 악대, 정재 연행에 대한 기록이 없다. 그런 점에서 연

희당에서 행한 진찬은 약식으로 이뤄진 것으로 짐작된다.

31 순조 8년 12월 1일(임진), 『순조실록』 권11, 38ab. 순조 9년에 행한 혜경궁 홍씨의 관례 주갑연에 대해서는 임미선, 「己巳進表裏進饌儀軌에 나타난 궁중 연향의 면모와 성격」, 『國樂院論文集』 7집, 국립국악원, 1995, 163~186쪽 참조.

32 순조 8년 12월 1일(임진), 『순조실록』 권11, 38A15-b5 및 『기사진표리진찬의궤』 30a-31b 참조.

## 제5장 궁중 연향에 울려퍼진 노래들

1 내연에 추가된 '악장'은 헌종 때부터다. 한편 외연과 내연에서 공통 악장 숫자가 차이나는 이유는 정확히 밝혀지지 않았다. 그러나 의식의 구조와 관련하여 그 이유를 추정한 글로는 다음 글이 참고가 된다. 신경숙, 「대한제국기 궁중 연향과 문학」, 한국학중앙연구원 편, 『조선후기 궁중 연향문화』 3, 민속원, 2005, 75~79쪽.

2 단 야연만은 한시에 우리 말 토를 단 현토체 가요를 사용한다. 현토체 가요의 창작 역시 한시 창작에 능한 사람이 할 수 있다.

3 19세기 이후로는 특별한 정치적 목적이 아니더라도 왕 혹은 세자가 직접 창작하는 것이 일반화된다.

4 신경숙, 앞의 글, 89~104쪽.

5 『국역 순조기축진찬의궤』 2, 민속원, 2007, 57쪽.

6 신경숙, 「조선조 외연의 가객 공연도」, 『시조학논총』 36, 한국시조학회, 2012, 113~118쪽.

7 가객 출연을 기록한 연향 의궤의 '의주'에는 2작과 3작 사이 가객들

이 무대에 오르는 장면은 기록하고 있지만 퇴장 기록은 없다. 따라서 이들의 무대 공연은 2작과 3작 사이에서뿐인지 혹은 3작 이후 끝날 때까지인지는 명확하지 않다. 그러나 2작과 3작 사이 연향 현장의 움직임을 분석한 글에서는 2작과 3작 사이 소요되는 긴 시간 동안 가객 공연이 이루어졌을 것으로 보았다. 여기서는 다음 글을 참고했다. 신경숙, 「조선후기 연향 의식에서의 歌者」, 『국제어문』 29, 국제어문학회, 307~317쪽. 신경숙, 「순조조 외연의 한글악장」, 『한국시가연구』 15, 한국시가학회, 299~309쪽.

8 그래서 이들의 등장을 의궤에서는 언제나 '가자급금슬歌者及琴瑟'이라고 기록하고 있다. 가객은 언제나 4명인데, 1892년(고종 29)에는 5명의 이름이 나온다. 금슬 악공은 언제나 2명인데, 1829(순조 29)에만 4명이었다.

9 1829년 2월 진찬을 위해 효명세자가 지은 한시악장들과 가요악장 모음집은 『(기축이월己丑二月)예제睿製』라는 8장짜리 필사본인데, 장서각에 소장되어 있다.

10 가요에는 한자어와 고어가 들어 있어 좀 쉬운 말로 바꾸어 소개했다. 이하 이 글에서 소개하는 가요악장들은 이처럼 현재 이해하기 쉬운 말들로 바꿔 소개한다.

11 김명준, 『악장가사 연구』, 다운샘, 2004, 102, 282~293쪽.

12 신경숙, 「조선조 외연의 「가자와 금슬」」, 『한국시가연구』 31, 132~163쪽.

13 김명준, 앞의 책, 34~102쪽. 19세기 초까지의 추가 악장은 제례악장에서 발견되고, 연향용 가사는 언제나 똑같은 작품이 재수록되었다. 그러나 함께 실렸다는 점에서 연향용 가사 중에도 조선 후기까지

불렸던 노래들이 포함되었던 것으로 추정된다.
14 『악장가사』와 『시용향악보』의 노래 목록은 일치하지 않는다. 또한 『시용향악보』는 악보 책이기에 노래 가사들은 모두 1절만 기록하고 있다.
15 「정석가」, 「동동」에는 본래 민간 가요에 없는 왕실을 높이는 첫 연이 붙어 있다. 이런 것들도 궁중 연향에 맞게 손질한 예다.
16 효명세자는 이외에 익일연, 익일야연도 만들었다. 연향이 여러 개별 연향이 거듭 거행되면서 화려하게 변해갔던 것은 이때부터다.
17 한문 구와 구 사이에 우리말 토나 어미를 붙여 글을 만드는 것을 현토懸吐라고 한다.
18 효명세자가 만든 이러한 야연 악장의 형식은 이후 모든 시기에 그대로 계승된다. 신경숙, 「야연의 '악가삼장' 연구」, 『고시가연구』 16, 한국고시가학회, 2005.
19 역대 왕들 중 기로소에 입소한 왕은 태조, 숙종, 영조, 그리고 고종 뿐이다.
20 흐린 황하의 물이 천 년에 한 번 맑아진다는 것을 일컬음.
21 나라의 운명.
22 새롭게 개혁됨.
23 태산과 바위처럼 굳고 단단함.
24 김영운, 『가곡 연창형식의 역사적 전개』, 민속원, 2005, 217~230쪽.


### 제6장 의복으로 살펴본 조선시대 잔치 풍경
1 사도세자의 탄신은 1735년 1월 21일이며, 혜경궁 홍씨의 탄신은 1735년 6월 18일이다.

2 『정조실록』4권, 1년 7월 30일(계사).

3 『정조실록』1권, 즉위년 6월 16일(을묘).

4 『정조실록』11권, 5년 6월 18일(기축).

5 『정조실록』6권, 2년 10월 20일(병자).

6 『정조실록』5권, 2년 4월 26일(을묘).

7 『원행을묘정리의궤』권2, 華城奉壽堂進饌于慈宮儀.

8 『국조속오례의보서례』권지 1, 길례, 왕비예복제도, 왕세자빈예복제도.

9 『태종실록』23권, 12년 6월 14일(정묘).

10 『세조실록』20권, 6년 4월 9일(을묘).

11 『세조실록』44권, 13년 10월 22일(갑인).

12 『선조실록』160권, 36년 3월 18일(갑술).

13 옷감의 길이를 표시하는 尺, 寸, 分은 각각 자, 치, 푼으로 표시한다.

14 『仁祖莊烈后嘉禮都監儀軌』, 中宮殿衣帶物件所入秩.

15 『상방정례』권 3, 별례 하, 陵幸時, 進宴時 大殿.

16 『정조실록』32권, 15년 1월 14일(기축).

17 『원행을묘정리의궤』권1, 筵說, 을묘 윤2월 초 9~16일.

18 『순조실록』34권, 34년 4월 29일(갑자).

19 『정조실록』38권, 17년 10월 8일(무진).

20 『정조실록』38권, 17년 10월 9일(기사).

21 『정조실록』38권, 정조 17년 10월 11일(신미).

22 『정조실록』49권, 22년 8월 21일(임자).

23 『정조실록』53권, 24년 3월 17일(기사).

24 『순조실록』34권, 34년 4월 29일(갑자).

25 허용호, 「화성 행궁과 전통연희」, 『민족문화연구』 39호, 170쪽, 2003.

26 박정혜, 『조선시대 궁중기록화연구』, 일지사, 306~307쪽, 2002.

27 『원행을묘정리의궤』, 권2, 화성봉수당진찬우자궁의.

28 유희경·김문자, 『한국복식문화사』, 교문사, 1998, 272쪽.

29 고복남, 『한국전통복식사 연구』, 일조각, 1995, 245쪽.

30 『고종실록』 10권, 고종 10년 8월 29일(을사).

31 『속대전』 권3.

32 경기도박물관, 『전주이씨묘 출토복식보고서』, 2001, 216~217쪽.

33 『경국대전』 예전 의장.

34 『영조실록』 61권, 21년 5월 26일(정유).

35 『영조실록』 39권, 10년 12월 6일(정미).

36 『영조실록』 61권, 21년 5월 26일(정유).

37 『승정원일기』 영조 34년 3월 22일 무신.

38 『경국대전』, 제학생도.

39 『영조실록』 53권, 17년 4월 8일(임인).

40 『영조실록』 1741년 4월 8일(임인).

41 이민주, 「효명세자의 일생을 통해 본 가례복식」, 『조선 왕실의 가례』 2, 한국학중앙연구원, 369쪽, 2006.

42 이은주, 박가영, 「영조대 대사례의 참여자의 복식유형 고증」, 『복식』 vol. 57, no.2, 한국복식학회, 2007, 110쪽.

43 『세종실록』 60권, 15년 5월 21일(계유).

44 『인조실록』 5권, 2년 3월 23일(정축).

45 『정조실록』 42권, 19년 윤2월 13일(을미).

### 제7장 절용의 미덕과 예를 갖춘 상차림

1  예禮는 음陰이며 지地다.

2  악樂은 양陽이며 천天이다.

3  김상보, 「17·18세기 조선왕조 궁중 연향 음식문화」, 『조선후기 궁중 연향문화』 1, 민속원, 2003.

4  김상보, 「17·18세기 조선왕조 궁중 연향 음식문화」, 『조선후기 궁중 연향문화』 1, 민속원, 2003.

5  자전慈殿은 임금의 어머니를 가리킨다. 여기서는 영조 재위 시의 왕대비인 인원왕후를 말한다.

6  김상보, 『조선왕조 궁중의궤 음식문화』, 수학사, 1995.

7  진휼청賑恤廳은 흉년에 곤궁한 백성을 구제하는 일을 맡은 관청을 일컫는다.

8  복정卜定은 정부가 백성으로 하여금 강제로 바치게 한 일을 가리킨다.

9  『進宴儀軌』, 1744.

10  사화봉絲花鳳: 비단으로 만든 각종 조화.

11  『進宴儀軌』, 1744.

12  진시辰時: 오전 7~9시

13  숭정전崇政殿: 경희궁 안에 있던 정전.

14  내탕고內帑庫: 왕실 창고.

15  각색장各色掌: 숙수 밑에서 자기가 소관하는 찬품을 전문으로 만드는 자.

16  점站: 받침접시.

17  작爵: 술잔.

18  『進宴儀軌』, 1744; 『國朝續五禮儀』

19 묘시卯時: 오전 5~7시.

20 삼사三司: 사헌부·사간원·홍문관.

21 비자婢子: 여자종.

22 이 고기를 할육割肉이라고 한다.

23 『進宴儀軌』, 1744; 『國朝續五禮儀』.

• 참고문헌 •

## 제1장 조선 궁궐의 잔치, 예와 즐거움이 어우러지다

『禮記』

『朝鮮王朝實錄』

『承政院日記』

『弘齋全書』

『豊呈都監儀軌』

『園幸乙卯整理儀軌』

『甲子進宴儀軌』

『己丑進饌儀軌』

『戊申進饌儀軌』

『壬辰進饌儀軌』

김종수, 『조선시대 궁중 연향과 여악연구』, 민속원, 2003년 개정판

─── , 「외연(外宴)과 내연(內宴)의 의례구성과 특징 Ⅱ-19세기~20세기 초 의궤를 중심으로」, 『韓國音樂史學報』 제30집, 한국음악사학회, 2003

## 제2장 치밀한 의궤 기록으로 그린 왕실 연향

서울대학교 규장각, 『규장각 소장 의궤 해설집』 1~2, 2003~2004

한국정신문화연구원, 『조선후기 궁중 연향 문화』 1~3, 민속원,

2003~2005

김문식, 「1719년 숙종의 기로연 해사」, 『사학지』 40, 2008

──, 「1902년 고종 황제의 기로소 입소」, 『국왕, 의례, 정치』, 태학사, 2009

──, 「1795년 정조의 화성 행차와 그 기록」, 『화성능행도병』, 용인대박물관, 2011

김종수, 「규장각 소장 연향 관련 의궤 고찰」, 『한국학보』 29-4, 일지사, 2003

신병주, 「인조대 '禮묘' 의식의 추진과 관련 의례 연구」, 『한국학보』 30-1, 일지사, 2004

옥영정, 「한글본 『뎡니의궤』의 서지적 분석」, 『서지학연구』 39, 2008

──, 「『화성성역의궤』의 한글자료에 관한 연구―한글본 『뎡니의궤』에 수록된 "화성성역"의 분석과 비교」, 『서지학연구』 42, 2009

## 제3장 선율을 주도하여 잔치의 흥을 돋우다

『악학궤범』

『제기악기도감의궤』

『무자진작의궤』

『기사진표리의궤』

『헌종무신진찬의궤』

『고종임인진연의궤』

국립국악원, 「국악기의 문양과 장식」, 국립국악원, 2006

송지원, 「규장각 소장 조선왕실의 악기제작의궤고찰」, 『국악원논문집』

제23집, 국립국악원, 2011

송혜진, 『한국악기』, 열화당, 2000

신병주, 『제기악기도감의궤』 해제, 규장각, 2002

## 제4장 혜경궁 홍씨의 회갑잔치, 여민동락을 실천하다

『經國大典』

『高麗史』「樂志」

『國朝五禮儀』

『樂學軌範』

『己巳進表裏進饌儀軌』

『園幸乙卯整理儀軌』

『儀註謄錄』

『進宴儀軌』

『進饌儀軌』

『進爵儀軌』

『春官通考』

『豐呈都監儀軌』

송방송 편저, 『의궤 속의 우리춤과 음악을 찾아서』, 보고사, 2008

송혜진, 「봉수당진찬의 무대와 공연 요소 분석」, 『공연문화연구』 제18집, 한국공연문화학회, 2009

임미선, 「조선조 전정헌가의 문헌적 연구」, 서울대학교 박사학위논문, 1997

─── , 「선유락과 어부사」, 『문헌과해석』 8, 문헌과해석사, 1998

──────, 「己巳進表裏進饌儀軌에 나타난 궁중 연향의 면모와 성격」, 『國樂院論文集』 7집, 국립국악원, 1995

## 제5장 궁중 연향에 울려퍼진 노래들

『악학궤범』

『어제자궁임화성행궁진찬악장 御製慈宮臨華城行宮進饌樂章』

『헌종어제』

『외진연악장』

『(己丑二月)睿製』

『(기축)진찬의궤』

『(임진)진찬의궤』

『歌譜』

『가곡원류』(국악원본)

『가곡원류』(하합본)

국립중앙박물관 편, 『조선시대 궁중행사도』 1, 국립국악원, 2010

서인화 외, 『조선시대 진연 진찬 진하 병풍』, 국립국악원, 2000

김명준, 『악장가사 연구』, 다운샘, 2004

김영운, 『가곡 연창형식의 역사적 전개』, 민속원, 2005

신경숙, 「조선후기 연향의식에서의 歌者」, 『국제어문』 29, 국제어문학회, 2003

──────, 「순조조 외연의 한글악장」, 『한국시가연구』 15, 한국시가학회, 2004

──────, 「야연의 '악가삼장' 연구」, 『고시가연구』 16, 한국고시가학회,

　　　　2005

──, 「조선조 외연의 〈가자와 금슬〉」, 『한국시가연구』 31, 한국시가
　　　학회, 2011

──, 「조선조 외연의 가객 공연도」, 『시조학논총』 36, 한국시조학회,
　　　2012

한국학중앙연구원 편, 『조선후기 궁중 연향문화』 3, 민속원, 2005


## 제6장 의복으로 살펴본 조선시대 잔치 풍경

『태종실록』

『세조실록』

『선조실록』

『영조실록』

『정조실록』

『순조실록』

『고종실록』

『경국대전』

『속대전』

『상방정례』

『국조속오례의보서례』

『승정원일기』

『원행을묘정리의궤』

『仁祖莊烈后嘉禮都監儀軌』

경기도박물관, 『전주이씨묘 출토복식보고서』, 2001

고복남, 『한국전통복식사 연구』, 일조각, 1995

박정혜, 『조선시대 궁중기록화연구』, 일지사, 2002

유희경·김문자, 『한국복식문화사』, 교문사, 1998

이민주, 「효명세자의 일생을 통해 본 가례복식」, 『조선왕실의 가례』 2, 한국학중앙연구원, 2006

이은주, 박가영, 「영조대 대사례의 참여자의 복식유형 고증」, 『복식』 vol. 57, no.2, 한국복식학회, 2007

허용호, 「화성행궁과 전통연희」, 『민족문화연구』 39호, 2003.


### 제7장 절용의 미덕과 예를 갖춘 상차림

『進宴儀軌』, 1719

『進宴儀軌』, 1744

『國朝續五禮儀』

김상보, 「17·18세기 조선왕조 궁중 연향음식문화」, 『조선후기 궁중 연향문화』 1, 민속원 2003

──, 「조선왕조 궁중의궤음식문화」, 수학사, 1995


### 제8장 정재, 철학과 예술의 극치를 담다

『완역집성 정재무도홀기』, 세계민족무용연구소, 보고사, 2005

정현석, 『교방가요』, 성무경 역주, 보고사, 2002

김영희, 「궁중무의 춤 개념과 표현방식에 관한 연구」, 중앙대학교 석사학위논문, 1996

김천흥, 『심소 김천흥선생님의 우리춤 이야기』, 민속원, 2005

박은영, 「민속무용과 궁중정재의 유형별 고찰」, 『한국예술종합학교 논문집』 창간호, 1998

성기숙, 「궁중정재에 나타난 사대사상 연구」, 『무용예술학연구』 제5집, 한국무용예술학회, 2000

성무경, 「조선후기 정재와 가곡의 관계」, 『한국시가연구』 제14집, 한국시가학회, 2003

송방송, 「조선왕조 건국초기의 정재사 연구」, 『음악과 민족』 제23호, 민족음악학회, 2002

이의강, 「순조 무자년 '연경당진작'의 성격과 연출 정재들 간의 내적 흐름」, 『한국 전통무용의 변천과 전승』, 보고사, 2005

장사훈, 『한국전통무용연구』, 일지사, 1977

• 지은이 •

김종수　한서대 학술연구교수. 저서『조선시대 궁중 연향과 여악연구』, 공저『조선 국왕의 일생』, 역서『국역순조기축진찬의궤』, 『역주소현동궁일기』외 다수.

김문식　단국대 사학과 교수. 저서『정조의 생각』, 『규장각』, 『조선후기 지식인의 대외인식』, 『정조의 제왕학』, 공저『조선 왕실 기록문화의 꽃, 의궤』외 다수.

송혜진　숙명여대 전통문화예술대학원 교수. 저서『선비들의 음악생각과 문화』, 『한국악기』, 『한국 아악사 연구』, 역서 *Confucian ritual of Korea* 외 다수.

임미선　전북대 한국음악학과 교수. 저서『조선후기 공연문화와 음악』, 『조선조 궁중의례와 음악의 사전 전개』, 공저『한국학 그림과 만나다』, 『정조대 예술과 과학』외 다수.

신경숙　한성대 한국어문학부 교수. 저서 『조선후기 시가사와 가곡연행』, 『19세기 가집의 전개』, 공저로 『고시조대전』, 『고시조문헌해제』, 『조선후기 궁중연향문화』 2·3 외 다수.

이민주　한국학중앙연구원 장서각 연구원. 저서 『치마저고리의 욕망』, 공저 『조선의 국가제사』, 『조선 왕실의 가례』 1·2, 『옷차림과 치장의 변천』, 『아름다운 한국복식』 외 다수.

김상보　대전보건대 전통조리과 교수. 저서 『현대식으로 다시보는 '영접도감의궤'』, 『사도세자를 만나다』, 『다시보는 조선왕조 궁중음식』, 『현대식으로 다시보는 수문사절』 외 다수.

박은영　한국예술종합학교 전통예술원 무용과 교수. 논문 「춘앵전에 관한 연구」 「궁중정재의 시대적 변천과 철학성 연구」 「〈춘앵전〉 추동작 '이수고저'의 미적 의미」 외 다수.

## 조선 궁중의 잔치, 연향
ⓒ 국립고궁박물관 2013

초판인쇄 | 2013년 12월 12일
초판발행 | 2013년 12월 18일

엮은이 | 국립고궁박물관
지은이 | 김종수 김문식 송혜진 임미선 신경숙 이민주 김상보 박은영
펴낸이 | 강성민
편   집 | 이은혜 박민수 이두루
편집보조 | 김용숙
마케팅 | 정현민
온라인 마케팅 | 김희숙 김상만 이원주
독자 모니터링 | 황치영

펴낸곳 | (주)글항아리  출판등록 | 2009년 1월 19일 제406-2009-000002호

주   소 | 413-120 경기도 파주시 회동길 210
전자우편 | bookpot@hanmail.net
전화번호 | 031-955-8891(마케팅) | 031-955-8897(편집부)
팩   스 | 031-955-2557

ISBN 978-89-6735-088-8 03900

· 이 책의 판권은 엮은이와 글항아리에 있습니다.
· 이 책 내용의 전부 또는 일부를 재사용하려면 반드시 양측의 서면 동의를 받아야 합니다.

· 글항아리는 (주)문학동네의 계열사입니다.

· 이 도서의 국립중앙도서관 출판시도서목록(CIP)은 e-CIP홈페이지(http://www.nl.go.kr/ecip)와
  국가자료공동목록시스템(http://www.nl.go.kr/kolisnet)에서 이용하실 수 있습니다.
  (CIP제어번호: CIP2013025640)